西北政法大学教育发展基金会资助

本书为西北政法大学本科教育教学改革研究项目"文化安全观融入原理课教学研究"（项目编号：XJYB202412）的研究成果

新时代
马克思主义意识形态
话语体系构建研究

雷艳妮 著

西北大学出版社

·西安·

图书在版编目（CIP）数据

新时代马克思主义意识形态话语体系构建研究 ／ 雷艳妮著． －－ 西安：西北大学出版社，2025.6． －－ ISBN 978-7-5604-5531-0

Ⅰ．A811.63

中国国家版本馆 CIP 数据核字第 20243AH592 号

新时代马克思主义意识形态话语体系构建研究
XINSHIDAI MAKESI ZHUYI YISHI XINGTAI HUAYU TIXI GOUJIAN YANJIU

雷艳妮　著

出版发行　西北大学出版社
（西北大学校内　邮编：710069　电话：029-88302621　88303593）
http://nwupress.nwu.edu.cn　E-mail：xdpress@nwu.edu.cn

经	销	全国新华书店
印	刷	西安日报社印务中心
开	本	787 毫米×1092 毫米　1/16
印	张	17.5
版	次	2025 年 6 月第 1 版
印	次	2025 年 6 月第 1 次印刷
字	数	274 千字
书	号	ISBN 978-7-5604-5531-0
定	价	69.00 元

本版图书如有印装质量问题，请拨打 029-88302966 予以调换。

前 言

中华民族伟大复兴的世纪,也是中国话语发挥重要影响的世纪。意识形态话语是国家主流意识形态传播的重要载体,在国家政治生活中具有特殊地位,为政治生活"场域"提供运行的总规则,决定着文化前进方向和发展道路。话语体系是思想文化和价值体系的集中表达,是文化软实力的核心内容,本质上是为话语权服务的,话语体系构建是在坚持话语形式之变最终为意识形态内容服务的创新发展,意识形态话语的丧失会导致价值观迷失,影响到国家文化安全,最终导致执政党灭亡和国家衰败,苏联解体就是前车之鉴。从这个层次上来说,马克思主义意识形态话语体系和文化安全在价值引领和认同上具有同构性和一致性。因此,立足文化安全视域对新时代马克思主义意识形态话语体系构建进行研究,重塑话语自信,有着深刻的逻辑必然性及现实必要性。

新时代马克思主义意识形态话语体系构建是新时代马克思主义意识形态理论创新的内在需求,是增强文化自信的迫切需要,是理解人类文明新形态的必然要求,是国家治理合理性及正当性的依据。它在立足马恩经典作家意识形态话语理论基础之上,进行了马克思主义中国化意识形态话语的三次飞跃,分别形成了革命、建设、改革和复兴的话语。遗憾的是,在国际话语权方面,西强我弱的话语局面并未得到明显改变。因此,要利用世界经济格局"东升西降"这一机遇抓紧补上话语不足这一短板,否则就无法摆脱意识形态领域西强我弱的态势,导致一部分人丧失话语自信和文化自信。

新时代马克思主义意识形态话语体系是当代中国社会精神生活领域重点研究的问题,其构建围绕坚持党的全面领导、人民至上、民族复兴、社会主义核心价值观和全人类共同价值的核心要义,完整地解读了中国式现代化新道路和人类文明新形态,有助于人们坚定和增强中国特色社会主义文化自信。然而,在文化全球化时代,因为意识形态的差异,中西之间在制度模式及价值观念上的话语落差非常大,特别是西方文化霸权、信息霸权和话语霸权不断冲击和消解着马克思主义意识形态话语体系。马克思主义意识形态话语体系对外面临着西方主流意识形态话语渗透、非意识形态化理论话语的腐蚀、市场经济下价值观多元话语的干扰、全媒体时代网络负面效应话语的冲击等外在挑战;同时现实存在着理论创新不足,话语表达存在"假大空"的形式主义、媒体建构存在短板、国际传播有待加强的内在问题。这些导致话语体系在构建中国学派、解读中国实践、彰显中国价值上声音还比较小,还处于有理说不出、说了传不开的境地,话语体系还存在着与实践脱节、不接地气、空洞乏味、缺乏吸引力与认同感,从口号到口号、从概念到概念的教条主义、形式主义和本本主义等问题。以上都影响着马克思主义意识形态话语安全,话语安全从深层次影响着文化安全。因此,要确保马克思主义意识形态话语安全,话语体系就不能被动停留在没有受到威胁和侵袭的状态下,要从思想引领、社会认同、法治保障和国际传播等方面探讨新时代马克思主义意识形态话语体系实现的构建机制,实现话语体系的价值认同,最终转向话语自觉和话语自信,切实增强马克思主义意识形态话语权,突破资本主义意识形态话语体系和价值体系,维护国家文化安全。

本书通过分析和借鉴学术研究成果,立足中国现实,尝试对新时代马克思主义意识形态话语体系构建进行研究,旨在推进和建设言有理、行有效、传有权的新时代马克思主义意识形态话语体系,增强马克思主义意识形态话语权,致力于提升文化软实力。本书坚持历史和逻辑相统一的原则,运用文献研究法、比较分析法、历史研究法和跨学科综合研究法等方法,对新时代马克思主义意识形态话语体系构建的研究和思考分成五章内容。第一章主要阐释新时代马克思主义意识形态话语体系构建的基本理论及必要性,第二章主要对新时代马克思主义意识形态话语体系构建基础及历史进程进行研究,第三章主要分析新时代马克思主义意识形态话语体系构建的核心要义及特征,第四章主要围绕文化安全视域下马克思主义意识形态话语体系构建的战略价值及挑战进行研究，第五章探讨了新时代马克思主义意识形态话语体系构建的实现机制。其中，第二、三章由冯斐完成，其余内容由雷艳妮完成。

新时代马克思主义意识形态话语体系构建研究，对于坚持马克思主义在意识形态领域的指导地位，巩固全社会团结奋斗的共同思想基础，提升文化软实力、中华文化影响力和中华民族的精神凝聚力，坚定文化自信，维护国家文化安全，建设社会主义现代化文化强国，以及促进全球话语体系的多元发展，都具有重大的理论意义、现实意义和实践意义。

目 录

导 论 ·· 1
    一、选题缘由和研究意义 ·· 2
    二、研究现状 ·· 9
    三、研究对象、研究思路和研究方法 ································ 25
    四、研究重难点及创新点 ·· 30

第一章　新时代马克思主义意识形态话语体系构建的基本理论及必要性 ·············· 34

第一节　意识形态话语体系的相关概念分析 ······················ 35
    一、话语、话语体系和话语权 ·· 35
    二、意识形态话语体系和意识形态话语权 ························· 42
    三、意识形态话语体系和文化安全 ·································· 46

第二节　马克思主义意识形态话语体系的形成过程和基本内涵 ··· 48
    一、马克思主义意识形态话语体系诞生的背景 ··················· 48
    二、马克思主义意识形态话语体系的形成 ························· 50
    三、马克思主义意识形态话语体系的基本内涵 ··················· 52

第三节　马克思主义意识形态话语体系与文化安全 ············· 53
    一、苏联意识形态话语丧失的危害及对文化安全的警示 ······ 54
    二、维护文化安全是马克思主义意识形态话语体系构建的重要课题 ······ 57
    三、文化安全和马克思主义意识形态话语体系的内在一致性 ··· 59

第四节　文化安全视域下新时代马克思主义意识形态话语体系构建的必要性 ············ 63
    一、新时代马克思主义意识形态理论创新的内在需求 ········· 63
    二、增强文化自信的迫切需要 ·· 66

三、理解人类文明新形态的必然要求 …………………………… 70
　　四、维护国家文化安全的组成部分 …………………………… 74

第二章　新时代马克思主义意识形态话语体系构建基础及历史进程 …… 79

第一节　新时代马克思主义意识形态话语体系构建的理论基础 ………… 79
　　一、马克思恩格斯意识形态话语论述 …………………………… 80
　　二、列宁意识形态话语论述 …………………………… 87

第二节　新时代马克思主义意识形态话语体系构建的历史进程及经验 …… 92
　　一、马克思主义中国化第一次飞跃中形成的意识形态话语 …………… 93
　　二、马克思主义中国化第二次飞跃中形成的意识形态话语 …………… 100
　　三、马克思主义中国化第三次飞跃中形成的意识形态话语 …………… 105
　　四、马克思主义意识形态话语中国化演进的基本经验 ………………… 108

第三节　新时代马克思主义意识形态话语体系构建的现实基础 ………… 112
　　一、西强我弱：新时代马克思主义意识形态话语体系的现状 ………… 113
　　二、东升西降：新时代马克思主义意识形态话语体系构建的机遇 …… 114

第三章　新时代马克思主义意识形态话语体系构建的核心要义及特征 …………………………… 117

第一节　新时代马克思主义意识形态话语体系构建的核心要义 ………… 117
　　一、坚持党的全面领导 …………………………… 118
　　二、坚持人民至上 …………………………… 125
　　三、铸牢中华民族共同体意识 …………………………… 132
　　四、弘扬社会主义核心价值观和全人类共同价值 ………………………… 139

第二节　新时代马克思主义意识形态话语体系的表达特征 …………… 147
　　一、官方话语与民间话语的互动融合 …………………………… 148
　　二、政治话语与学术话语的拓展统一 …………………………… 150
　　三、理性话语与感性话语的转换并进 …………………………… 152
　　四、对内宣传话语与对外传播话语相互映衬 …………………………… 154

第三节　新时代马克思主义意识形态话语体系构建的根本特征……156
一、根本旨趣的实践性……156
二、价值取向的人民性……157
三、话语表达的创新性……159
四、话语体系的开放性……161

第四章　文化安全视域下马克思主义意识形态话语体系构建的战略价值及挑战…… 164

第一节　文化安全视域下马克思主义意识形态话语体系构建的战略价值…… 165
一、巩固马克思主义在意识形态领域的指导地位…… 165
二、确保党对意识形态工作的领导作用…… 167
三、维护国家意识形态安全…… 169
四、构建巩固根本制度的话语体系…… 170
五、提升国家文化软实力及中华文化影响力…… 171

第二节　马克思主义意识形态话语体系构建中存在的内在问题…… 173
一、意识形态话语理论创新不足…… 173
二、意识形态话语表达存在"假大空"的形式主义…… 176
三、意识形态话语媒体建构存在短板…… 181
四、意识形态话语国际传播有待加强…… 184

第三节　新时代马克思主义意识形态话语体系构建面临的外在挑战…… 187
一、西方主流意识形态话语的渗透…… 187
二、"非意识形态化"理论话语的腐蚀…… 196
三、市场经济下价值观多元化话语的干扰…… 202
四、全媒体时代网络负面效应话语的冲击…… 206

第五章　新时代马克思主义意识形态话语体系构建的实现机制…… 212

第一节　坚持马克思主义意识形态话语的思想引领…… 212

一、思想引领是马克思意识形态话语构建的核心战略⋯⋯⋯ 213
　　二、思想引领要强化马克思主义意识形态话语的舆论宣传⋯⋯ 215
　　三、用马克思主义意识形态话语引领多样化社会思潮⋯⋯⋯⋯ 219
　第二节　提升马克思主义意识形态话语的社会认同⋯⋯⋯⋯⋯⋯ 223
　　一、意识形态话语社会认同主体⋯⋯⋯⋯⋯⋯⋯⋯⋯⋯⋯⋯⋯ 224
　　二、意识形态话语社会认同的形成逻辑和形成过程⋯⋯⋯⋯⋯ 227
　　三、意识形态话语的国际认同现状和路径选择⋯⋯⋯⋯⋯⋯⋯ 231
　第三节　完善马克思主义意识形态话语的法治保障⋯⋯⋯⋯⋯⋯ 234
　　一、意识形态话语法治化取向的逻辑依据⋯⋯⋯⋯⋯⋯⋯⋯⋯ 235
　　二、意识形态话语法治保障的现状和不足之处⋯⋯⋯⋯⋯⋯⋯ 239
　　三、完善意识形态话语法治保障的建议⋯⋯⋯⋯⋯⋯⋯⋯⋯⋯ 243
　第四节　加强马克思主义意识形态话语的国际传播⋯⋯⋯⋯⋯⋯ 246
　　一、加强意识形态话语国际传播的根本原因⋯⋯⋯⋯⋯⋯⋯⋯ 246
　　二、加强意识形态话语国际传播应遵循的原则⋯⋯⋯⋯⋯⋯⋯ 251
　　三、加强意识形态话语国际传播的着力点⋯⋯⋯⋯⋯⋯⋯⋯⋯ 256

结　　语⋯⋯⋯⋯⋯⋯⋯⋯⋯⋯⋯⋯⋯⋯⋯⋯⋯⋯⋯⋯⋯⋯⋯⋯ 261

参考文献⋯⋯⋯⋯⋯⋯⋯⋯⋯⋯⋯⋯⋯⋯⋯⋯⋯⋯⋯⋯⋯⋯⋯⋯ 264
后　　记⋯⋯⋯⋯⋯⋯⋯⋯⋯⋯⋯⋯⋯⋯⋯⋯⋯⋯⋯⋯⋯⋯⋯⋯ 267

导 论

意识形态问题是当代学术研究和社会关注的重点问题,也是国际政治与战略博弈的焦点问题。党的十九大报告指出:"意识形态决定文化前进方向和发展道路。"①意识形态话语是马克思主义意识形态传播的重要载体,在国家政治生活中具有特殊地位,为政治生活"场域"提供运行总规则,话语体系是一个国家的文化存在和价值存在,话语体系建设是在坚持"话语形式之变"最终为"意识形态内容"服务的创新发展。新时代马克思主义意识形态话语体系是当代中国马克思主义意识形态话语和21世纪马克思主义意识形态话语,它对于坚持马克思主义在意识形态领域的指导地位,坚定文化自信,维护国家文化安全,巩固全社会团结奋斗的共同思想基础,增强当代中华民族的精神凝聚力,以及促进全球话语体系的多元发展,都具有重大的理论意义和现实意义。

据国际货币基金组织的报告,中国已成为世界经济的"发动机",中国特色社会主义道路的实践模式不同于19世纪以英美为代表的盎格鲁-撒克逊模式、20世纪以苏联为代表的社会主义模式、20世纪下半叶以日本为代表的东亚模式。中国特色社会主义现代化建设事业伟大实践中对面临的发展问题、民主政治问题和环境问题的成功破解具有世界级的样本意义,因此"这是一个需要理论而且一定能够产生理论的时代"②,中国的历史性实践成为滋养新时代马克思主义意识形态话语的深厚沃土。但需警惕的是,马克思主义在现实社会中被空泛化和边缘化,在一些教材中"失踪"、学科中"失语"和论坛上"失声"的现象仍然存在,因此必须不断丰富完善新时代马克思主义意识形态话语体系。

---

① 《习近平谈治国理政》(第三卷),外文出版社2020年版,第32页。
② 习近平:《在哲学社会科学工作座谈会上的讲话》,人民出版社2016年版,第8页。

习近平提出的关于意识形态的一系列新理念新思想新战略是马克思主义意识形态话语体系在新时代的创新表达，对当代世界格局的变革与人类文明发展产生了深远影响，因此要"推进国际传播能力建设，讲好中国故事、传播好中国声音，向世界展现真实、立体、全面的中国，提高国家文化软实力和中华文化影响力"①，从而使更多人理解和认可马克思主义，在各种社会思潮相互碰撞和相互激荡的思想文化环境下，在民众思想观点多元、多样和多变情况下，坚持用马克思主义为国家和社会立言，提升马克思主义意识形态话语权，发挥马克思主义意识形态话语权的支配力和影响力，更好地维护国家文化安全。

一、选题缘由和研究意义

（一）选题缘由

大国复兴，话语不能缺席，马克思主义意识形态话语安全从深层次影响着国家文化软实力和国家文化安全。今日之中国日益靠近世界舞台的中心，物质上的强大也正成为现实，但正如习近平指出"实现我们的发展目标，不仅要在物质上强大起来，而且要在精神上强大起来"②，中国不但要在物质上强大起来，而且要在精神上强大起来。话语体系是文化软实力的重中之重，体现着理论体系的发展程度，习近平总书记高度重视中国话语体系建设，多次强调"讲好中国故事、传播好中国声音"，提出要打造融通中外的新概念、新表述、新范畴，精心构建对外话语体系。因为意识形态差异，中西之间在制度模式及文化价值观念上的话语落差非常大，"西强我弱"的总体格局没有根本改变，中国话语在构建中国学派、解读中国实践、彰显中国价值上"声音还比较小，还处于有理说不出、说了传不开的境地"③。马克思主义意识形态话语就是中国名片，名片上所写内容如果可以得到国际社会高度认同，中国发展优势就会尽早转化

---

① 《习近平谈治国理政》（第三卷），外文出版社2020年版，第312页。
② 《习近平谈治国理政》（第一卷），外文出版社2018年版，第46页。
③ 习近平：《在哲学社会科学工作座谈会上的讲话》，人民出版社2016年版，第24页。

为话语优势。当然，话语优势不应仅仅停留在不受威胁和被动地防范资本主义意识形态话语，而应着眼于增强主流意识形态话语的凝聚力、影响力，对外提升中国在国际上的话语能力，更好地维护国家文化安全。

《新时代马克思主义意识形态话语体系构建研究》的创作背景基于以下几个方面。

第一，全球化背景下"西强我弱"的国际话语格局没有明显改变。改革开放以来，中国赢得了国民经济发展和现代化建设的重要战略机遇期，实践是最好的裁判，今天中国国内生产总值突破100万亿元，人均国内生产总值突破1万美元，近1亿贫困人口实现脱贫，经济总量稳居世界第二[1]，中国社会生产力及综合国力迈上了新台阶，中国共产党和中国人民牢牢抓住了20世纪后期及21世纪初期的历史机遇，最终走出一条中国式现代化道路，与美国差距持续缩小。中西相比，中国道路、理论和制度虽有别于西方但取得了成功，而西方一直引以为豪的制度、道路和模式却不断失效，中国模式的优越性不容否定，而西方模式则从顶峰开始跌落。《时代》杂志专栏作家托尼·卡隆指出，中国模式不仅优越于由英美极力推崇的传统自由资本主义模式，也优越于18世纪资本主义现代化以来欧美国家所开创的发展道路，中国模式让美国模式黯然失色[2]，中国模式应由中国话语解说，中国话语建构主体应是中国人民，而西方话语的强势殖民使中国面临"失语"境遇。目前，西方对中国模式的解释主要有"中国特色资本主义模式"说、"儒家资本主义模式"说、"新自由主义模式"说、"威权社会主义模式"说、"国家资本主义模式"说等，这些说法不断攻击中国制度和政党体制。在国际话语场，话语权几乎完全被西方话语主导及控制，马克思主义意识形态话语缺乏传统的依托、现实的支撑和国际的认可，陷入了失语的焦虑之中。话语赤字即话语劣势，话语劣势主要表现为话语规则由西方制定，话语议题由西方设定，话语进程由西方主导，话语真伪由西方裁判，话语内容

---

[1] 中共中央宣传部编：《习近平新时代中国特色社会主义思想学习问答》，学习出版社、人民出版社2021年版，第115页。

[2] 陈曙光：《中国话语》，湖北人民出版社2017年版，第2页。

由西方提供，分析范式由西方创造，西方二字似乎成为话语真理性的担保。西方对我们进行着文化渗透和文化征服，西方话语对中国不亚于"冷战"时期美苏之间的话语争锋，文明冲突论直指中国，历史终结论影射中国，大国责任论捧杀中国，中国霸权论恫吓中国，中国威胁论孤立中国，霸权稳定论遏制中国，南海航行自由论剑指中国。①此外，西方还在涉台、涉疆、涉藏、涉恐等问题上制造话语，混淆是非，试图干扰中国和平崛起，这些都一度导致马克思主义陷入"失声"和"失语"，话语传播处于"有理说不出、说了传不开"的尴尬境地。因此，必须加强新时代马克思主义意识形态话语体系构建研究，将中国发展优势转化为话语优势，只有这样才能对抗西方话语霸权，更好地维护国家文化安全。

第二，话语体系建设滞后于社会主义现代化强国建设的伟大实践。党的百年奋斗巨大成就证明了马克思主义意识形态话语的科学性，马克思主义崭新形象使世界范围内社会主义和资本主义两种意识形态及两种社会制度的历史演进及其较量发生了有利于社会主义的重大转变。然而，话语体系建设和社会主义现代化强国建设的伟大实践相比仍明显滞后，尤其是改革开放以来，硬实力和软实力也面临着失衡的矛盾，我们没有成熟的被世界认可的话语解读体系，话语体系不能很好地向世界解读中国特色社会主义现代化建设事业的伟大实践，不能很好地向世界表明我国面对百年未有之大变局的观点，亦不能很好地向世界展示中国人民追求和平发展及美好生活的美好愿望。在我国哲学社会科学研究中，引进吸收的状态表现得尤为突出，一些学科的学术话语体系仍习惯照搬西方理论理念、学术话语和研究范式进行研究阐释，尚未形成中国特色的学科和学术话语体系，我们对自己的学科和学术思想话语十分不自信，不勇于发声，也不敢发声，话语权出现"西强我弱"的整体态势，以及经济强文化弱和国内强国外弱的危机。因此，马克思主义意识形态话语体系建设应立足现实、借鉴国外、创造特色，坚持以我为主和交融互鉴，妥善处理好各种文化学术资源和话语体系之间的关系，尤其是话语体系与马克思主义理论及马克思主义中国化

---

① 陈曙光：《中国话语》，湖北人民出版社2017年版，第4页。

理论成果的关系。首先,新时代马克思主义意识形态话语体系要更好地向世界说明中国特色社会主义理论、道路、制度和文化的真实面貌,以及中国特色社会主义现代化建设事业取得的伟大成就和成功经验,向世界展现真实、立体和全面的中国。中国的发展壮大使国际格局和权力转移呈现根本性变化,尤其美国将中国作为主要战略竞争对手,打压、孤立和遏制中国,习近平深刻分析新时代"意识形态工作面临的内外环境更趋复杂,境外敌对势力加大渗透和西化力度,境内一些组织和个人不断变换手法,制造思想混乱,与我争夺人心"①。因此要加强用社会主义核心价值观凝聚人心。其次,新时代马克思主义意识形态话语体系需要在原创性和影响力上下功夫,应通过话语体系建设推动我国哲学社会科学的繁荣和发展,实现话语体系的转型升级,在批判继承上走出一条话语创新道路,摆脱在许多重要概念、表述和范畴上对西方哲学社会科学相关理论的严重依赖,进一步从理论体系及话语体系上提炼中国观点、表达中国诉求、阐释中国理论,只有彻底的理论体系才能带来深刻的话语体系。发生在中国的故事,其他话语无法解释,马克思主义意识形态话语要给出科学的解释和说明。再次,新时代马克思主义意识形态话语体系需要更好地向世界说明、宣传介绍党的十八大以来中国共产党进行的伟大理论创新及理论创新成果,将党的十八大以来我国改革发展中形成的新范畴、新概念和新表述更好地融通转化为我国哲学社会科学体系,不仅要破译中国奇迹的密码,更要为人类面临的共同难题提出中国方案。任何有生命力的话语都是言说主体依据自己生活其中的历史文化传统、自己经历的历史性实践,对人类面临的相似性和共同性问题作出的特殊性言说,这些话语既体现出人类经验的某些共同点,又带有独特的民族特色和民族想象。社会主义改革发展模式虽无法复制,但蕴含的发展哲学及方法论却具有世界性价值,例如,"一带一路""全人类共同价值""人类命运共同体"等无疑是中国贡献给世界的一笔宝贵财富。

---

① 中共中央党史和文献研究院编:《习近平关于总体国家安全观论述摘编》,中央文献出版社2018年版,第111页。

第三，话语体系的媒体传播能力和国际传播能力存在短板。早在2013年全国宣传思想工作会议上，习近平就指出互联网已经成为舆论斗争的主战场，是面临的"最大变量"和"心头之患"，西方政要也声称"有了互联网，对付中国就有了办法"，互联网这个战场能否顶得住和打得赢，关系到国家意识形态安全和政权安全。①因此，马克思主义意识形态话语体系需要不断改进传播方式和传播渠道，要广泛应用新媒体、新手段和新渠道，勇于走在时代前列，要善于学习借鉴西方话语体系传播对科学技术最新成果的运用经验，从而做强国家话语体系传播的物质基础和技术手段。除此，要争取同综合国力相匹配的国际话语权。中国相关领域的话语权研究严重不足，对于许多国内国际问题缺乏精准的国际表达和国际议题能力，国际传播能力及战略布局缺乏顶层设计及研究布局，未形成一套完整的国际传播能力体系及媒体集群。因此，亟须加强顶层设计及研究布局，改进国际传播手段及方式，提升国际传播效能，在国际传播中应彰显中华文化博大精深的魅力，加强对中国共产党及中国人民伟大奋斗的宣传，"着力提高国际传播影响力、中华文化感召力、中国形象亲和力、中国话语说服力、国际舆论引导力"②。习近平的"五个要"为马克思主义意识形态话语体系的构建和国际传播确定了根本使命：一要用中国理论解读中国实践，同时用中国实践升华中国理论；二要加强对中国共产党的宣传，习近平曾在给北京大学留学生们回信中明确指出"读懂今天的中国，必须读懂中国共产党"③，要帮助国外民众认识中国共产党的初心和使命是为人民谋幸福，进而了解"马克思主义为什么行、中国共产党为什么能、中国特色社会主义为什么好"④；三要围绕中国精神、中国力量和中国价值，根据实际从"五位一体"总体布局的

---

① 中共中央党史和文献研究院编：《习近平关于总体国家安全观论述摘编》，中央文献出版社2018年版，第103页。
② 习近平：《加强和改进国际传播工作 展示真实立体全面的中国》，载《人民日报》2021年6月2日，第1版。
③ 《习近平给北京大学的留学生们回信》，载《人民日报》2021年6月23日，第1版。
④ 习近平：《在党史学习教育动员大会上的讲话》，人民出版社2021年版，第9页。

各个领域进行研究,为更好推进国际传播提供学理支撑,不但要克服"有理说不清"的问题,更要实现有理说得清、说得好,"理"既包括依中国实际实现历史性巨变的道理,也包括依实践升华提炼的真理,因此需要推进我国政治话语向学术话语和中国学术话语向国际学术话语的转化;四要更好推动中华优秀传统文化"走出去",以文传声、以文载道和以文化人;五要把握好基调,既开放自信也谦逊谦和,让世界了解真实、立体和全面的中国,塑造一个可信、可爱和可敬的中国形象。话语体系是赢取话语权的关键所在,话语权则是传播话语体系的关键因素和重要力量,只有建构话语体系,加强话语体系的国际传播,才能最终争取国际话语权,更好地维护国家文化安全。

(二)研究意义

建设社会主义现代化文化强国离不开强大的思想保证及精神动力,这就对构建新时代马克思主义意识形态话语体系提出了必然要求。习近平在哲学社会科学工作座谈会上强调:"要注意加强话语体系建设……还处于有理说不出、说了传不开的境地。"①这就表明,中国理论和中国实践需要有相应的中国话语表达,需要推进新时代马克思主义意识形态话语建构。我国在意识形态话语建设方面,还存在着话语与实践脱节、不接地气,讲道理不理直气壮、不透彻不解渴、空洞乏味、缺乏吸引力与认同感、从口号到口号、从概念到概念的教条主义、形式主义和本本主义等诸多问题,因此应加强当代中国马克思主义意识形态的深化、细化、转化和活化研究,推进马克思主义意识形态的中国化、大众化和时代化,提升意识形态的思想性、理论性、亲和力和针对性,提炼融通中外的新概念新范畴新表述,构建具有中国风格、中国气派和中国特色的马克思主义意识形态话语体系。它对于坚持马克思主义在意识形态领域的指导地位,维护国家文化安全,巩固全社会团结奋斗的共同思想基础,增强当代中华民族的精神凝聚力,都具有重大的现实意义及深远的历史意义。

---

① 《习近平谈治国理政》(第二卷),外文出版社2017年版,第346页。

本书通过分析和借鉴学术研究成果，尝试从文化安全的视角观照新时代马克思主义意识形态话语体系，旨在推进建设言有理、行有效、传有权的新时代马克思主义意识形态话语体系，增强马克思主义意识形态话语权，维护国家文化安全，致力于解决中国文化软实力问题。通过对马克思主义意识形态话语体系建设的全面考察和深入分析，着重回答新时代马克思主义意识形态话语体系构建"何以必要，何以可能"的重大问题，立足马克思主义经典作家意识形态话语和马克思主义中国化三次飞跃中形成的意识形态话语，阐发新时代马克思主义意识形态话语体系构建基础和历史进程，将新时代马克思主义意识形态话语体系放到文化安全视域下进行研究，对于坚定文化自信，具有重要的实践指导意义。把握新时代马克思主义意识形态话语体系面临的挑战，对于繁荣和发展中国特色社会主义文化具有现实性。总结苏联意识形态话语丧失的危害，批判西方文化霸权和信息霸权，对于维护国家文化安全，坚定文化自信，具有重要的借鉴意义。

本书立足社会现实生活的实践，对话语理论的研究拓展到中国现实。通过马克思主义意识形态话语对西方意识形态话语挑战的回应，在深入比较研究和自我反思中切实把握马克思主义意识形态的科学性、合理性、先进性、优越性，坚持马克思主义在意识形态领域的领导地位，发挥其在当代社会的思想引领作用，提升马克思主义意识形态的说服力、阐释力、引导力和感召力，增强思想自觉与理论自信。

本书注重对新时代马克思主义意识形态话语体系构建的时代性、人民性、创新性、思想性、学理性、全球性进行理论阐释，指出党的全面领导、人民至上、民族复兴、社会主义核心价值观和全人类共同价值是新时代马克思主义意识形态话语体系构建的核心要义，为坚守中国共产党的初心使命、实现"两个一百年"奋斗目标、实现中华民族伟大复兴的中国梦、建设社会主义现代化文化强国提供思想理念指引，探讨了实现新时代马克思主义意识形态话语体系的思想引领、社会认同、法治保障和国际传播等实践机制，旨在推进新时代马克思主义意识形态话语体系的国际共识，提升国际话语权，维护国家文化安全。

二、研究现状

"意识形态工作是为国家立心、为民族立魂的工作。"①意识形态作为阶级社会特有精神现象，可以为政党夺取政权和巩固政权进行合理性论证，而话语体系是思想文化和价值体系的表达，这样说来意识形态和话语体系密切相关。中国发展优势应尽快转化为话语优势，随着马克思主义在意识形态领域指导地位和根本制度的确立，快速发展的中国需要加快马克思主义意识形态话语体系建构，形成同综合国力及国际地位相匹配的马克思主义意识形态话语权。"文化自信是更基础、更广泛、更深厚的自信……没有高度文化自信、没有文化繁荣兴盛就没有中华民族伟大复兴。"②文化自信是话语体系建设之魂，而文化安全是文化自信的前提基础，马克思主义意识形态话语体系构建关乎国家文化安全、文化自信和文化繁荣，具有重要的理论意义、现实意义和实践意义。从研究现状来看，国内外学科领域的不同专家从不同视角对意识形态话语体系进行了广泛深刻的研究，但立足文化安全视域解读新时代马克思主义意识形态话语体系的成果并不多，不同研究主题、研究方法产生了不同的结果，通过对著作、期刊和外文资料等大量文献资料收集整理，主要有以下几方面的总结。

（一）国内学界研究现状

1. 马克思主义意识形态话语体系发展史梳理

探讨马克思主义意识形态话语体系发展史，首先需要考察意识形态概念的内涵和特质。从词源学上溯源，学界普遍认为意识形态概念是在启蒙运动时期由法国哲学家特拉西首先提出的，作为抽象认识论意义上的思想观念，是试图解决认识可靠性问题的"观念学"，为革命后的法国建设提供了科学基础。根据曼海姆和麦克里兰的考察，特拉西的意识形态概念是指不包含价值观的"观念科学"。但是曼海姆和麦克里兰的理解实际上并不准确，这是因为特拉西的意识

---

①②《中共中央关于党的百年奋斗重大成就和历史经验的决议》，载《人民日报》2021年11月17日，第1版。

形态概念本身就是启蒙主义的价值信念，并不是其声称的"价值中立"的"观念科学"。

在意识形态话语体系发展史上，马克思使意识形态概念获得了一种全新的性质和意义，认为意识形态绝不是一个抽象的理论问题，而是一个复杂深刻的社会实践问题。意识形态理论并不仅仅是马克思主义理论中的一个分支领域，而是马克思主义理论的本质内容和核心部分，揭露资本主义的意识形态幻象，建构无产阶级实现解放的意识形态，构成了马克思主义意识形态话语的双重任务。马克思在《德意志意识形态》中明确使用了意识形态这一概念，通过批判德意志意识形态阐述了意识形态的基本观点，此后他在《政治经济学批判》序言中深化了对意识形态的理论阐释。马克思对意识形态的理解主要有三个层面：一是在社会结构视角上，认为意识形态属于思想上层建筑，不仅是经济基础和政治上层建筑的思想反映，而且反过来对经济基础和政治上层建筑发挥着重要影响；二是在根本价值立场上，认为意识形态体现的是阶级或社会集团的利益，特定社会的主流意识形态从根本上体现统治阶级的阶级意志并维护统治阶级的阶级利益；三是在概念特殊指谓上，强调意识形态的批判性，揭露了资产阶级意识形态的虚假性与欺骗性，认为资产阶级意识形态的根本特征是掩蔽现实的社会关系，用统治阶级的特殊利益来冒充整个社会乃至人类的普遍利益。

马克思对意识形态概念的批判性理解，源于马克思的哲学世界观革命，要与声称"观念统治世界"的旧世界观的意识形态展开论战，彻底推翻和破除资本主义的人性观、价值观、政治观、制度观的资产阶级意识形态话语。马克思对意识形态的批判和重建，形成了崭新的马克思主义意识形态话语，超越了传统形而上学的抽象观念论，破除了资产阶级意识形态的虚假意识表象，揭示了意识形态与社会现实之间的真实联系，认为意识形态是植根于社会历史实践基础之上的价值观念体系。意识形态作为思想上层建筑具有政治性、阶级性、历史性、实践性和建构性，不仅反映和维护特定社会统治阶级的经济利益与政治需要，反过来也塑造和影响着社会经济与政治发展。马克思主义意识形态话语体系是建立在唯物史观基础上的科学社会主义，代表着无产阶级和劳动人民的根本利益与价值诉求，与实现人类解放的价值旨趣内在一致，实现了批判性与建构性、革命性与实践性、科学性与价值性的统一。后来列宁的无产阶级意识形态和政党理论、斯大林的社会主义意识形态理论、卢卡奇的阶级意识理论、葛兰西的文化领导权理论等，都推进了马克思主义意识形态话语的发展。特别是列宁领导建立了世界上第一个社会主义国家苏联，在实践中探索无产阶级执政党与社会主义意识形态建设问题，在社会主义初创时期发展了马克思主义意识形态话语。

近代以来，中国长久落后于时代，国家蒙辱，人民蒙难，文明蒙尘。中国共产党领导人民在中国革命、建设和改革的百年奋斗历程中，将马克思主义基本原理和中国实际相结合，实现了马克思主义中国化的三次飞跃，不断推进马克思主义意识形态话语的创新，形成了具有中国风格和中国气派的意识形态话语体系。新民主主义革命时期，以毛泽东为代表的中国共产党人在革命实践中开辟了农村包围城市、武装夺取政权的正确革命道路，"新民主主义""三大法宝""工农武装割据"和"群众路线"等一系列新概念的提出，对中国革命的性质和任务，以及如何进行中国革命作出了系统梳理和回答，提出了属于自己的意识形态话语。社会主义建设时期，1954年毛泽东在领导起草国家宪法时提出"建设一个伟大的社会主义国家"战略目标，1964年三届全国人大一次会议上的《政府工作报告》中确立了"四个现代化"战略目标，党关于推进重工业、轻工业、农业、政党建设和民族建设等形成了《论十大关系》的重要文献，马克思主义中国化第一次飞跃中形成的意识形态话语，具有强大的解释力、说服力和号召力，为中国革命和社会主义建设提供了理论指南。党的十一届三中全会以后，邓小平深刻总结了新中国成立以来正反两方面的经验和教训，提出了"建设有中国特色的社会主义""一个中心，两个基本点"等论断，丰富了马克思主义意识形态话语。党的十三届四中全会后，以江泽民为核心的党的第三代中央领导集体提出的"中国特色社会主义的文化"概念、"三个代表"重要思想和"代表先进文化前进方向"的论断，将马克思主义意识形态话语推进到一个新高度。党的十六大以后，以胡锦涛为主要代表的中国共产党人，深刻认识和回答了新形势下实现什么样的发展、怎样发展等重大问题，形成了科学发展观，进一步坚持和发展了马克思主义意识形态话语体系。在这个时期，党坚持和发展马克思主义，科学回答了如何建设中国特色社会主义等一系列基本问题，是马克思主义中国化第二次飞跃中形成的意识形态话语。中国特色社会主义进入新时代，习近平提出的初心使命、新发展理念、经济新常态、"四个自信"、全人类共同价值等一系列意识形态的新理念、新思想和新战略，是马克思主义意识形态中国化的最新理论成果，形成了当代中国马克思主义意识形态话语体系，为建设社会主义现代化文化强国提供了思想指引，维护了国家文化安全。

2. 国内学界的学术研究述评

当前国内学界对相关话语的学术研究进入集体爆发阶段，尤其是党的十八届三中全会后，我国哲学社会科学各个领域都进行了大量的话语阐述和话语分析研究，国际和国内形势、历史和现实观照、理论和实践需求都内在要求加强对话语理论和话语体系的深入研究，国内对"话语体系""马克思主义意识形态话语""意识形态话语体系"等的研究成果十分丰富，应认真分析、综合比较。本书主要从论文和著作两方面进行论述。

第一方面：关于话语体系基本理论的研究。

关于话语体系的研究大多属于学理性研究，主要涉及以下问题域。

其一，关于话语体系构建的重要意义的深度阐释。以对外话语和意识形态、文化软实力及价值观的关系为基础，聚焦于中国对外话语体系构建的意义、作用和价值等方面。洪晓楠论证了中国特色话语体系和国际形象的构建面临着话语复兴、话语崛起和中国崛起、中华民族伟大复兴的"剪刀差"，应通过"话语符号"和"数字场域"构建"强而不霸"的中国国际形象。[①]以"中国威胁论"和"中国责任论"为切入点，研究对外话语体系对维护国家利益具有重要的独特价值。[②]吴子林指出要把中国学术的问题意识、思想和言说方式转化为现代

---

① 洪晓楠：《中国特色话语体系与国际形象构建》，载于《人民论坛》2021年第31期，第17—21页。

② 袁莎：《对外话语如何"以言取效"》，载于《国际论坛》2015年第4期，第52—58页。

中文学术语言,用汉语内涵呈现中国学术思想并和西方世界交流。①刘小燕等人指出对外话语体系建设关乎国家形象及国家利益,有效的对外传播话语体系需要打造一个由顶层设计、受众研究、话语实践、应急及评估体系等构成的传播系统。②陈金龙深刻阐明了建构哲学社会科学学术话语体系的人类意义和时代价值,有力回击和回应了西方世界的质疑声音。③

其二,关于话语体系的概念内涵和元理论研究。话语体系的内涵在各学科领域不断丰富,并且取得了广泛应用和创新。学者们主要从话语体系的作用、目的、地位和构成等方面予以界定。梅荣政指出话语体系由概念、范畴和逻辑结构构成,具有阶级属性,担负着传递特定的阶级观念、维护和获取特定群体利益的职责。④陈汝东以媒介和介质为出发点,强调话语体系是一种工具性的表达系统,具有表达国家观念、集体意志、传播价值和展示力量的重要作用。⑤同时学者们还对话语权的本质及对外话语评判标准等重要问题进行了研究,韩庆祥指出话语权的六个关键要素是紧密相关和逐层递进的。⑥陈曙光等人论证了话语的评判标准,指出中国话语是解决人类性的重要依据。⑦还有学者对西方的话语体系进行了批判反思,立足马克思主义立场,用马克思主义话

---

① 吴子林:《"我们需要概念吗?"——构建中国当代学术话语体系之思》,载于《学习与探索》2021年第8期,第156—166页。
② 刘小燕、赵蓂源:《着力构建新时代对外传播话语体系》,载于《前线》2021年第6期,第9—11页。
③ 陈金龙:《论中国特色社会主义话语权的建构》,载于《思想政治教育》2015年第3期,第8—12页。
④ 梅荣政:《理论界和学界面临的重大而紧迫的时代课题——论打造具有中国特色的学术话语体系》,载于《学习与实践》2012年第10期,第49—56页。
⑤ 陈汝东:《论全球话语体系建构——文化冲突与融合中的全球修辞视角》,载于《浙江大学学报》(人文社会科学版)2015年第3期,第84—94页。
⑥ 韩庆祥:《全球化背景下"中国话语体系"建设与"中国话语权"》,载于《中共中央党校学报》2014年第5期,第47—50页。
⑦ 陈曙光、周梅玲:《论中国道路的话语体系建构》,载于《思想理论教育》2016年第1期,第9—14页。

语解构西方话语,打破西方话语霸权。①

其三,关于如何建设融通中外,具有中国特色和中国精神的话语体系的核心问题,学者们从不同学科视角对话语理论进行论证,主要集中于实践层面。在话语传播方面,郭军等人立足全媒体视角,指出时代变迁和技术进步要求对意识形态话语传播方式进行供给侧结构性改革,要以生活化议题同构、分众化技术制胜、互动文化交流至上和体验优先为特征,创新话语的传播内容、传播方法和传播形式。②储峰等人认为新时代话语传播是对外交往的重要任务,应借助新媒体传播的优势,采用融合发展方式,提高话语的国内国际传播,不断增强中国话语的国际话语权。③赵乐平立足符号学和传播学的技术层面,指出平民化元素及网络语言代表的民间强符号进入官方话语体系已成为提升官方话语传播的新途径。④在话语建设方面,学者们立足不同视角,有理论的分析也有实践的探索,有宏观的战略也有微观的对策,杨荣刚等人指出话语建设的困境主要表现在话语生成、研究范式、研究立场和学科支撑等方面,因此话语主体要加强原典研读,筑牢学术话语,话语生发路径要守正创新,创新对外话语,话语生发原则要坚定政治立场,以问题为导向,力戒形式主义。⑤韩庆祥强调话语建设的核心是理论建设,中国理论"立"不起来,西方的错误思潮就"破"不了,要高度自觉中国理论建设。⑥陈曙光则强调,建构中国话语要处理好中

---

① 韩美群:《解构与重建:西方话语的理论逻辑与马克思主义的话语创新》,载于《马克思主义研究》2018年第2期,第92—99页。

② 郭军、韩小谦:《全媒体时代我国意识形态话语传播方式的创新转换》,载于《编辑之友》2021年第3期,第52—56页。

③ 储峰、周栋:《新时代提升中国话语传播效果的对策思考》,载于《理论视野》2020年第2期,第40—45页。

④ 赵乐平:《民间强符号:提升官方话语传播新途径》,载于《现代传播》(中国传媒大学学报)2015年第4期,第167—168页。

⑤ 杨荣刚、俞良早:《马克思主义意识形态学术话语建设的学理、困境与建构》,载于《思想教育研究》2018年第4期,第43—47页。

⑥ 韩庆祥:《话语建设的核心首要是理论建设》,载于《理论视野》2018年第10期,第18—22页。

国性和现代性、中国性和西方性、中国性和中华性的三对关系。①

其四，关于话语体系的个案研究。主要将话语理论阐释和中国实践相结合，关注"一带一路""中国梦""人类命运共同体"等话语体系典型案例的分析，冯霞等人指出"一带一路"话语体系表达了人类命运共同体的内在诉求，是推动全球治理话语体系变革的中国探索，可以有效提升中国在全球治理变革中的国际话语权。②牟硕认为中华民族伟大复兴话语体系形成和发展了原有的小康社会和现代化的话语体系，是新时代中国特色社会主义理论体系重要成果。③周翔强调通过"语境重置"，以"和合"和"新世界主义"为思想传承和理论构想，将"命运共同体"置于全球化发展语境之中，改变西方国家的"中国威胁"偏见为"合作共赢"的认同理念，话语表达由"政策宣传"转为"讲述故事"，采取"从他者出发"的跨文化态度实现跨文化认同，使对外话语进入"新表述"时期。④

第二方面：关于马克思主义意识形态话语的相关研究。

通过中国知网数据库，以"马克思主义意识形态话语""意识形态话语体系"为关键主题词进行搜索，相关论文研究主要涉及以下几个问题域。

其一，关于马克思主义意识形态话语权的深度阐释的期刊论文数量尤为丰富。这方面研究以话语权为切入点，论域集中在话语权建设的内在逻辑、基本原则、建构维度、逻辑理路、时代审视及国际视角等方面。梅景辉等人以中国道路和马克思主义意识形态话语权的现代性叙事为主题，指出当代人在思想理论上的回归和创新应以意识形态的研究为现实桥梁，将学术研究和现实生活世界相结合，以意识形态属性有效推动文化领导权。⑤同时指出话语权的发展和

---

① 陈曙光：《中国话语与话语中国》，载于《教学与研究》2015年第10期，第23—30页。
② 冯霞、胡荣涛：《人类命运共同体视阈下"一带一路"话语体系构建》，载于《厦门大学学报》（哲学社会科学版）2021年第1期，第12—21页。
③ 牟硕：《中华民族伟大复兴话语体系的形成及其要素》，载于《理论与改革》2020年第6期，第58—66页。
④ 周翔：《"命运共同体"的话语体系建构——概念再造、语境重置与方式转化》，载于《人民论坛·学术前沿》2018年第7期，第62—70页。
⑤ 梅景辉、陈寒醒：《马克思主义意识形态话语权与中国道路的现代性叙事——南京财经大学博士生导师梅景辉教授访谈》，载于《社会科学家》2020年第11期，第3—6页。

国家文化软实力的提升存在紧密关联,文化自信表征的文化软实力是国家综合实力的重要体现,以文化自信为基础提升国家文化软实力,可以更好丰富中国特色社会主义的文化话语,进而提升马克思主义意识形态话语权。①郝苏君指出马克思主义意识形态话语权建设应坚持人民性、实践性、开放性、时代性,最终保证对内对外话语的吸引力、凝聚力和影响力。②侯天佐立足新媒体视角论述马克思主义意识形态话语权建设,指出互联网的自由性和多元化、非理性和碎片化、交互性和去中心化、虚拟性和开放性的本质特征对马克思主义意识形态话语主体、内容、方式和环境等话语权的构成要素具有挑战性,应通过优化话语主体、升华话语内容、活化话语方式和净化话语环境来解决。③包天强指出新媒体时代意识形态话语权斗争出现了传播主体多元化、传播渠道多向度、传播模式碎片化及传播环境复杂化等特点,应构建现代传播体系,创新宣传方式、完善新媒体舆情监管机制,实现马克思主义意识形态话语权。④苏冰等人指出应以意识形态的结构维度即认知解释、价值信仰及行动策略三个基本要素为出发点,具体以理论的科学性、创新性夯实话语权思想基础,以价值道义性、正当性筑牢话语权的价值根基,以策略可行性、有效性提供话语权实践支撑,在三者协调统一的动态平衡中实现话语权的构建。⑤肖唤元等人从历史演进的历程全面梳理了改革开放40年马克思主义意识形态话语权经历了恢复重构、捍

---

① 梅景辉:《文化自信与马克思主义意识形态话语权的当代发展》,载于《马克思主义研究》2017年第5期,第103—112页。

② 郝苏君:《新时代马克思主义意识形态话语权建设的基本原则》,载于《学校党建与思想教育》2019年第6期,第85—87页。

③ 侯天佐:《网络空间中提升马克思主义意识形态话语权的对策》,载于《思想理论教育导刊》2018年第1期,第77—80页。

④ 包天强:《新媒体时代马克思主义意识形态话语权实现方式》,载于《思想政治教育研究》2017年第4期,第110—113页。

⑤ 苏冰、刘颀:《结构维度:当代中国马克思主义意识形态话语权的构建》,载于《江淮论坛》2020年第1期,第47—53页。

卫巩固、推进发展和稳步提升四个阶段。①张红建等人从话语生产之维、传播之维、认同之维和评价之维四重维度提升马克思主义意识形态话语权。②李晓燕指出应从列宁的"灌输论"中汲取智慧,增强马克思主义意识形态话语权。③胡刚认为应主动在现实社会生活中融入马克思主义意识形态和价值观念,让主流意识形态话语发声,强调社会主义意识形态特殊性,发出"中国声音",增强"中国话语"软实力,进而掌握意识形态领域的话语权。④

其二,关于马克思主义意识形态话语及话语体系的论证研究。论域主要集中在话语体系建设的重要意义、话语转换的维度、话语的日常生活化和话语的历史基础等方面。徐秦法等人认为应遵循理论逻辑、历史逻辑和实践逻辑相统一的原则,探寻话语体系发展变革的动因和内生机制,丰富意识形态政治话语的学术表达,促进理论话语的实践转向,增强社会主义意识形态的凝聚力。⑤吕峰论证中国共产党推进了马克思主义意识形态话语转换的三重维度,即本体转换、主体转换和话语空间转换,进而增强了话语表达的时代性、针对性及多样性。⑥杨章文指出话语体系主要面临的现实困境有反马克思主义说、社会转型说、信息多元论和自身建设说,建构路径主要集中于信念坚定、理论自觉、价值认同和话语创新四个视角,应在话语体系的专题性、多学科性和比较性方

---

① 肖唤元、戴玉琴:《改革开放40年马克思主义意识形态话语权的演进》,载于《当代世界与社会主义》2019年第1期,第101—107页。
② 张红建、商植桐:《提升马克思主义意识形态话语权的四重维度》,载于《广西社会科学》2018年第12期,第20—24页。
③ 李晓燕:《列宁"灌输论"视角下马克思主义意识形态话语权建设探析》,载于《马克思主义研究》2017年第8期,第79—88页。
④ 胡刚:《当代中国马克思主义意识形态话语权的审视与建构》,载于《社会主义研究》2016年第5期,第26—31页。
⑤ 徐秦法、张肖:《新时代加强马克思主义意识形态话语体系建设研究》,载于《湘潭大学学报》(哲学社会科学版)2022年第1期,第159—166页。
⑥ 吕峰:《论中国共产党推进马克思主义意识形态话语转换的三重维度》,载于《理论探讨》2018年第6期,第140—146页。

面进行深化拓展。①朱斌基于现代性维度解读了马克思主义意识形态话语日常生活化的隐忧，即世俗化和理性化日常观念削弱了意识形态的吸引力，虚拟化和物化日常交往遮蔽了意识形态的影响力，符号化和审美化日常消费挤压着意识形态的整合力，应回应日常观念的合理诉求，批判日常交往的物化，揭示消费主义的本质，强化意识形态向日常生活的灌输。②姜迎春论述了意识形态话语的历史基础，指出马克思在批判德意志意识形态的基础上对唯心主义的历史认知模式进行了解构，同时构建了唯物主义历史认知模式，说明了思想统治是阶级统治的表现，意识形态有虚假代表及真实代表的区别，社会主义意识形态建设的重要任务之一就是辨识及批判唯心主义的历史认知模式。③

其三，关于意识形态话语体系的研究。论域集中在意识形态话语体系的基本经验、目标、原则和重点，或是以微观层面为切入点，将理论和实践相结合来谈意识形态话语体系。袁银传等人科学总结了中国共产党在百年奋斗征程中意识形态话语体系建设的基本经验，即坚持马克思主义话语体系科学性和意识形态相统一，依时代规律及人民意志变革意识形态话语方式及话语内容；坚持培元固本和守正创新相统一，推进马克思主义话语体系的创新；坚持批判和建构相统一，在批判错误思潮过程中推进话语体系的创新。④李斌等人指出中国特色网络意识形态话语体系本质是中国特色社会主义的思想阐释体系、话语表达体系和价值引领体系，具有鲜明的价值观阐释、表达、整合和传承价值。⑤

---

① 杨章文：《回顾与反思——马克思主义意识形态话语体系研究在中国》，载于《思想政治教育研究》2018 年第 3 期，第 52—57 页。

② 朱斌：《马克思主义意识形态话语的日常生活化——基于现代性维度》，载于《理论探索》2015 年第 6 期，第 25—30 页。

③ 姜迎春：《马克思意识形态批判视域中的历史认知模式理论疏析——论马克思主义意识形态话语的历史基础》，载于《安徽大学学报》（哲学社会科学版）2014 年第 6 期，第 10—15 页。

④ 袁银传、刘秋月：《中国共产党百年意识形态话语体系建设的基本经验》，载于《中南民族大学学报》（人文社会科学版）2021 年第 6 期，第 8—14 页。

⑤ 李斌、毛升：《论中国特色网络意识形态话语体系建构的基本逻辑》，载于《中共天津市委党校学报》2021 年第 2 期，第 33—42 页。

闫方洁指出现代性语境下的意识形态话语建设要兼具包容性和批判性,"中国梦"和"美好生活"是新时代主流意识形态话语创新的成果,辩证把握了普遍性和特殊性、凡俗性和超越性的关系,有效化解了现代性精神悖论。①胡伯项等人指出要紧扣中国风格、中国特色和中国气派的目标,明确面向实践、面向世界和面向未来,讲述中国故事,表达中国智慧。②陈锡喜指出要增强话语体系对社会矛盾的批判力,满足实践需要从而真正掌握群众,话语创新应贯穿马克思主义观点、立场和方法,为政治话语提供学理支撑。③

其四,马克思主义意识形态话语体系和文化安全的交叉研究。学界对于文化安全研究逐步向科学化和系统化方向发展,形成了一大批具有重要开创性价值的理论成果,其中代表性著作有胡惠林的《国家文化安全学》《国家文化安全治理》和《中国国家文化安全论》,刘跃进的《刘跃进国家安全文集》,潘一禾的《文化安全》,沈壮海的《文化强国建设的中国逻辑》,韩源的《中国文化安全评论》,赵子林的《中国国家文化安全论:中国共产党人的探索与启示》,程伟的《国家文化安全问题研究》等著作,初步形成具有中国特色的国家文化安全学科气象。但关于两者的交叉研究,学界关注较少,论域主要以价值观、文化自信、意识形态、社会思潮等为切入点,探讨其和文化安全的内在关联及关系。梅景辉指出意识形态在当代突出表现为"文化意识"和"话语权力"相融合,这有助于东西方国家文化软实力和国际话语权的竞争。④石文卓指出价值观认同是维护文化安全的关键环节,要将价值观认同放在人本身,提升价值

---

① 闫方洁:《"中国梦"与"美好生活"——现代性语境下主流意识形态话语体系的创新》,载于《马克思主义与现实》2018年第3期,第184—189页。
② 胡伯项、蔡泉水:《构建具有中国特色的社会主义意识形态话语体系》,载于《科学社会主义》2015年第5期,第11—15页。
③ 陈锡喜:《重构社会主义意识形态话语体系的目标、原则和重点——以马克思主义中国化历史经验为视角的思考》,载于《毛泽东邓小平理论研究》2011年第11期,第5—10页。
④ 梅景辉:《"文化意识"与"话语权力"——马克思主义意识形态理论研究》,载于《世界哲学》2021年第2期,第5—13页。

观的认同路径。①徐龙建指出文化自信是维护文化安全的中国逻辑和中国智慧，主要表现在保持中国文化发展独立性，强化国家意识形态自觉，塑造了国家核心价值观，更好契合人民美好生活需要。②涂成林指出西方国家对于意识形态是"表面淡化、内在强化"，意识形态的形成和掌控可以更好维护国家文化安全。③张洁指出价值观念是文化安全的最核心内容，因此要通过构筑核心价值观来确保国家、民族文化安全。④骆郁廷、史珊珊指出文化话语权包括文化的创造权、表达权、传播权、设置权和主导权，它作为国家文化软实力和国家文化主权的重要组成部分，可以更好维护国家文化安全和文化利益。⑤

第三方面：关于中国共产党话语的研究。

这方面研究主要围绕中国共产党的革命、建设和改革历史进行，论域集中在以下几个方面。

其一，关于中国共产党话语体系的百年建构历程研究。吴学琴指出中国共产党执政话语的百年变迁昭示了中国共产党在革命、建设和改革的不同历史时期将党的执政主张及执政要求转化为执政话语的成功经验，从执政理念、执政目标、执政规律、执政方略和执政方式五个层面搭建了执政话语体系的逻辑框架。⑥郑彬以党建话语为中心考察，指出党建话语坚持了话语发展的连续性、一贯性和创新性，实现了话语来源从"一元"到"多元"的跨越，形成了立场坚定、逻辑严

---

① 石文卓：《价值观在文化安全中的核心地位及现实挑战》，载于《毛泽东邓小平理论研究》2020年第5期，第16—21页。

② 徐龙建：《文化自信：维护国家文化安全的中国逻辑与中国智慧》，载于《湖湘论坛》2019年第3期，第139—148页。

③ 涂成林：《马克思主义意识形态批判视野下的国家文化安全研究》，载于《马克思主义与现实》2018年第5期，第171—177页。

④ 张洁：《我国文化安全与社会主义核心价值观》，载于《社会科学家》2014年第9期，第150—153页。

⑤ 骆郁廷、史珊珊：《论意识形态安全视阈下的文化话语权》，载于《思想理论教育导刊》2014年第4期，第66—73页。

⑥ 吴学琴：《中国共产党执政话语体系的百年探索与成功经验》，载于《马克思主义研究》2021年第10期，第30—38页。

密和学理丰富的话语内容，彰显了中国风格、中国气派和中国自信。①

其二，以某个微观视角为切入点探讨党的话语建构。高晓林等人以《人民日报》七一社论（1950—2021）为切入点研究党建话语的守正和发展，研究表明党建理念的稳定性和发展性统一于党建理念的现代性。②李风华以"人民"话语为切入点，论证了从马克思到毛泽东人民话语的重要转变，强调马克思主义人民话语是对资产阶级人民话语的颠覆，而列宁用劳动人民的政治主体进一步丰富了马克思主义人民话语，毛泽东将民族资产阶级视为人民，进一步实现了马克思主义人民话语的创新性发展。③洪汛以"反腐"话语为切入点，论述了早期腐化话语多指涉思想和行为出错的个人，而腐败多指反动的社会、政党和阶级，描述党内的贪污受贿多用腐化一词很少用腐败，随着中国共产党对腐败理解认识的深化，腐败代替了腐化指党和政府的违法乱纪现象，反腐话语揭示了中国共产党由意识形态话语向现代治理话语的演进，凸显了治党治国思想观念的发展演进。④

其三，关于中国共产党话语百年演进的守正创新，"变"和"不变"的研究。王林林、双传学指出："不忘初心"作为党的显性话语，"变"的是"形式"，"不变"的是"内容"，话语立场、逻辑主线、主体导向、情感温度的本质不变，要在"变"和"不变"的内在张力中稳中求变。⑤王建国、田娜从"中国化"到"中国话"，论证了百年大党革命话语的变和不变，指出虽然革命话语的表达方

---

① 郑彬：《中国共产党话语建构百年历程、结构特征及未来展望——以建党话语为中心考察》，载于《重庆社会科学》2020年第12期，第6—18页。

② 高晓林、骆良虎：《新中国成立以来党建话语的守正与发展——以《人民日报》七一社论（1950—2021）为中心的考察》，载于《中南民族大学学报》（人文社会科学版）2022年第1期，第9—18页。

③ 李风华：《人民话语的变迁——从马克思到毛泽东》，载于《现代哲学》2021年第6期，第58—65页。

④ 洪汛：《中国共产党反腐话语百年流变》，载于《科学社会主义》2021年第5期，第18—24页。

⑤ 王林林、双传学：《"不忘初心"话语百年演进中的"变"与"不变"》，载于《社会主义研究》2021年第3期，第19—25页。

式不断变迁，革命内涵不断拓展，但革命话语的理论根底、话语主体、目标指向及价值旨归始终不变。①

此外，有关马克思主义意识形态话语研究方面，近年来出版的相关学术著作有：侯惠勤的《马克思的意识形态批判与当代中国》（2010）通过对马克思意识形态的批判，来反思意识形态的新走向和信仰问题；张骥的《中国文化安全与意识形态战略》（2009）论述了主权国家原本封闭的疆界被经济全球化和科技信息化打破，当代人类的双向文化旋律表现为文化冲突、文化融合，国家、社会和个人在文化生存方面，面临许多安全威胁，因此文化安全成为哲学社会科学领域研究的重要课题；张国庆的《话语权——美国为什么总是赢得主动》（2011）通过分析大量经典案例，诠释了美国长期保持强势地位的原因所在，提出中国崛起所面临的重要挑战就是国际上对话语权的掌控不足，只有加强话语权才能对自身国际形象进行全方位打造；吴学琴的《当代中国马克思主义意识形态话语体系的研究》（2018）通过"经典话语篇""国际话语篇""中国话语篇""大众话语篇"和"建设话语篇"五部分，系统研究了当代中国马克思主义意识形态话语体系；陈曙光的《中国话语》（2017）围绕"说什么？怎么说？"这一主题，聚焦中国话语中的关键问题如中国模式、中国式民主、价值观和信仰等，提出了解码中国的话语建构策略；张维文、吴新文的《中国话语：建构与解构》（2021）指出要以"中国话语"为焦点，直面话语斗争破除西方话语神话，树立文化自信推进话语创新；贺耀敏的《中国话语体系的建构》（2021）深入剖析了西方话语体系和经济特权、政治霸权、军事强权之间的内在联系，指出全面建设社会主义现代化强国历史进程需要重视话语体系建设，形成和我国综合国力及国际地位相匹配的话语权；左凤荣的《世界大变局与中国的国际话语权》（2021）主要从国际政治的角度，探讨了世界大变局对国际话语体系的影响，以及中国如何增强国际话语权等问题；吴汉全的《话语体系初论》（2021）提出了关于话语体系的基本理念、相关范畴和逻辑架构等，建构了以话语体系

---

① 王建国、田娜：《从"中国化"到"中国话"——百年大党革命话语的变与不变》，载于《华中师范大学学报》（人文社会科学版）2021年第3期，第18—26页。

为研究对象的理论体系,为中国哲学社会科学发展提供了话语系统方面的基础。

综上所述,可以看出国内学界关于马克思主义意识形态话语体系的著作、论文,主要集中在马克思主义理论、哲学、政治学、国际战略和国际关系等学科领域,众多学者多角度、多领域和多学科对意识形态及话语体系进行了深入分析,既有整体性的剖析,也有特定视野的专题研究。这些都为本书的深入研究提供了重要的基础性学理参考。

(二) 国外学界研究现状

第一方面:关于当代西方意识形态话语理论状况考察。

当代西方意识形态话语理论主要流派有新自由主义、民主社会主义、"第三条道路"等,其中具代表性的有哈耶克的新自由主义、罗尔斯的"作为公平的自由主义"、欧洲社会党的民主社会主义、吉登斯的"第三条道路"、桑德尔与麦金太尔的"社群主义"、福柯的"话语权力"、德里达的"马克思的幽灵"、布尔迪厄的文化资本理论、约瑟夫·奈的文化软实力理论、亨廷顿的文明冲突论、萨义德的东方主义与文化殖民主义理论、福山的"历史的终结"、哈贝马斯的"话语政治"、霍耐特的承认理论、阿尔布劳的全球化理论、汤普森的意识形态文化理论等。

西方意识形态话语立足当代西方社会发展变革进行了意识形态反思与建构,是当代西方社会制度、经济利益、政治理念与价值观念的集中反映。当代西方意识形态话语的理论视角,主要有自由主义与社群主义的话语理论、现代主义与后现代主义的话语理论、激进主义与保守主义的话语理论、普遍主义与特殊主义的话语理论、全球主义与反全球化的话语理论等,从不同理论视角反映了当代西方社会意识形态话语的多元性、复杂性与矛盾性。西方意识形态话语与马克思主义意识形态话语构成了当今世界意识形态话语对峙并立的基本格局,同时当代中国马克思主义意识形态话语越来越发挥着塑造新的时代精神和推进人类文明革新的巨大影响和引领作用。

第二方面:关于当代中国话语的国际研究状况梳理。

国外有关话语问题的代表性研究成果有:福柯的《知识考古学》,谢强等译

（1998），从话语和陈述维度提出对传统思想史概念和新型历史观重构，知识考古学是话语分析的一种方法，通过对话语进行考古学分析的方法奠定了福柯的历史观；索绪尔的《普通语言学导论》，于秀英译（2020），本书涉及语言学的所有基本概念，从外部谈论语言学，阐明语言学在科学中的地位，始于语言学单位的探索，涉及语言学内部问题，终于语音学和音位学的区分；布尔迪厄的《言语意味着什么：语言交换的经济》，褚思真、刘晖译（2005），论证了语言交换也是一种经济交换，形成于生产者和消费者之间，是一种特定的象征性权力关系，言说是财富的符号也是权威的符号；葛兰西的《狱中札记》，曹雷雨等译（2000），论证了马克思主义理论家葛兰西对意识形态理论和文化领导权等理论的思考及探索；约瑟夫·奈的《硬权力与软权力》，门洪华译（2005），以权力变迁和美国国家利益为核心，以软权力和硬权力关系为重点，围绕现实主义和自由主义、全球化和全球治理等问题理解美国国际战略。以中国道路为代表的当代中国话语走向世界思想舞台，中国理念、中国方案、中国形象、中国声音、中国主张日益得到国际社会的广泛关注。乔治·拉雷恩的《马克思主义与意识形态》探讨了马克思主义意识形态理论的演变与中国的实践发展；比利时马克思主义研究所出版的《中国特色社会主义》，阐发了中国特色社会主义的探索经验与独特优势；雷默的《北京共识》以超越"华盛顿共识"的视野来总结中国道路与中国经验；诺贝尔经济学奖获得者、美国经济学家斯蒂格利茨探讨了中国改革道路，提出了《后华盛顿共识》；奈斯比特的《中国大趋势》认同中国道路，提出了中国模式的成功经验；俄罗斯季塔连科院士认为中国道路是马克思主义中国化的成功实践，俄罗斯应学习中国经验、创建本土化理论；美国前国务卿基辛格的《论中国》用国际视角、世界眼光，重新解读中国的过去、现在与未来；马丁·雅克的《当中国统治世界》阐释了中国道路引发的当代世界格局变革及世界历史意义。

在新时代，中国经验、中国道路、中国理念和中国方案等当代中国话语的世界影响力不断提升，特别是随着《习近平谈治国理政》等著作在国际社会的广泛传播，"一带一路"倡议、构建人类命运共同体已被写入联合国有关文件，表明当代中国话语得到国际社会的广泛好评，国际学界开始超越中国威胁论的原有意识形态偏见，呈现出了比较客观理性的研究态势与评价态度。例如，俄罗斯学者亚历山大·拉林教授指出，中国梦是当代中国的现实理想，是中国人民的美好追求；美国学者库恩指出，《习近平谈治国理政》是"里程碑"式的，具有实质性、标志性和信号性特点；德国前总理施密特撰写长篇书评指出，《习近平谈治国理政》告诉了外国读者中国的领导层遵循的哲学，中国的发展方向、依据的战略方针，可以让世界更好地了解中国的发展和中国的内政外交政策等。①《习近平谈治国理政》一书在西方各国民众中得到热销热议，体现了西方国家对中国发展实际和理论的高度关注。因此，应全面把握机遇，将新时代马克思主义意识形态话语表达好、传播好，为马克思主义意识形态话语体系取得国际话语权做好准备。

总体上看，国际社会大都对中国话语充满信心和希望，给予积极的正面评价。例如，联合国秘书长古特雷斯认为，中国的非凡成就为整个国际社会带来了希望，中国为全球化发展带来了中国方案，对解决全球性问题作出了重要贡献。但仍有一部分国外学者对中国话语给予负面评价，西方对中国的负面评价，大多来源于其对中国的误解和对中国道路认识不清，也存在所谓中国威胁等意识形态偏见。虽然国际社会对中国话语的评价呈现客观和理性的态势，认可中国话语的观点及看法逐渐成为国际主流。但仍需注意的是，由于国外的相关研究还不够全面和深入，部分观点失之偏颇，甚至一些立场观点有原则性错误，这就需要我们用马克思主义立场、观点和方法对其进行批判性考察和甄别，在国际比较视野中，对新时代马克思主义意识形态话语的创新内涵和重大意义进行深入阐释。

三、研究对象、研究思路和研究方法

（一）研究对象

本书立足文化安全视域，从理论上解答新时代马克思主义意识形态话语体

---

① 《解码当代中国》，载《人民网》，http://world.people.com.cn/n/2015/0319/c1002-26719525.html，2022年2月18日。

系构建"何以必要，何以可能"的重大课题。这就需要深入揭示马克思主义意识形态话语传承发展的理论基础、现实基础，梳理马克思主义意识形态话语体系中国化的历史进程，总结新时代马克思主义意识形态话语体系构建的核心要义及特征，针对话语体系面临的内外挑战，探讨实现新时代马克思主义意识形态话语体系的构建机制，旨在提升马克思主义意识形态话语权，为当代中国与世界发展提供中国理念与中国方案，并深刻阐释文化安全视域下新时代马克思主义意识形态话语体系构建所具有的重大战略意义。

文化安全和马克思主义意识形态话语体系构建密切相关，相互作用。在马克思主义意识形态话语体系建设方面，还存在着话语与实践脱节、不接地气、讲道理不理直气壮、教条主义、本本主义等诸多问题，这就要加强当代中国马克思主义意识形态的深化、细化、转化、活化研究，推进马克思主义意识形态的中国化、当代化、大众化、世界化研究，提升意识形态的思想性、理论性和针对性，提炼融通中外的新概念、新范畴、新表述，构建新时代马克思主义意识形态话语体系，更好维护国家文化安全。此研究对象包含如下三个层面的关键词。

第一个层面："马克思主义意识形态话语体系"这一核心主题词。主要包括：①马克思、恩格斯和列宁等马克思主义经典作家的意识形态话语论述；②马克思主义意识形态话语体系构建的理论基础和现实基础；③新时代马克思主义意识形态话语体系构建的历史进程及演进经验；④新时代马克思主义意识形态话语体系构建的核心要义及其特征；⑤维护文化安全，实现新时代马克思主义意识形态话语体系的构建机制。

第二个层面："新时代"这一特定历史时期的关键限定词。这是指中国特色社会主义进入新时代，习近平提出了一系列马克思主义意识形态新理念新思想新战略，创建了"新时代马克思主义意识形态"。新时代有新要求，才提出"新时代马克思主义意识形态话语体系构建"研究的重大课题和任务，新时代马克思主义意识形态话语体系和文化安全彼此关联，相互作用，维护文化安全是新时代马克思主义意识形态话语体系构建的重要课题，两者具有内在一致性，马克思主义意识形态话语体系的构建对外可以抵御资本主义意识形态话语渗透，对内可以引领社会思潮，为国家和社会立言，维护国家文化安全，巩固党的领导，但也应看到马克思主义意识形态话语体系在新时代存在的内在问题和面临的外部挑战。

第三个层面："话语体系"这一特定研究视角和研究任务的关键限定词。一方面强调要从"话语体系"研究视角出发，对新时代马克思主义意识形态进行深入研究，彰显话语体系对于文化安全的极端重要性；另一方面强调要把"实现话语体系构建机制"作为重点任务进行研究，围绕实现新时代马克思主义意识形态话语体系的思想引领、社会认同、法治保障和国际传播等方面进行论证研究，话语安全关乎文化安全，关乎国家文化软实力和中华文化影响力。

（二）研究思路

本书立足文化安全视域探讨了新时代马克思主义意识形态话语体系构建"何以必要，何以可能"的重大课题，阐释了文化安全视域下马克思主义意识形态话语体系构建的必要性和重大战略价值，深入揭示了话语体系构建的理论基础、现实基础和中国化发展的历史进程，概括提炼了话语体系构建的核心要义，分析了新时代背景下话语体系面临的内外挑战，以及在这一挑战下，如何更好实现新时代马克思主义意识形态话语体系的构建机制，探寻实现马克思主义意识形态话语权的战略对策，维护国家文化安全，提升文化软实力，建设社会主义现代化文化强国。通过上述历史和现实、理论和实践、战略和策略等层面的深入系统研究，自觉深入地推进新时代马克思主义意识形态话语体系构建研究。

本书的研究内容可以概括为以下几个方面。

导论主要介绍选题的缘由、研究意义，以及国内外学术界关于新时代马克思主义意识形态话语体系研究的现状综述，总结归纳了不同的理论认知和学术进路，概述了本书写作的基本思路与主要方法、研究重点、研究难点和创新之处，为研究工作的全面深入展开奠定了学理基础。

第一章主要阐释新时代马克思主义意识形态话语体系构建的基本理论及必要性。对涉及的相关概念进行了全面考察和深入分析及辨析；论证了马克思主义意识形态话语体系和文化安全的内在关联,两者具有内在一致性,指出维护文化安全是马克思主义意识形态话语体系构建的重要课题;着重回答了文化安全视域下新时代马克思主义意识形态话语体系构建"何以必要,何以可能"的重大问题,新时代马克思主义意识形态话语体系构建是新时代马克思主义意识形态理论创新的内在需求,是增强文化自信的迫切需要,是理解人类文明新形态的必然要求和维护国家文化安全的重要组成部分。

第二章主要展开对新时代马克思主义意识形态话语体系构建基础及历史进程的研究分析。新时代马克思主义意识形态话语体系构建的理论基础是马恩经典作家意识形态话语,之后进行了马克思主义中国化意识形态话语的三次飞跃,分别形成了革命、建设、改革和复兴的话语,在此基础上论证了马克思主义意识形态话语中国化演进的基本经验;从话语体系"西强我弱"的现状和"东升西降"的构建机遇论证了新时代马克思主义意识形态话语体系构建的现实基础。

第三章主要分析了新时代马克思主义意识形态话语体系构建的核心要义及特征。核心要义围绕坚持党的全面领导、人民至上、民族复兴、社会主义核心价值观和全人类共同价值等话语解读了中国式现代化新道路和人类文明新形态。坚持党的全面领导是话语体系构建的根本政治保证,人民至上是话语体系构建的根本政治立场,民族复兴是话语体系构建的根本政治任务,社会主义核心价值观和全人类共同价值是话语体系构建的价值基础。话语体系的表达特征主要有官方话语与民间话语的互动融合、政治话语和学术话语的拓展统一、理性话语和感性话语的转换并进、对内宣传话语和对外传播话语的相互映衬;话语体系的根本特征主要有根本旨趣的实践性、价值取向的人民性、话语表达的创新性和话语体系的开放性。

第四章主要围绕文化安全视域下马克思主义意识形态话语体系构建的战略价值及挑战进行研究。话语体系构建对外可以抵御资本主义意识形态话语体系渗透,对内可以引领社会思潮,巩固马克思主义在意识形态领域的指导地位,为国家和社会立言,确保党对意识形态工作的领导作用,维护国家意识形态安全,提升国家文化软实力及中华文化影响力,更好地维护国家文化安全。但也应该看到马克思主义意识形态话语体系存在理论创新与输出不足、话语表达存在"假大空"的形式主义、媒体建构存在短板、国际传播有待加强的内在问题，同时也面临西方主流意识形态话语渗透、非意识形态化理论话语的腐蚀、市场经济下价值观多元话语的干扰、全媒体时代网络负面效应话语的冲击等外在挑战。

第五章探讨了新时代马克思主义意识形态话语体系构建的实现机制。主要围绕意识形态话语的思想引领、社会认同、法治保障和国际传播等方面进行了论证研究，为马克思主义意识形态话语体系能够最终取得国际话语权提供了可行性方案，增强马克思主义在意识形态领域的指导地位，提升国家文化软实力及中华文化影响力，更好地维护国家文化安全。

当前，新时代马克思主义意识形态话语体系的国内引领与国际影响有待提升，话语体系构建的基础理论研究和战略对策研究有待深化，需要从当代马克思主义意识形态话语体系构建面临的问题和挑战、矛盾和需求出发，注重时代性、创新性、思想性、学理性、全球性和战略性的综合研究，为推进新时代马克思主义意识形态话语体系构建，提供理论支撑和战略依据。

（三）研究方法

1. 文献研究法

文献研究法即通过搜集和阅读相关文献资料，对相关研究问题进行综合分析和全面思考的方法。本书理论性较强，需要阅读大量文献以掌握第一手资料，对文献中有关意识形态话语的不同论述进行提炼和归纳，以增强论证观点的说服力。通过阅读文献，获取更多理论支撑，探索新的研究路径，夯实本书的理论基础。需要审视和梳理话语、话语体系的思想流变和发展历程。本书系统梳理了国内外马克思主义意识形态话语体系相关的文献资料，尤其是新时代马克思主义意识形态话语体系相关的哲学社会科学理论著作等学术文献，通过对相关文献资料的研究分析，夯实研究的理论基础。

2. 历史研究法

历史研究法即把意识形态话语体系问题放到特定历史背景中进行考察和研究，要求从历史因果关系中分析意识形态话语在当时特定历史条件下和其他政治因素的联系。研究马克思主义意识形态话语要认真分析历史上不同学派的学者对意识形态话语的观点思考，最终梳理其研究发展脉络，以丰富的史料支撑对问题的研究，尤其要注意史料的全面性、真实性和适用性。

3. 比较研究法

比较研究法是人文社会科学领域常用的研究方法，是指对事物之间异质性和相似性的判断和研究。在研究话语体系的过程中，需要比较不同时期和不同流派的观点，做到异中求同、同中求异，经过比较鉴别，最终得出让人信服的结论。通过横向比较，注重挖掘西方意识形态话语体系价值观的虚假幻象，清晰认识西方国家话语体系的霸权实质，分析西方意识形态话语对我国意识形态话语及文化安全带来的挑战；通过纵向比较，对照分析不同历史阶段马克思主义意识形态话语的本质、特点及发展规律，将历史考察和现实分析、理论阐释和实践总结相结合。

4. 跨学科综合研究法

马克思主义意识形态话语是一个多学科交叉的复杂的系统工程，其广度、深度和复杂性决定了研究过程不可避免要涉及政治学、哲学、法学等多学科知识，单一的学科研究方法不足以支撑本研究。因此必须突破学科界限，运用不同学科知识，对意识形态话语问题进行阐释，如此才能避免单一学科的思维局限性和话语单一性，对本问题的研究也就更具说服力。要注重对马克思主义方法论的系统应用及哲学的思辨反思，同时要注重对话语体系及价值逻辑层面的理论研究，广泛借用传播学、语言学、社会学等多学科分析方法，实现对问题及材料的综合处理。

四、研究重难点及创新点

（一）研究重点

第一，立足文化安全视域论证新时代马克思主义意识形态话语体系面临的挑战。通过和西方意识形态话语进行深入比较与自我反思，为马克思主义意识形态话语的合法性与合理性进行辩护和论证，从理论上提升马克思主义意识形态的说服力，维护国家文化安全，彰显其科学性、合理性、先进性与优越性，切实增强话语自觉与话语自信。

第二，新时代马克思主义意识形态话语体系构建的核心要义。以党的全面领导、人民至上、铸牢中华民族共同体意识、弘扬社会主义核心价值观和全人类共同价值立场为切入点，深入阐发新时代马克思主义意识形态话语体系构建的核心要义及特征。

（二）研究难点

第一，新时代马克思主义意识形态话语体系和文化安全的内在关联及影响机理的论证。维护文化安全是新时代马克思主义意识形态话语体系构建的重要课题，两者具有内在一致性，意识形态话语体系的构建对外可以抵御资本主义意识形态话语的渗透，对内可以引领社会思潮，为国家和社会立言，维护国家文化安全，巩固党的领导，但也应该看到马克思主义意识形态话语体系存在理论创新与输出不足、话语表达"假大空"的形式主义、媒体建构存在短板、国际传播有待加强的内在文化风险，同时也面临着西方主流意识形态话语渗透、"非意识形态化"理论话语的腐蚀、市场经济下价值观多元话语的干扰、全媒体时代网络负面效应话语的冲击等外在挑战。

第二，维护文化安全，实现新时代马克思主义意识形态话语体系的构建机制研究。立足马克思主义唯物史观的当代视野，探讨构建实现新时代马克思主义意识形态话语体系的思想引领、社会认同、法治保障和国际传播等现实生活基础，增强马克思主义在意识形态领域的指导地位，更好地维护国家文化安全。

（三）创新点

1. 理论视野上的创新

（1）立足文化安全视域，从新时代马克思主义意识形态话语体系构建"何以必要，何以可能"这一自觉而明确的问题意识出发，围绕话语、话语体系及意识形态话语体系三个基本概念展开，最终形成一个整体性的研究框架，进行完整的理论阐释。同时，本书着力从文化安全视角来透视马克思主义意识形话语体系构建的必要性及重要战略价值，并从中国文化发展问题反思和实践经验总结中提升马克思主义意识形态话语，无论对于中国话语体系构建还是中国社会发展理论的研究都是一种全新的探索，获得一种新视野观照的理论升华。

（2）把新时代马克思主义意识形态话语体系的反思与理论建构置于历史传承与现实生活基础上，置于当代哲学社会科学与各种意识形态所展现的多种话语的比较分析中，置于当代马克思主义和当代哲学社会科学的交叉视野中进行深入的对话、分析和反思，全面深入地阐释和推进新时代马克思主义意识形态话语体系构建研究。

（3）从科学性与价值性、现实性与超越性、理论性与实践性、全球化和本土化的内在统一中完整地把握新时代马克思主义意识形态话语体系建构的全面、系统的内涵，有望在意识形态话语体系的基础理论研究方面有所突破和创新。

2. 研究内容上的创新

（1）突出新时代马克思主义意识形态话语体系构建的基础理论研究。本书研究意识形态话语的历史逻辑与理论逻辑、实践逻辑与话语逻辑、理论构建与实践构建、文化心理与生活基础、思想特质与价值旨趣等，特别是对话语的理论与实践、思想与现实、传统与现代、东方与西方、民族与世界、特殊与普遍等矛盾关系，在哲学基础理论层面展开深入探讨。

（2）突出新时代马克思主义意识形态话语体系与文化安全的内在关联研究。本书的核心任务是从当代马克思主义意识形态话语视角来透视文化安全问题，并从文化安全问题的反思和发展经验中总结提升马克思主义意识形态话语体系。维护国家文化安全，需要实现新时代马克思主义意识形态话语的思想引领、社会认同、法治保障和国际传播。这就呼唤当代话语理论的变革创新。本书力求深入揭示话语理论与文化安全之间的互动作用机制及深层学理依据。

（3）突出意识形态话语体系建构的整体性与战略性研究。本书以新时代中国主流话语为核心，深入研究新时代马克思主义意识形态话语体系建构的整体结构与社会功能、历史传统与当代发展、现实处境与问题矛盾、国内认同与国际影响、话语比较与发展战略等整体性内涵，并突出当代话语体系构建的战略性研究，在比较全球话语体系对话交流与博弈斗争的基础上，探讨实现新时代马克思主义意识形态话语体系的构建机制。

3. 研究方式上的创新

（1）注重基础理论研究和现实问题研究相结合。本书对马克思主义意识形态话语的基础理论研究和当代中国文化安全的重大现实问题研究高度结合，立足马克思主义唯物史观的当代视野，揭示作为社会意识的话语体系与国家文化安全的互动机制与辩证关系，从而达到理论与实践、思想与现实的统一。

（2）注重全球语境中的深入比较与挑战回应研究。本书将马克思主义意识形态话语和西方意识形态话语进行了深入比较及分析，彰显马克思主义意识形态话语的科学性、先进性、优越性与理论特质，并在自觉回应西方意识形态挑战和自我反思中增强坚持马克思主义意识形态话语的思想自觉与理论自信。

（3）注重跨学科、全方位、反思性的整体研究。本书从哲学、政治学和社会学等多学科视野深入探讨文化安全视域下意识形态话语体系构建的必要性和重大战略价值，话语体系构建的核心要义、面临的挑战，以及实现话语体系的构建机制。

第一章 新时代马克思主义意识形态话语体系构建的基本理论及必要性

文化安全事关党、民族和国家的生死存亡,关乎人民群众的幸福美好生活。"文化安全是国家安全的重要保障"①,是确保社会主义政权不变色和中华文化存续绵延的重要保障。而意识形态是文化安全非常重要的内容,是国家正当性及合理性依据,正如胡惠林指出:"当今世界上的一切纷争,都是由意识形态冲突引发的……意识形态可以用来定义当今世界一切国家文化安全。"②马克思主义意识形态在国家意识形态的主导地位不可动摇,其实质是价值观的理论体系,表达形式是话语体系,从这个意义上说,马克思主义意识形态话语体系和文化安全具有内在一致性,马克思主义意识形态话语安全从深层次影响着国家文化软实力和国家文化安全。习近平总书记在2016年"5·17讲话"中多次提及"话语体系",同时指出"学科体系、学术体系和话语体系建设水平总体不高"是亟须解决的问题③,这表明话语体系在构建"理论中的中国"上具有极端重要性,新时代中国特色社会主义的伟大实践有着更多的新梦想、新目标和新期待,这就要求在学术上对适合中国国情,反映时代特色的新时代马克思主义意识形态话语体系进行深入研究,增强马克思主义在意识形态领域的话语权与主导权,更好地维护国家文化安全。本章基于文化安全的视角,遵循从一般到特殊的逻辑思维,在梳理和论证相关概念、马克思主义意识形态话语体系及文化安全内在关联的基础上,进一步论证文化安全视域下新时代马克思主义意识形

---

① 《总体国家安全观干部读本》编委会编著:《总体国家安全观干部读本》,人民出版社2016年版,第115页。
② 胡惠林:《国家文化安全学》,清华大学出版社2016年版,第189页。
③ 习近平:《在哲学社会科学工作座谈会上的讲话》,人民出版社2016年版,第7页。

态话语体系构建的必要性。

第一节 意识形态话语体系的相关概念分析

"国家意识形态是指一个国家用以立国的全部价值体系的总和,它包括一个国家用以安身立命的政治思想理论体系和道德信仰体系两个方面,是决定一个国家全部合法性之所在。"①由此可见,无论是哪一种社会制度的国家,意识形态都是国家文化安全的核心。而意识形态是由一定的话语表达和支撑的,因此基于文化安全视域下的新时代马克思主义意识形态话语体系构建研究,就具有重要的理论意义及现实意义。只有正确厘清话语、话语体系和话语权、意识形态话语体系和意识形态话语权、文化安全的相关概念并进行辨析,准确把握话语体系的"元"理论,才能更好地为本研究提供概念的合理性支撑及合法性依据。

一、话语、话语体系和话语权

在文化全球化和全媒体时代,话语竞争日益成为大国竞争的重要组成部分,话语体系构建在塑造国家形象、促进文明交流、捍卫国家权益和维护国家文化安全上具有极端重要的地位。无论东方抑或西方,全世界各个国家都重视话语、话语体系和话语权建构研究,中国也不例外。如何建构中国话语体系,有效抵制西方话语霸权,提高中国话语权,维护国家文化安全,已成为一项重要而迫切的任务摆在人们面前。

(一)话语

话语作为人类生产生活实践及社会交往的重要产物,是话语体系的"细胞",是以语言为基础的复杂符号系统。西方语言学最早专门研究"话语"这一术语,中文"话语"由英语 discourse 一词翻译而来,discourse 由词头 dis "分离、穿越、对称"以及词根 coursus "行走、线路"而组成,意即"来回往复地跑"转

---

① 胡惠林:《中国国家文化安全论》,上海人民出版社 2005 年版,第 186 页。

意为"夸夸其谈"。法语语境中的"话语"接近于"闲谈""对事实的叙述、陈述""语言"或"言语"。最早对"话语"展开专门研究的是瑞士结构主义语言学派的代表人物索绪尔，20世纪初他在《语言学教程》中将"语言"和"言语"进行了比较研究，指出语言学的研究对象应是语言而非言语，他认为口头的"言语"是"话语"，是"口说的词的组合"[1]。后结构主义语言学派代表人物福柯则认为话语是语言形成过程中的一个重要因素，是语言的实际应用，各种各样的"话语"组成了历史文化，其本质是人类的一种重要活动，话语的产生和传播过程具有意识形态属性，因为它意味着"一个社会团体依据某些成规将其意义传播于社会之中"[2]。狭义话语是从话语构成的角度进行分析，是由一系列句子依照一定的语境组合而成的表述链，主要是具体口头话语。广义话语概念主要基于语言运用的角度，指话语是一个包含词语、位置和文化三种语境的语言过程，主要是言语表达（包括书面语和口语）。恩格斯曾经指出："在社会历史领域内进行活动的，是具有意识的、经过思虑或凭激情行动的、追求某种目的的人；任何事情的发生都不是没有自觉的意图，没有预期的目的的。"[3]由此可见，人们在社会实践活动中进行的信息传递是主体主动选择和创造特定概念、语词融入自身价值判断的传播，从这个角度来讲，话语是语言符号及价值观念的统一体，具有符号性、渗透性和意指性特点，可以传递信息、思想和表达情感价值。

现代对话语的探讨主要集中在学术语境和政治语境两个方面。自20世纪中期开始，学术语境下对话语的研究、追问和应用已不再仅仅局限于语言学领域，开始扩展到其他学科领域，因此对话语的界定也变得纷繁复杂。许多著名的哲学家也开始涉及话语的研究，如维特根斯坦的"语言游戏"理论，加达默尔的"交谈"涉及的语言和诠释，海德格尔的"把话语道说出来即成为语言"[4]，德

---

[1] 骆峰:《论权势话语与语言规范》，载于《北京化工大学学报》（社会科学版）2005年第1期，第31—36页。
[2] 王治河:《福柯》，湖南教育出版社1999年版，第159页。
[3]《马克思恩格斯选集》（第四卷），人民出版社2012年版，第253页。
[4] 海德格尔:《存在与时间》，陈嘉映、王庆节合译，生活·读书·新知三联书店2014年版，第188页。

里达对"语境和语言"的理解及使用,哈贝马斯关于交往的话语理论,保罗·利科的"话语事件"思想,英国哲学家奥斯汀和美国哲学家塞尔的"言语行为理论"等。福柯认为话语始终是某种建构的结果,学术语境下的话语是遵循一定学术规范进行学术研究的语言和理论,最终创作出来某种思想、理论的表述语言。①政治语境下的话语是指随着现代政治学和传播学的日益繁盛,话语的政治属性和意识形态属性也因此被放大化,话语研究开始"政治化"。例如,米勒的"话语天然是政治的"、福柯的"话语即权力"和奥斯汀的"言语行为"理论等都开启了话语的政治境遇。另外,英国语言学家诺曼·费尔克拉夫提出的多向度方法,将话语分析和社会理论相结合,对话语的现实连接就是话语研究的重要内容,因为"话语一方面是导致社会不公的重要条件,另一方面又是用来对抗权力、表达反抗和不满的有效工具"②,政治语境下的话语体现了话语的政治功能,基于一定的政治目的,为特定社会阶级、阶层和集团传播意识形态话语,以追求和维护本阶级的政治利益。主要有研究型话语、宣传性话语和攻击性话语三种类型。

综上所述,对话语内涵的理解,可以得出话语具有符号性、意指性和渗透性三大特征。首先,话语双方在交流和沟通时都需要彼此熟知的一些特定符号(语言、文字、动作等)。其次,话语是社会存在的反映,同时对社会存在的发展具有导向性,人类在能动地改造世界的实践活动中,使现实世界沿着话语的指向发展。正如马克思在《德意志意识形态》中所指出的意识在任何时候都只能是被意识到了的存在。再次,人类通过话语把握认识和改造客观世界,话语渗透到人类的一切活动之中,也就是"语言和意识具有同样长久的历史"③的原因。基于话语三大特征,话语具有以下功能:一是信息传递功能。语言不是一个实体,或已完成的事物,而是行动。人们的互动过程通过语言符号的意指功能来完成,借助话语进行交流、表达和沟通。二是思维规范功能。语言作为人

---

① 周栋:《中国特色社会主义话语体系初探》,人民出版社2019年版,第36页。
② [荷]图恩·梵·迪克主编:《话语研究多学科导论》,周翔译,重庆大学出版社2015年版,第4页。
③ 《马克思恩格斯选集》(第一卷),人民出版社2012年版,第161页。

们在社会生产生活中使用的工具,更多地隐藏在传播过程和逻辑之中,通过规范人们的思维来影响人们的具体行为。三是思想教化功能。人从一出生就通过话语不断接受教化和成长,最终完成了由生物人向社会人的过渡,正如俞吾金所指出的因为教化是以语言为媒介,因此一个人学习语言的过程也是接受教化的过程。①

(二)话语体系

《现代汉语词典》对"体系"一词的解释是若干有关事物或某些意识相互联系而构成一个整体,如创新体系、法律体系和思想体系等。其本身蕴含着联系的特点,是一个科学的术语,一般与思想、学术和理论等抽象性较强的名词组合使用,如新时代中国对外话语体系、哲学社会科学话语体系、国际传播话语体系等。话语体系就是体系化的话语,先有话语后有话语体系,是在话语基础上构建而成的话语群,同时随空间和时间的变化而赋予不同的话语内涵,是国家软实力的集中彰显。不同学者对话语体系内涵有不同的界定,如梅荣政指出,话语体系极具阶级特性,是基于一定要求和利益阐发一定立场和观点的介质②;杨鲜兰则认为话语体系因为负载着特定的价值观念,体现着国家的文化软实力③;吴汉全则以话语体系为切入点进行研究,全面论证了话语体系的基本理念、逻辑架构、主要观点和相关范畴④;陈汝东同样立足于国家视角阐释了"国家话语体系"的五个层面。⑤话语体系从时间上看是人类在物质生活实践中通过零碎的和散乱的话语或语言进行思想交流和表达情感,用一定概念构成稳定的表达系统;从形式上看是由各自相互关联的概念、判断和推理所构成的有机整体,概念、判断和推理凝聚在一起表达了话语的原义即中心思想;从内容上

---

① 俞吾金:《意识形态论》,上海人民出版社1993年版,第2页。
② 梅荣政:《理论界和学术界面临的重大而紧迫的时代课题——论打造具有中国特色的学术话语体系》,载于《学习与实践》2012年第10期,第49—56页。
③ 杨鲜兰:《构建当代中国话语体系的难点与对策》,载于《马克思主义研究》2015年第2期,第59—65页。
④ 吴汉全:《话语体系初论》,人民出版社2020年版,第1页。
⑤ 陈汝东:《论全球话语体系建构——文化冲突与融合中的全球修辞视角》,载于《浙江大学学报》(人文社会科学版)2015年第3期,第84—94页。

看话语体系是一个融合感性、知性和理性的表达系统。①这个过程随着人类社会发展实践不断得以修正、丰富、发展和创新。总之，有什么样的价值观念和思想理论体系就会有什么样的话语体系，话语体系是由若干相互联系的话语通过一定逻辑构成的具有层次性的话语整体。

话语体系具有思辨性、系统性、开放性及历史传承性的特征。思辨性特征指话语体系是价值观和思想理论完整性、逻辑化的表述，是人们在社会实践基础上遵循一定逻辑、程序和结构，促使话语表达思辨性和工具性的融合互补；系统性指系统化、规范化和条理化的话语，基于感性、知性及理性的逻辑角度来看，话语体系侧重于表达的知性和理性内容，而非话语仅仅停留在感性层次，因此观点更鲜明、立场更坚定；开放性强调话语体系不是孤立僵化的系统，而是以开放包容的姿态吸收社会生活变迁中层出不穷的新元素，以话语体系内部的"新陈代谢"摈弃和调整过时陈旧的话语；历史传承性指话语体系的内容及表达形式可以通过一定途径进行传承，话语体系作为思想上层建筑的重要表征，是价值观念、思想传承和集体记忆的文化密码。话语体系会随着时间的推移而动态变化和发展，通过核心概念的调整不断提升自身话语能力，最终得以在全社会中推广和普及。它承载着一个民族和国家的价值理念及思想文化，是国家意识形态的集中体现。新时代应努力打造学科标志性的新表述、新概念、新范畴，构建新时代马克思主义意识形态话语体系，马克思说："语言和意识一样，只是由于需要，由于和他人交往的迫切需要才产生的。"②话语是人们进行表达、交流、沟通的工具，通过语言符号的意指功能和交往意向的表达，从而在社会实践活动中改变交往双方的社会行为。一个社会的统治阶级可以用特定的话语体系对个体的价值观进行改造，从而让个人意志和国家意志更好结合，为建设社会主义现代化文化强国提供强大的精神支撑。

话语体系关乎国家的理论建设和学术发展水平，话语体系建设是党和国家文化"软实力"建设的重要组成部分，习近平指出"哲学社会科学领域还存在

---

① 陈锡喜：《马克思主义：意识形态和话语体系》，华东师范大学出版社2011年版，第41页。
② 《马克思恩格斯选集》（第一卷），人民出版社1995年版，第9页。

一些亟待解决的问题"①，话语体系建设问题就是其中亟待解决的问题之一。党的十八大以来，习近平先后在哲学社会科学工作座谈会、全国宣传思想工作会议和全国文艺工作座谈会上都提到推进中国特色哲学社会科学话语体系的重要性，2013年他提出要用融通中外的新概念、新范畴、新表述，讲好中国故事，传播好中国声音②；要精心构建对外话语体系，提高国家文化软实力，要努力提高国际话语权。③2016年5月17日他再次强调要解决我们在国际上声音比较小、有理说不出、说了传不开的问题。④话语体系承载着一个民族、一个国家特定的价值观念和思想文化，集中体现着国家的意识形态，中国特色社会主义进入了新时代，需要中国声音解读中国故事，资本主义意识形态话语体系不能科学解读中国发展道路，因此构建新时代马克思主义意识形态话语体系是当下理论界和学术界需要直面的理论课题和时代难题。

（三）话语权

话语权指通过对语言及话语的运用来体现并获得权力，是话语和权力相结合的产物。话语权是话语体系建构的最终追求，话语有影响力是话语的意义所在。学界对话语权的阐释有不同观点，主要是因为对"权"字有不同理解，因为"权"既可指"权力"又可指"权利"，话语和"权"相结合也出现了两种看法：一是认为话语权包括话语权力和话语权利，二是认为话语权特指话语权力。话语权利指话语表达双方是平等交流和展开辩论，而话语权力指话语是权力的一种载体或表达方式。福柯说"话语即权力"，"话语传递着、产生着权力；它强化了权力"。⑤由此可见，无论话语权力还是话语权利都是指话语因为有影响

---

① 习近平：《在哲学社会科学工作座谈会上的讲话》，人民出版社2016年版，第11页。
② 中共中央文献研究室编：《习近平关于全面建成小康社会论述摘编》，中央文献出版社2016年版，第107页。
③ 《习近平谈治国理政》（第一卷），外文出版社2018年版，第162页。
④ 习近平：《在哲学社会科学工作座谈会上的讲话》，人民出版社2016年版，第24页。
⑤ 包亚明主编：《权力的眼睛——福柯访谈录》，严锋译，上海人民出版社1997年版，第88页。

力，因此可以主导人的思想和行为。西方学者中较早涉及话语主导权的是葛兰西，他的"文化领导权"理论指出，国家统治不但包括政治领导（军队、监狱、警察等国家机器），而且包括伦理及文化的领导（学校、社区、教会和文化团体等社会组织），市民社会的文化和意识形态功能也在不断增强，文化获得"领导权"之后，话语逐渐扩展到政治和社会领域，话语是权力的外衣，而权力是话语的内核。福柯认为我们和世界的关系是话语关系，没有东西能脱离话语而存在，话语体系中包含着复杂的权力关系，当然，话语权需要努力争取才能获得并非自然拥有，那些认为拥有发言权就拥有话语权的人，并未真正理解话语的权力本质。福柯认为，世界的秩序是由统治阶级的强制力给予各门学科知识以话语权力，之后各门学科又按照统治需要建构起它的知识谱系的话语权力来支持统治，即统治本质是由各学科织成的一张知识大网的话语权。话语传递权力、产生权力和强化权力的过程即话语权的生成过程，它为话语体系的进一步传播带来更大优势，最终可以使话语体系在更大范围内赢得主导权。

综上所述，话语、话语体系及话语权的关系，既相互区别又相互联系。话语是人们在特定语境中表达、沟通使用的具体言语，话语体系是理论化和系统化的话语群，话语权是话语在特定场合中表现出的影响力，三者的内涵和外延既有显著差别又有内在关联，主要表现在以下三方面：①话语是话语体系的细胞组成，离开话语就没有话语体系，话语权是释放话语解释力、感召力、凝聚力和影响力的前提。话语的力量较为微弱，是散在思想的呈现，而话语体系是个别零散的话语按照特定逻辑结构形成的表达体系，是各要素相互促进和相互作用的功能系统，话语力量的实现以理论化、系统化的话语体系为前提。②话语体系最终是为话语权服务的，话语权的强弱不仅依赖以经济力和科技力为核心的"硬实力"，还必须依靠"巧实力"和"软实力"，软实力通过话语体系体现，话语权通过话语体系内外部思想的较量和交锋实现。最终，理性和科学的话语体系取得了话语权，推动着社会发展。③话语权对话语体系具有反作用，是话语体系的出发点和落脚点。罗宾·洛克夫曾指出，语言控制权是一切权力的核心基础，这表明话语权彰显了话语体系的存在权利和作用效力，同时体现了话语体系作用于社会发展的权力、权利和权威。综上所述，话语权是话语体系构建的目的，话语体系的构建对于建设社会主义现代化文化强国和维护国家文化安全意义重大。

二、意识形态话语体系和意识形态话语权

意识形态是指特定阶级（阶层）为了维护和争取自身根本利益而构建的思想理论体系，其必定外显为话语体系。在对话语、话语体系和话语权三个基础性子概念探讨的基础之上，本部分要着重把握意识形态、意识形态话语体系和意识形态话语权的深层内涵，并在此基础上进行辨析。

（一）意识形态

意识形态概念应用广泛，内涵莫衷一是，例如，英国马克思主义理论家伊格尔顿对意识形态内涵的总结及归纳达到了16种。美国心理学家大卫·麦克里兰更是指出，因为意识形态探究的是最基本观念的基础和正确性，因此在整个社会科学中是最难以把握的术语之一。①法国启蒙学者、哲学家特拉西最早在他的巨著《意识形态原理》（1801—1805年出版）中使用了意识形态一词，并把它引入西方哲学史。他认为，意识形态是关于"观念的科学"，即概念学、意识学或观念学，人们无法认识事物本身，只能通过对事物的感知认识形成观念，人只有站在坚实的观念科学的基础上才能把握历史发展的方向，从而把意识形态跟经院哲学、宗教神学的种种谬误相区别，以便人们更好地认识世界和改造世界。为了更进一步理解和掌握马克思主义意识形态的精髓，就要将马克思和后来思想家关于意识形态理论的含义进行区别，后来思想家主要从两方面进一步深化了意识形态的理论发展：一是立足政治视角对意识形态进行分析，论证了意识形态是充满感情色彩的"幻想"和"政治偏见"，自始至终都是虚假的，主要是作为打碎现存国家机器的革命力量，以维护现存的国家政权为目的。如美国学者丹尼尔·贝尔在《意识形态的终结》一书中指出，作为政治概念的意识

---

① ［英］大卫·麦克里兰：《意识形态》，孙兆政、蒋龙翔译，吉林人民出版社2005年版，第1页。

形态已不存在，全人类的共同文化只有资产阶级意识形态；德国社会学家曼海姆在《意识形态与乌托邦》一书中指出，意识形态之所以为意识形态就是因为它作为思想体系的虚假性，意识形态就是"乌托邦"。法国哲学家米歇尔·西蒙认为意识形态是对现实的历史过程无意识的、不确切的、颠倒了的反映，完全是主观性的东西，否定了作为思想体系的现实性。匈牙利理论家卢卡奇在《历史与阶级意识》一书中指出，要高度重视无产阶级的意识形态，因为意识形态对于无产阶级来说是客观的，同时也是武器本身①，强调了意识形态与合法性之间的关系，只有通过意识形态的教化，人民群众才会认可尊重国家和法。意大利共产党人葛兰西对社会结构的排名有四个等级，即社会生产、经济基础、市民社会（意识形态）和政治社会，排在第三位的是意识形态，这和马克思关于社会结构分析中将意识形态排名放在最后显然不同，因此有了意识形态领导权这一概念。二是意识形态和科学的关系。以哈贝马斯为代表的学者明确指出，科学技术是一种意识形态，因为意识形态在"前资本主义社会"或者说"人的依赖社会"中是自上而下发挥作用，而资本主义社会兴起之后是自下而上发挥作用，他在《作为"意识形态"的技术与科学》一书中指出："作为意识形态，它一方面为新的、执行技术使命的、排除实践问题的政治服务……权威国家的明显的统治，让位于技术管理的压力。"②而结构主义者路易·阿尔都塞在发表的《保卫马克思》一书中写道："科学（科学是对现实的认知）就其含义而言是同意识形态的决裂。"③意识形态以幻想出发发现问题，科学立足现实发现问题，两者有不可逾越的鸿沟。由此可以看出，他认为意识形态和科学是完全对立的一种关系。

（二）意识形态话语体系

意识形态话语体系主要是指在社会利益化矛盾日益凸显和冲突中，为一些阶级、阶层和集团的特殊利益进行辩护，承载着利益主体的价值立场或价值选

---

① [匈]卢卡奇：《历史与阶级意识》，商务印书馆1999年版，第132页。
② [德]尤尔根·哈贝马斯：《作为"意识形态"的技术与科学》，李黎、郭官义译，学林出版社2000年版，第64页。
③ [法]路易·阿尔都塞：《保卫马克思》，顾良译，商务印书馆1984年版，第58页。

择并通过相应的制度进行保障,利用特定媒介进行传播的话语体系。①主要由"思想体系"和"话语体系"两部分组成,思想体系是指为某一阶级、阶层和利益集团的政治利益、文化利益和经济利益进行显性辩护的观念及理论,话语体系是服务于"思想体系"而进行的话语表达。意识形态话语体系是指话语主体必须围绕党和国家的政治观点、价值理念、思想观念和道德规范,话语主体意志要和国家意志相一致,通过一定内在逻辑建构话语有机体来更好体现国家意识形态。语言作为一种符号工具,一方面帮助主体表达意识,另一方面引领客体接受思想。马克思指出:"语言和意识具有同样长久的历史;语言是一种实践的……现实的意识。"②语言以系统的形态体现于各学科知识领域中,内嵌于文化的意识形态形式之中,话语即是指"运用中的语言"③,话语从哲学的角度来看即是指具体的历史的语言,其根本形式是语言符号,外在表现为某种理论,正如"理论对于我们来说并不是立刻就能理解的,因而要求作出解释的努力"④,这样说来,话语也可看作某种解释体系,意识形态是人形成意义定向的主要影响因素,可以自觉帮助人们形成看待世界、自身和价值的思维取向,其"帮助"的目标在于通过解释现存的自身以及身外之物敦促客体"养成"符合社会经济基础的实践理性,"解释"作为这一过程的关键环节,其借助工具正是体系性的话语——(解释性)话语体系。通过以上分析可以看出意识形态和话语体系的关系,意识形态以解释性和理论性的话语体系为表现形式,话语体系内含着意识形态的解释方法、实践理性和价值取向,话语体系是意识形态表达的工具,现实实践中的意识形态斗争集中表现在意识形态话语体系之间。意识形态话语体系由话语主体、文本和语境三种基本要素组成,话语主体由说话者以及受话者组成,随着社会的发展和以人民为中心理念的深入,意识形态话语体系的主体不再局限于执政党领袖、政府机关和官方媒体,人民群众手中的话语权不断

---

① 陈锡喜:《马克思主义:意识形态和话语体系》,华东师范大学出版社2011年版,第45页。
② 《马克思恩格斯文集》(第一卷),人民出版社2009年版,第533页。
③ 《辞海》,上海辞书出版社2000年版,第1125页。
④ [德]加达默尔:《哲学解释学》,夏镇平、宋建平译,上海译文出版社2004年版,第2页。

增大；话语主体在话语实践中的交流方式主要是文本，主要以口头语言和书面文字为本，语言学中将话语主体进行活动的一定环境称为语境，语境会对话语进行补充或限制。意识形态话语体系会随社会实践的发展和社会利益的分化创造出自己特有的话语体系，由于利益分化和社会矛盾的存在，统治阶级一定会将自己的立场和价值观充溢在话语体系中，用制度和政治进行保障，充分论证政府执政能力的有效性，全方位传播和影响人民群众，为政治体系提供合理性、合法性根据。理论的彻底程度和实践的深入程度决定着理论的解释力，理论解释力在社会实践中不断升级，只有这样，才能使理论永葆青春，更好地指导社会实践。中国共产党百年奋斗的重大成就和历史经验证明，中国"政"之"良法"就在于"中国特色社会主义"，处于百年未有之大变局和实现中华民族伟大复兴的战略目标的时代背景下，面对迅速发展变化的现实实践，马克思主义意识形态话语体系不断受到各种社会思潮的冲击，只有培元固本和守正创新，才能不断提升马克思主义意识形态话语的凝聚力和解释力，更好地维护国家文化安全。

（三）意识形态话语权

意识形态话语权是指在意识形态的理论层面和价值层面显现的话语权威，是一种由外而内令人信服的力量。在阶级社会中，意识形态和话语权相结合而形成意识形态话语权，统治集团只有取得了意识形态话语权才能更好地维护根本利益和巩固统治。意识形态话语权是保证各利益集团取得利益的前提和基础，是不同群体或利益集团争夺目标和实现利益的工具，正如有学者指出意识形态冲突和主义之争，并非是纯粹思想观念的斗争，而是制度选择和领导权之争。[1]马克思、恩格斯关于"占统治地位的思想""调节思想的生产和分配"等论述深刻揭示了思想统治在阶级社会的重要性，列宁同样强调无产阶级要成为思想的统帅，中国共产党一直以来非常重视意识形态话语权、领导权和管理权。意识形态话语权首先

---

[1] 侯惠勤：《马克思主义的意识形态批判与当代中国》，中国社会科学出版社2010年版，第5页。

意味着要有说话和表达的权利，其次要借助话语权力而生成，理论层、价值层和话语层组成了意识形态话语权的结构层次，意识形态话语权在理论层是指思想理论的解释力、说服力，在价值层指核心价值观的引领力、感召力，在话语层指话语凝聚力、吸引力，三个方面是有机统一，相互贯通。意识形态话语权的基本特征主要有三点：①意识形态话语权具有非强制性，是他者自愿性，是一种"软力"；②意识形态话语权具有生成性及流变性，是一种"流力"，意识形态话语权的获得及形成需要一个过程，即发生期、成形期和稳固期，意识形态话语权力不会从天而降，意识形态话语权威也不可能一劳永逸，意识形态话语权建设只有进行时而没有完成时；③意识形态话语权具有隐蔽性和隐形性，是一种"隐力"，它赢得社会成员的认同和服从，通常是在隐性中不知不觉完成的。要特别注意的是，意识形态话语权、意识形态管理权和意识形态领导权之间的关系，三者有家族共通性和相似性，都是意识形态家族一员，但三者的内涵侧重点不同，意识形态管理权更多强调显性的具体可操作的职权；与此相反，意识形态领导权侧重隐性的抽象的"软权力"；而意识形态话语权是一种基于"话语权力"或"话语权利"之上的"话语权威"，体现了话语的影响力。

三、意识形态话语体系和文化安全

如前所述，意识形态话语体系主要是为某一阶级、阶层或利益集团的特殊利益而辩护的，体现了该阶级、阶层或利益集团的阶级立场及价值观点，话语体系是形式，主要是围绕意识形态展开的直接的或间接的话语表达，形式反映内容，并服务于内容。从这个意义上来说，意识形态话语体系反映和服务意识形态本身，意识形态话语体系和文化安全二者的内在关系，实际上体现了意识形态和文化安全的关系。

文化安全是指文化安全主体及其文化、文化利益和文化价值处于平稳、放心及发展状态，并且有克服威胁的能力。①因为文化安全主体一般包括民族、国家、公民和个人，本书主要是站在国家主体的角度来论证文化安全，即国家文

---

① 刘进田：《文化安全及其方法论自觉》，载于《观察与思考》2019年第4期，第5—16页。

化安全。国家文化安全是指"国家文化生存与发展免于威胁或危险的状态"①。文化是国家的生命基础和灵魂，国家因文化而建构。意识形态是国家文化安全的重要组成部分，是国家合理性及正当性的依据。胡惠林指出，国家意识形态安全具有双重属性，一方面体现了国家政治安全，另一方面体现了国家文化安全。意识形态安全会保障国家安全，意识形态危机则会导致国家危机，我国的意识形态即马克思主义，特别是中国化马克思主义，因此只有确保中国化马克思主义安全，意识形态才会安全。

意识形态话语体系反映的是意识形态内容，意识形态话语离不开话语主体的表达，意识形态的话语主体直接决定了意识形态内容，而意识形态内容关乎文化安全，从这个意义上来说，意识形态话语体系建设直接关系到国家文化安全。那我们就要注意，意识形态话语体系的主体是谁？习近平曾指出："互联网是当前宣传思想工作的主阵地。这个阵地我们不去占领，人家就会去占领；这部分人我们不去团结，人家就会去拉拢。"②这里所讲的"我们"和"人家"就是指意识形态由谁言说，我们的思想不同于"人家"的思想，我们及"人家"两种主体有不同的社会关系、价值诉求和社会地位，因此意识形态和思想文化也不同。马克思主义意识形态话语体系的主体是党和人民。人民是历史变革的决定力量，是实践主体，是推动历史进步的大多数人，把人民作为马克思主义意识形态话语体系主体的历史唯物主义，体现了合规律性与合目的性的统一，意识形态话语内容最终要由人民来决定而非少数人，马克思主义意识形态话语代表人民利益，其他话语很难代表人民利益。马克思反对剥削，体现着劳动人民的利益；马克思反对物化、异化和抽象统治就体现着人类利益。中国共产党作为人民利益的忠实代表，代表着先进生产力和先进文化，是马克思主义意识形态话语的政治主体。综合以上论述可以得出，人民和党是意识形态话语的主体，维护意识形态安全，就是要在思想层面维护党和人民的安全，意识形态受

---

① 胡惠林：《国家文化安全学》，清华大学出版社2016年版，第27页。
② 中共中央党史和文献研究院编：《习近平关于总体国家安全观论述摘编》，中央文献出版社2018年版，第116页。

到威胁即党和人民及其利益受到威胁。

因此可以说，意识形态话语体系关系到文化安全，意识形态话语是中国共产党领导合法性的话语基础，没有马克思主义意识形态话语，共产党就没有指导思想，意识形态话语关系着党和亿万民众的根本利益安全；中国化马克思主义意识形态话语包括中国特色社会主义理论，中国化马克思主义意识形态话语为中国特色社会主义道路和制度提供合理性支撑及指导，更好地维护了国家文化安全。

第二节 马克思主义意识形态话语体系的形成过程和基本内涵

马克思是否是定性地理解意识形态这一概念的，在他看来，意识形态要么曲解人类史，要么完全撇开人类史，是一种虚假的观念。他以实践概念为逻辑起点，立足实践的唯物主义的视角，从阶级斗争理论出发，指出意识形态话语只是统治阶级的话语，把一个特殊阶级的特殊话语当作普遍性话语，是虚假的不科学的话语，同时揭露了资产阶级提出的民主、自由和平等的意识形态话语，实际上是为生产资料私人占有和剥削制度的合理性进行诡辩，论证了资产阶级必然灭亡和无产阶级最终胜利的观点，提出要实现"人的自由而又全面发展"的科学意识形态话语。

一、马克思主义意识形态话语体系诞生的背景

18世纪30年代到19世纪上半叶，西方主要资本主义国家先后完成工业革命，实现了从工场手工业向机器大工业的过渡，一方面，自由资本主义的发展进入鼎盛时期，资产阶级的经济、政治地位得到了巩固和加强；另一方面，社会化大生产的迅猛发展和市场竞争的日益加剧导致经济危机，这使得无产阶级和资产阶级的矛盾日益尖锐，并且成为社会的主要矛盾，工人运动此起彼伏。马克思主义意识形态话语体系作为一种全新的话语体系应运而生，解释了当时

欧洲话语和文化理论无法解释的资本主义发展的内在矛盾及社会现象。

资本主义国家空前的社会变革肇始于工业革命,自18世纪中期开始,英国、法国、德国、美国和俄国等先后进入工业革命时期。资本主义逐步以机器大生产代替了工场手工业,从原始积累转向了用"血与火"开辟世界市场的疯狂扩张,恩格斯将工业革命形象地称为"狂飙时期",正如他指出:"蒸汽和新的工具机把工场手工业变成了现代的大工业,从而把资产阶级社会的整个基础革命化了。"①工业革命是生产关系的重要变革,改变了社会结构及阶级结构,确立了资本主义生产方式及社会制度。资本主义生产方式蛰伏着"动荡"和"不安定",以公开和露骨的剥削取代了以往生产方式中隐蔽的阶级斗争,以利己主义、"拜物教"等社会意识渗入社会生活领域,以往生产方式中潜伏的矛盾从资本主义生产方式的"缝隙"强烈持久地释放出来。1825年英国第一次发生经济危机,之后以生产过剩为特征的矛盾就不断激化,仅1836年、1847年、1857年、1863年英国就发生了四次经济危机,并开始蔓延到西方各资本主义国家。频频发生的经济危机反映了资产阶级造就的生产力没有促进资本主义生产关系的发展,反而成为一种反抗力量阻碍了资本主义生产关系的向前发展。资本主义生产方式中的两大阶级,无产阶级和资产阶级的矛盾日益尖锐,恩格斯在《反杜林论》中指出:"无产阶级和资产阶级的阶级斗争一方面随着大工业的发展……在欧洲最先进的国家的历史中升到了重要地位。"②无产阶级的物质生活条件十分窘迫,同时他们也清醒地认识到他们的生存权是为机器的资本主义使用方式所剥夺,是资本主义制度导致他们的贫困和落魄。觉醒的工人阶级开始为自己利益战斗,19世纪中叶欧洲先后爆发了法国里昂工人起义、英国宪章运动和德国西里西亚纺织工人起义,无产阶级自此从"自在阶级"变为"自为阶级",作为一支独立的政治力量参加社会革命。

如何对资本主义的产生、发展、矛盾和前途进行批判性总结,有两个重要的问题开始凸显,即资本主义经济危机爆发的原因和工人运动失败的原因。而

---

① 《马克思恩格斯选集》(第三卷),人民出版社2012年版,第785页。
② 同①,第795页。

现有理论都无法合理解释这两大历史课题,"理性"的资本主义社会为何产生经济上周期性的不理性行为,工人阶级在工人运动中虽然用的是资产阶级的自由、平等和博爱的意识形态,但最终结果并没有获得自由、平等和博爱,资产阶级的这一意识形态作为武器在反封建反专制斗争中取得胜利,但在反对资本主义斗争中却屡遭失败。这些证明了资产阶级话语已无法解答面临的新历史课题,这一切都需要一种新话语进行科学合理阐释,马克思主义意识形态话语体系作为一种新话语恰好解释了以往话语不能解释的社会现象。

二、马克思主义意识形态话语体系的形成

面对新的时代问题,已有的资产阶级话语不能解答,这就迫切要求创造新话语。马克思恩格斯在参加社会实践的基础上批判继承了德国古典哲学、英国古典政治经济学和法国及英国的空想社会主义理论,世界观和政治立场发生了质的飞跃,实现了解决"无知"的可能性到现实性转化。例如,马克思恩格斯一方面吸收了黑格尔的市民社会决定"法的关系"的观点、辩证法和教化及异化的概念等合理性因素,同时也批判地指出他的思辨唯心主义体系是对现实关系的颠倒。譬如,黑格尔把现实世界的一切和社会关系的变迁看作理念的自我展开,马克思指出:"观念反而成了主体;各种差别及各种差别的现实性被设定为观念的发展,观念的产物,其实恰好相反,观念应当从现实的差别中产生。"[①]马克思在深入研究市民社会和政治国家关系时,运用费尔巴哈的人本主义清算黑格尔的国家观,阐明了费尔巴哈在自然观上的唯物主义和历史观上的唯心主义,吸收了唯物主义的基本内涵;马克思政治经济学理论批判了英国古典政治经济学家亚当·斯密和大卫·李嘉图的理论,深刻论述了和意识形态紧密关联的生产力和生产关系、经济基础和上层建筑等核心话语;马克思恩格斯批判地吸收了空想社会主义学说在阶级斗争和未来理想社会制度构建等方面的合理因素。同时,恩格斯指出:"全部社会生活在本质上是实践的。"[②]马克思恩格

---

① 《马克思恩格斯全集》(第三卷),人民出版社2002年版,第15页。
② 恩格斯:《路德维希·费尔巴哈和德国古典哲学的终结》,人民出版社2014年版,第62页。

斯在参加社会实践中逐渐从唯心主义转向了唯物主义，世界观、价值观和阶级立场随之发生了重大变化，看到了广大劳动人民的伟大力量和统治阶级思想的虚伪性。

马克思恩格斯从来没有给"意识形态"这一概念做过明确解释，最初是在批判、否定的意义上使用，"德国唯心主义和其他一切民族的意识形态没有任何特殊的区别。后者也同样认为思想统治着世界，把思想和概念看作是决定性的原则，把一定的思想看作是只有哲学家们才能揭示的物质世界的秘密"①。青年黑格尔派认为真正束缚人们的是观念、思想和概念，因此要想改变世界就必须同意识的幻想进行斗争。马克思恩格斯对此持反对观点，认为他们颠倒生活与观念、存在与认识的关系，理论上满口讲的是"震撼世界"的词句，行动上却是最大的保守派，是一种脱离现实的虚假观念体系。同时站在历史唯物主义的立场提出了相反的论点："不是意识决定生活，而是生活决定意识。"②意识是对客观存在的反映，是人脑的产物，意识因客观存在的改变而发生变化，是社会实践与时俱进的产物。"物质生活的生产方式制约着整个社会生活、政治生活和精神生活的过程。不是人们的意识决定人们的存在，相反，是人们的社会存在决定人们的意识。"③也就是说不管意识形态如何表现，实际上是人的社会实践活动在人脑中的再现，在这一实际活动中有意识形态上的回声及反射发展。④因此可以说马克思主义意识形态话语体系是建立在历史唯物主义基础之上的科学话语。

马克思主义意识形态话语体系，超越了传统形而上学的抽象观念论，揭露了资产阶级意识形态的虚假表象，进一步科学论证了意识形态和社会现实之间的关系，认为意识形态作为一种价值观念是植根于社会现实及历史实践基础之上的，代表了无产阶级和劳动人民的根本利益诉求，与实现人类解放的价值旨

---

① 《马克思恩格斯全集》（第三卷），人民出版社1960年版，第16页。
② 同①，第30页。
③ 《马克思恩格斯选集》（第二卷），人民出版社1995年版，第32页。
④ 《马克思恩格斯选集》（第一卷），人民出版社1972年版，第30页。

趣内在一致，实现了批判性与建构性、革命性与实践性、科学性与价值性的统一。后来列宁的无产阶级意识形态理论、斯大林的社会主义意识形态理论、卢卡奇的阶级意识理论、葛兰西的文化领导权理论等，从无产阶级意识形态的话语权、领导权和马克思主义政党的建设等角度，丰富和发展了马克思主义意识形态话语体系。

三、马克思主义意识形态话语体系的基本内涵

马克思主义意识形态话语体系指马克思主义政党及其统治阶级在取得统治地位的前提下，基于一定的阶级利益，将马克思主义意识形态作为价值评价标准，充分发挥其在国家政治、经济、文化、社会和生态文明等领域的指导作用，引导教育统摄人们的言行，充分发挥马克思主义意识形态所具有的引导力、支配力和影响力，为国家和社会"立言"。尤其要澄清的是，马克思主义意识形态话语体系是马克思主义学说体系中最具政治属性的，是一个开放和发展的思想体系，不仅包括马克思恩格斯本人创立的意识形态话语体系，也包括后人对其继承和发展的话语体系和马克思主义意识形态话语的中国化，具有丰厚的理论支撑、鲜明的时代特征和民族特色，是中国共产党将马克思主义基本原理与中国革命、建设和改革实际情况相结合，植根于中国特色社会主义发展的伟大实践中，构建的具有中国特色和中国风格的话语体系，有助于广大人民群众进一步深化和认识马克思主义意识形态，坚持对马克思主义的高度认同，对中国共产党的衷心拥护，切实加强党对意识形态工作的领导权，维护国家文化安全。应注意区分马克思主义意识形态话语体系和中国特色社会主义话语体系，马克思主义意识形态话语体系主要指党及国家意识形态、价值观念的表达、传播，包括马克思主义中国化三次飞跃中形成的意识形态话语，而中国特色社会主义话语体系主要指改革开放以来的中国特色社会主义话语，两者的外延和时间节点都不同。

中国特色社会主义进入新时代，国际和国内各种思想文化交流交融交锋和价值观念的多元化等在一定程度上冲击了国家的意识形态安全。一方面，历史虚无主义、非马克思主义和反马克思主义等都严重威胁到马克思主义意识形态

话语的主导地位；另一方面，也为我们进一步研究马克思主义意识形态话语体系提供了契机。在社会生活领域中"马克思主义被边缘化、空泛化、标签化，在一些学科中'失语'、教材中'失踪'、论坛上'失声'"①，因此，应着力构建新时代马克思主义意识形态话语体系。马克思主义意识形态话语体系构建是繁荣和发展我国哲学社会科学的理论前提，是巩固社会主义意识形态阵地的集中表现，可以更好地维护国家文化安全。

新时代马克思主义意识形态话语体系是中国特色社会主义进入新时代，党治国理政的新概念、新理念和新表达，凝聚着党和国家鲜明的立场观点和价值理念，是国家意志和人民权益的重要表达，既有一般话语体系的物质及文化属性，又有政治话语体系鲜明的意识形态属性。话语体系构建以"人民幸福、国家富强、民族复兴"为逻辑主线，对于巩固党的执政地位，凝聚社会认同，维护国家文化安全，坚定文化自信，建设社会主义现代化文化强国具有重要意义。随着中国日益走向世界舞台的中心，国际影响力的空前提高，讲好中国故事、解码中国道路、传播好中国声音，就需要立足马克思主义意识形态话语打造融通中外的新范畴新概念新表述，做好对外宣传工作，增强中国在国际事务中发声的力量，从而提升国际话语权。中国梦、初心使命、新发展理念、经济新常态、治理体系现代化、"四个自信"、"五位一体"总体布局、"四个全面"战略布局、总体国家安全观、"一带一路"倡议、人类命运共同体、人与自然生命共同体等一系列新思想、新理念、新战略，是马克思主义意识形态话语中国化的最新理论成果，为实现"两个一百年"奋斗目标、中国梦和构建人类命运共同体提供了思想指引，更好巩固了全党全国人民团结奋斗的思想基础，维护了国家文化安全。

第三节　马克思主义意识形态话语体系与文化安全

《中共中央关于党的百年奋斗重大成就和历史经验的决议》指出，要"牢牢

---

① 《习近平谈治国理政》（第二卷），外文出版社2017年版，第329页。

掌握意识形态工作领导权,建设具有强大凝聚力和引领力的社会主义意识形态,建设社会主义文化强国"①。建设文化强国的前提是确保国家文化安全,而维护文化安全的关键就在于有效调节和控制意识形态,意识形态可以用来定义当今世界一切国家文化安全。②话语体系是意识形态的表达,马克思主义作为国家的主流意识形态,从这个角度来说,马克思主义意识形态话语体系和文化安全具有内在一致性,苏联文化安全的教训对中国文化安全的警示即要坚持马克思主义在意识形态领域的指导地位,当然,维护文化安全也是新时代马克思主义意识形态话语体系构建的主要课题,文化安全和马克思主义意识形态话语体系具有高度的关联性和共通性。

一、苏联意识形态话语丧失的危害及对文化安全的警示

20世纪80年代末90年代初,曾经是世界上唯一敢和美国相抗衡的超级大国——苏联——解体,导致苏联解体的外部原因有西方国家的"和平演变",但其中最根本、最直接的原因就是在意识形态领域放弃了马克思主义的指导,俄罗斯学者亚历山大·季诺维耶夫就指出苏联解体的原因主要是意识形态领域的背叛和崩溃,戈尔巴乔夫的"新思维"指出,"全人类利益高于阶级利益"和"全人类的价值高于一切",主张推行"人道的民主的社会主义"。自此反共、反社会主义舆论取代了马克思主义舆论,马克思主义意识形态话语被资产阶级意识形态话语取代,苏联社会主义意识形态话语被颠覆。国家意识形态话语传递着思想、价值、理念,可以更好引导社会成员,维护国家文化安全。马克思主义意识形态话语在苏联的丧失最终给国家建设、共产党执政地位和社会发展带来了致命的危害,这些都从根本上动摇了苏共的领导地位及执政基础,最终导致了苏联社会主义意识形态失声失权、人民思想失控、苏共亡党以及苏联解体。

---

① 《中共中央关于党的百年奋斗重大成就和历史经验的决议》,载《人民日报》2021年11月17日,第1版。

② 胡惠林:《国家文化安全学》,清华大学出版社2016年版,第187页。

（一）苏联社会主义意识形态话语丧失的严重危害

戈尔巴乔夫在新思维指导下推进改革的过程中，实行了民主社会主义的思想路线，从哲学上看，民主社会主义主张的是抽象人道主义，实质是资产阶级人道主义；从阶级观点上看，民主社会主义是维护和稳定资本主义制度，实质是资本主义改良主义。为了发动改革，戈尔巴乔夫推行了一套资产阶级自由化的意识形态方针政策，集中体现为公开性、民主化和多元化，言必称公开、民主，宣扬绝对的和超阶级的民主、无条件的民主、无条件的公开性，通过《新闻出版法》规定"舆论不受检查""新闻自由"。①这种绝对的、无条件的民主化和公开化，使公决原则、多数原则和选举原则等民主原则简单化和庸俗化，失度的公开性和民主化促生了反共和反社会主义言论，最终导致无政府主义泛滥和社会动荡。如上所述，无条件的民主化和公开性也导致了思想观念和意识形态的多元化，并最终导致政治多元化及多党制。经济领域崇尚新自由主义思潮，鼓吹私有制经济具有"天然优越性"，文化领域宣扬极端自由和绝对民主，大兴历史虚无主义，以"多样"和"多元"为借口称马克思主义指导地位是"垄断地位"，同时将自由、博爱、平等美化为"人类意识"。这样一来，腐朽的资产阶级思想和意识开始泛滥，党内竟然有领导人也声称马克思主义是一种打着科学幌子的宗教②，各种社会思潮泛滥，非主流声音登场，马克思主义意识形态话语渐渐失声失权。

马克思主义意识形态话语在和各种思潮的斗争中逐渐失声，苏共因此在思想引导方面丧失了主动权，这就出现了无法给社会公众表达执政党的合理主张，无力招架各种丑化及污蔑党的话语。主流声音和舆论通过各种途径、方法否定苏联社会主义实践，丑化和矮化党的领袖，一些党员和群众将谬误认为真理，也逐渐失去了对苏共的信任，一些非正式组织游行集会，公然要求取消宪法关于党的领导地位条款，《走向人道的民主的社会主义》行动纲领草案更是宣称

---

① 聂立清：《我国当代主流意识形态研究》，人民出版社2010年版，第128页。
② 江流、徐葵、单天伦主编：《苏联剧变研究》，社会科学文献出版社1994年版，第181页。

党将"不再独裁国家大权"和"放弃政治垄断地位"①,苏共完全丧失了执政地位和政治优势。此外,长期以来苏联的民族主义根深蒂固,导致民族关系也十分复杂,马克思主义意识形态话语的失权失声,各种思潮冲突和对撞引发了社会思想的错乱,苏联解体也成定局。处于西方资本主义意识形态话语包围的苏联,因为文化乏力,最终无力抗衡西方国家的"和平演变",无力维护国家文化安全。

(二)苏联意识形态话语丧失对文化安全的警示

以史为镜,可以知得失。苏联建设过程中意识形态话语丧失的历史教训对维护国家文化安全意义重大。首先,切忌思想混乱,党要牢牢掌握国家意识形态话语权。苏联作为第一个社会主义国家,如何在本国用马克思主义意识形态话语指导当时的社会实践活动,创立者马克思恩格斯并未给后来实践者提供清晰的蓝图,尽管列宁反对本本主义,主张在实践中加深理解社会主义,但由于斯大林执政后,固守"本本"的教条主义盛行,也有学者指出僵化的意识形态和理论教条,使马克思主义失去了革命性、科学性,进而也丧失了认识世界、改造世界的功能。②之后戈尔巴乔夫实行的人道民主社会主义思想路线更是从根本上搞乱了人们的思想,导致苏联解体。无论是固守经典的教条主义,还是修正主义,其实质都是对马克思主义的背离。因此,要确保国家文化安全就必须警惕思想领域的混乱,要坚持马克思主义意识形态指导,坚持加强党管意识形态。其次,切勿放弃意识形态话语传播阵地,要营造举旗帜聚民心的社会舆论。戈尔巴乔夫上台后就提出了民主化、多元论和公开性的方针,主张的民主是不讲专政、不分阶级和不要集中的民主,主张的多元是允许否定共产党领导地位和马克思主义主导作用的言行合法化,主张的公开是毫无保留和限制的发泄,大肆渲染历史上和现实中的消极现象及黑暗面,所谓的民主、公开和多元

---

① 唐鸣、俞良早主编:《共产党执政与社会主义建设——原苏东国家工人阶级政党执政的历史经验》,人民出版社2008年版,第341页。

② 马龙闪:《苏联剧变的文化透视》,中国社会科学出版社2005年版,第26页。

都是"单行道",允许发表反社会主义和反共言论,不能进行批判,致使苏联社会主义意识形态话语传播阵地逐渐丧失,同时在思想战线和意识形态的主动权也完全丧失,"对社会主义思想体系的任何轻视及任何脱离,都意味着资产阶级思想体系的加强"①。要么是资产阶级的思想体系,要么是无产阶级的思想体系。因此,要维护文化安全,就要坚守意识形态话语传播阵地,充分利用各种传播媒体,重视舆论力量,充分利用新老媒体传播先进的社会舆论,确保媒体传播阵地上的意识形态话语权可管可控;还要时刻警惕西方的思想渗透,坚定社会主义意识形态自信。苏联社会主义制度的建立打破了原有的世界格局。自此,消灭社会主义制度成为西方资本主义国家的重要战略任务之一,在武力行动屡遭挫败后,他们开始打一场"没有硝烟的战争",采用"和平演变"的手段,更多使用经济、政治和文化的手段进行意识形态的输出和渗透,因此要揭开西方意识形态话语的虚伪面纱,坚定马克思主义意识形态话语自信。

二、维护文化安全是马克思主义意识形态话语体系构建的重要课题

文化安全关系民族、国家及党的生死存亡和人民群众的美好生活,文化安全则国家安全。"如果从观念上来考察,那么一定的意识形态的解体足以使整个时代覆灭。"②这就说明了文化安全的重要性。有学者指出文化安全是蕴含正反两面的"双向战略"。"正向战略"是一种主动性的战略,即通过构建主流意识形态内容,提升文化软实力,进而使国家文化主权得以确认,文化利益得到保障和文化传统得到传承;"反向战略"是一种防御性战略,通过构建各种有形和无形的屏障以抵御外部的文化渗透和文化侵蚀,保障国家文化主权的独立,两者相辅相成,分别起着"防护服"和"屏障"作用。③2015年7月1日十二届

---

① 《列宁选集》(第一卷),人民出版社1995年版,第327页。
② 《马克思恩格斯文集》(第八卷),人民出版社2009年版,第170页。
③ 易华勇、邓伯军:《新时代中国国家文化安全策论》,载于《江海学刊》2020年第1期,第246—253页。

全国人大常委会第十五次会议通过的《中华人民共和国国家安全法》明确指出，文化安全是国家安全的基本构成要素，文化安全也是确保新时代建成社会主义现代化文化强国和实现文化自信的前提基础。

意识形态话语构建直接关系到意识形态安全。意识形态安全指的是占统治地位的意识形态和思想观念没有受到侵害，能够稳定存在并得以发展。"意识形态决定文化前进方向和发展道路"①，因此可以说国家文化安全的核心就是意识形态安全。首先，意识形态安全是国家文化安全的基础。在文化全球化、全媒体的新时代，西方国家借助优越的信息传播技术及手段将西方的意识形态话语和价值理念扩散到他国，力求在全球化进程中实现自己利益最大化。亨廷顿指出，世界思想文化的冲突是由社会制度文化的对抗和意识形态分歧引起的，中国的现代性不同于西方国家的现代性，社会主义意识形态区别于资本主义意识形态，资本主义意识形态颠覆的主要对象是中国。美国中情局的《十条戒令》就详细规定了对中国进行文化思想和意识形态渗透的具体做法，此外西方实行"和平演变"还包括宗教渗透，意图以"仁慈的羔羊"俘虏"东方的巨龙"，目的就是输出和渗透资本主义意识形态，最终引起人们思想混乱和价值错位，因此必须重视意识形态领域斗争，应对亚文化和反文化的侵蚀，维护国家文化安全。其次，国家文化安全的核心内容是意识形态安全。有学者指出文化手段不仅是美国外交政策的重要组成部分，更是穿越一切障碍的渗透工具，布热津斯基也在《大失控与大混乱》中指出："它要么成为精神凝聚力的源泉，要么就是混乱之源；要么成为达成政治共识的基础，要么就是冲突的祸根。"②文化同质性和文化异质性、民族主义文化的多元多样性、文化霸权和文化殖民现象的存在导致了文化安全问题的产生。在这样的背景下，想要更好地繁荣和发展本国文化，更好地抵御外来文化的侵犯，就必须加强价值观教育，如果一国的核心价值观和意识形态遭受冲击，社会政治制度就会动摇，语言符号系统、理想信

---

① 《习近平谈治国理政》(第三卷)，外文出版社2020年版，第32页。
② [美]布热津斯基：《大失控与大混乱》，潘嘉玢、刘瑞祥译，中国社会科学出版社1995年版，第2页。

念和宗教信仰也难免遭受侵蚀，因此文化安全的核心内容是意识形态安全。再次，意识形态安全是维护国家文化安全的有效手段。作为国家利益的价值取向表现，改革开放前，我国主要采用灌输教育的手段，称流行音乐为"靡靡之音"，称国外电台为"敌台"，称西方文学作品为"毒草"，禁止演唱、收听和传看，通过较为禁锢的手段维护文化安全，这在一定程度上维护了国家文化安全。改革开放后，我国仍坚持灌输原则，这在一定程度上对维护国家文化安全发挥了积极作用，但随着文化全球化和信息科技化的迅速发展，西方意识形态话语也不断涌入，由于缺乏文化安全意识，加之对灌输功能的忽略，未能形成系统的文化安全预警机制，使得文化安全面临十分严峻的形势。因此，在加强灌输性的同时，应注意灌输方法的灵活性和多样性，只有如此才能增强国民的文化安全意识，维护国家文化安全。从以上的论述可以得出，意识形态安全关乎国家文化安全，而意识形态安全离不开意识形态话语体系构建，所以说维护文化安全是构建马克思主义意识形态话语的最终目的，而构建马克思主义意识形态话语是维护文化安全的前提和基础。

三、文化安全和马克思主义意识形态话语体系的内在一致性

当一定的个体对某种意识形态形成了认识上和心理上的认同，它的思想认识和行为方式就会被控制，而要实现这一目的仅仅依靠统治阶级的虚假性辩护和意识形态的灌输是不够的，因为人具有主观能动性，会对自身生活所处的精神世界进行选择和价值评判。因此，想要人们自觉主动接受统治阶级的某种意识形态，表达意识形态的话语体系就必须是对客观实际的真实反映，同时符合人们的内在价值和利益追求，从而将社会的价值观念转为个体的价值理念。归根到底，构建马克思主义意识形态话语体系的目的就是要使广大民众对马克思主义的意识形态、价值目标和理想信念产生自觉的理性的认可。另外，想确保国家文化安全，就要发挥马克思主义意识形态话语在全社会的号召力和凝聚力，马克思主义意识形态话语是对价值体系和思想文化的表达，综合以上可以得出，马克思主义意识形态话语和文化安全具有内在一致性。

(一) 目标同一性：维护国家利益

维护国家利益是马克思主义意识形态话语构建和国家文化安全的共同目标和根本出发点。国家利益本质上是指一个国家行为体在满足国家行为系统的需要时具有的利益①，其中既包括物质因素也包括文化和精神因素。文化全球化和全媒体时代，文化因素在国家利益中的地位不断上升，文化因素对于国家利益的实现主要体现在以下三方面：(1) 文化在国际关系中是推行反抗霸权的重要依托；(2) 文化软实力和影响力是主权国家自我实现的基本内容；(3) 政治文化是一个国家实现和维护自身利益的基本力量。约瑟夫·奈将文化因素称为"软权力"，软权力对于实现国家利益意义重大。文化安全是实现和维护国家利益的重要手段。美国通过推行文化霸权，妄图以西方的文化价值观念整合世界各地的民族文化，这就迫使他国采取各种方式维护本国文化主权。第二次世界大战以后，美国能长期保持霸权地位和实现国家利益就在于十分重视国家的文化意识形态渗透，例如，《美国国家利益的研究报告》中明确指出根本利益关系到美国的自由、根本制度和价值观，无论面临什么挑战，都要捍卫国家的根本利益。很显然，美国已把价值观念和思想文化融入国家利益及制度之中。亨廷顿也指出，国家利益依赖于国家认同，尤其是文化认同。文化安全则国家安全，国家安全是国家利益的基本体现。文化全球化加剧了文化及意识形态领域斗争的复杂程度，习近平高度重视文化安全，并指出国家文化安全是国家安全的重要保障②，国家经济政治社会的发展和国家利益的根本保障都离不开国家文化安全。

马克思主义意识形态话语体系构建旨在为国家和社会"立言"，实现马克思主义意识形态话语权。话语权体现了话语"权利"和"权力"两个维度，话语权利是指马克思主义意识形态在中国特色社会主义话语体系构建中具有的"资

---

① 《中共中央关于党的百年奋斗重大成就和历史经验的决议》，载《人民日报》2021 年 11 月 17 日，第 1 版。
② 《总体国家安全观干部读本》编委会编著：《总体国家安全观干部读本》，人民出版社 2016 年版，第 115 页。

质"或"资格"。党的十九届四中全会明确指出要坚持马克思主义在意识形态领域指导地位的根本制度,这就说明,马克思主义意识形态就有绝对的资本在意识形态话语体系构建中发挥主导作用。话语权力是指马克思主义意识形态要在多样化社会思潮中发挥决定性的凝聚力、影响力。话语权的取得既源于其科学性和革命性的特点,也离不开其阶级性、实践性的特点,是以人民利益至上为根本价值导向,国家权力来源于人民,从根本上说,人民利益和国家利益具有一致性,人民利益是国家整体利益的具体表现,维护人民利益本质上就是维护国家利益。综上所述,马克思主义意识形态话语体系一定程度上体现了阶级、政党和国家的根本利益。

(二)内容同构性:巩固国家主流意识形态

内容是目标的具体化,不但是目标性质的体现,也是实现任务和目标的重要保证。文化安全和意识形态话语是国家对国民在政治、思想和文化方面提出的要求,也是民族和国家素质的重要体现。价值观、语言文字、风俗习惯及生活方式的安全是文化安全的主要内容,马克思主义意识形态话语构建也在于让人们形成正确的世界观、人生观和价值观,养成良好的职业道德、社会公德和家庭美德。二者的具体内容虽各有侧重,但也有相互重合的地方:二者都聚焦国家意识形态建设,最终目的都是巩固国家主流意识形态。

在巩固主流意识形态内容的认知上,马克思主义意识形态话语和文化安全具有内容的同构性。只有深刻剖析文化和意识形态的关系,才能更好地理解这种同向同行、同频共振的同构逻辑。文化是意识形态的载体和基础,意识形态是文化的内生动力和重要组成,二者相互作用并辩证统一。虽然,文化内涵相比于意识形态内涵更加宽泛,但意识形态和精神层面的文化相互作用和相互交织,意识形态内含着特定的价值观念,是文化进一步发展繁荣的内生力量,也影响着社会文化的未来发展方向。在整体层面上意识形态对文化确实有一定的规制作用,但意识形态本身就是思想文化中抽象出的观念集合体。因此,意识形态一方面影响着文化,另一方面也需要借助多种文化进行表达,文化的互动变迁发展过程也是整合各种精神资源的过程,通过不断调适文化心态来凸显意识形态的功能及价值。因此，文化的繁荣发展推动了意识形态话语的发展和变化，意识形态话语对文化发展具有引导和制约的效果，文化的生产创造既是对传统文化的创造性及创新性发展，也是对统治阶级意识形态选择转化的结果。总体来说，意识形态话语和文化相互依存，相互融合。新时代马克思主义意识形态话语体系构建旨在以主流意识形态引领社会主义先进文化，最终实现人们的文化自觉、文化自信和文化安全。

（三）主客体关联性：形成国民政治认同和思想整合

主客体的关联性是马克思主义意识形态话语和文化安全的一个共同表现。国家文化主体和各民族的文化客体，以及马克思主义意识形态话语主体（国家和政党）和客体（广大人民群众）之间有高度一致的政治认同及思想基础。当今世界是一个多元并存的世界，国家、文化、民族和社会不可避免地面临多种价值观的碰撞，传统的文化、思想和价值表达方式逐渐被"解构"而表现出多样化的特点。但我们要"努力寻求最大公约数、画出最大同心圆，汇聚实现中华民族伟大复兴的磅礴力量"①，多元民族文化在长期的社会历史发展实践中相互交流、接触和交融，产生了诸如道德规范、价值理念和宗教信仰等方面共同的文化或政治特质，这些共同特质是凝聚各个不同民族和民众的纽带，形成了"多元一体化"的文化共同感及政治文化心理，习近平指出"实现中华民族伟大复兴中国梦，就要以铸牢中华民族共同体意识为主线"②，共同的政治文化主导了多数社会成员的精神理念，成为国家稳定和繁荣发展的政治思想基础，共同的政治文化信息形成了某种特定的政治文化模式，最终形成了政治社会，产生了统一的政治共同体。

文化全球化的新时代背景下，广大民众政治思想统一和政治文化认同对国家安全稳定和繁荣发展意义重大。政治认同和思想整合的重要性就表现在"政

---

① 《中共中央关于党的百年奋斗重大成就和历史经验的决议》，载《人民日报》2021年11月17日，第1版。
② 《习近平谈治国理政》（第三卷），外文出版社2020年版，第299页。

治得以克服心理上的离心力并使其超越一般的政治组织成为一种可能"①，而马克思主义意识形态话语和文化安全关联与否的一个重要表现就是"它能够在多大的程度使人们在国家和民族问题上形成高度一致的认同……更是一个国家安全稳定的基石"②。任何政党、国家和组织要想获得广大人民群众的政治支持，必先取得广大人民群众的政治认同，只有在国内形成共同的政治认同感并进行思想整合，广大人民群众才会对国家的各项制度、政策和行为表现出最大热情及忠诚，并激发其为维护国家安全，为国家目标及利益而奋斗的决心和信心。

第四节 文化安全视域下新时代马克思主义意识形态话语体系构建的必要性

黑格尔指出："只有当一个民族用自己的语言掌握了一门科学的时候，我们才能说这门科学属于这个民族。"③马克思主义揭示的是人类社会发展一般规律的共性特征，而各民族的发展具有不同于欧洲资本主义的个性特征。这就要求新时代马克思主义意识形态话语体系构建应该坚持共性和个性、普遍性和特殊性相结合，这样才是真正做到了继承和发展马克思主义。新时代中国哲学社会科学工作者应立足人民幸福和民族复兴两条主线，从马克思主义意识形态理论创新的内在需求、加强文化自信的迫切需要、理解人类文明新形态的必然要求和维护国家文化安全的组成部分四个维度深刻把握话语体系构建的必要性，不忘初心，为实现中华民族伟大复兴提供中国智慧和中国声音。

一、新时代马克思主义意识形态理论创新的内在需求

时代主题的变化使人类社会处在："一个挑战层出不穷、风险日益增多的时

---

① 王景云：《文化安全视域下思想政治教育文化载体建设研究》，人民出版社2014年版，第90页。
② 胡惠林：《中国国家文化安全论》，上海人民出版社2005年版，第18页。
③ 黑格尔：《哲学史讲演录》（第四卷），商务印书馆1978年版，第187页。

代。……气候变化等非传统安全威胁持续蔓延。"①只有以马克思主义意识形态话语为引领,始终站在时代前列,才能更好地解答时代问题。当今时代是迫切需要推进马克思主义意识形态话语创新发展的时代,也是迫切需要用创新的马克思主义意识形态话语解决时代性难题的时代。

(一)时代主题变化对传统意识形态话语的挑战

马克思主义意识形态话语体系形成于19世纪中叶资本原始积累、社会内部矛盾激化和对外扩张加剧的时期。第二次世界大战结束后,新科技革命导致人类社会发生了深刻的转型变革,各个国家也都开始调整相关的意识形态及价值观念。与全球化国际背景相契合,改革开放时期党开始领导人民进行新的伟大变革,其对传统的农业社会结构和新中国成立后计划经济体制主导下的社会结构,具有根本性的解构,冲击着传统的社会价值观念及意识形态话语,从经济体制改革到全面深化改革,从打开国门到全方位开放,从加入WTO到共建"一带一路",中国共产党成功开辟了一条实现国家现代化的独特道路,曾经面临"被开除球籍的危险"的国家已跃居为世界第二大经济体,实现了从赶上时代到引领时代的伟大跨越,中国向何处去已成为国际社会普遍关注的话题。著名科学家杨叔子曾指出,一个国家和民族,没有先进的人文文化就会不打自垮。②马克思主义意识形态是社会主义先进文化的重要组成部分,意识形态安全关乎文化的灵魂和安全。然而,中国在国际上面临着"失语"和"挨骂"的现象,国际上涌现出"中国威胁论""中国崩溃论"等论调,中国从未主动威胁他国,却总是被动受到他国威胁。西方国家过分夸大的"全球意识"和"全人类意识"是以牺牲民族、国家意识为代价的,是空洞抽象的;西方国家打着自由、民主和人权的旗号,表面渲染"全球一体化""人权高于主权"和"新干涉主义",实质兜售的是西方资产阶级虚伪抽象的意识形态,这有助于西方国家在全球化中掌握话语权,不利于马克思主义意识形态话语的传播。传统的马克思主义意

---

① 《习近平谈治国理政》(第二卷),外文出版社2017年版,第538页。
② 陈学明:重读《共产党宣言》,人民出版社2018年版,第131页。

识形态话语要想成为时代精神的精华，原有的话语体系必须进行创新，要根据马克思主义意识形态话语正确定位所处的历史发展阶段，坚守马克思主义价值取向，从而在国际交流和文化对话中保持自己的本性。

（二）社会结构深刻变化对传统意识形态话语的挑战

改革开放导致社会结构发生深刻变化，是中国近现代以来发生政治革命之后的社会革命。宏观意义上的所有制结构、阶级阶层结构、组织结构和就业结构的重组及变革导致社会利益格局发生深刻变化，譬如，社会利益主体多元化、社会利益关系复杂化、利益实现方式多样化，以及利益诉求呈现多样化等特点。新时代社会的主要矛盾发生变化，中国共产党的奋斗目标是要满足"人民日益增长的美好生活需要"①，人们不仅要吃饱、吃好和住好，更体现在精神层面对民主、法治和环境等方面的美好向往。马克思指出："'思想'一旦离开'利益'，就一定会使自己出丑。"②社会利益格局的深刻变化导致人们思想价值观念发生诸多新变化，人们思想活动的独立性、差异性和选择性增强，多变性凸显，思想结构的深刻变化要求新时代创新马克思主义意识形态话语，这是因为，利益主体多元化导致意识形态领域出现多样化的趋势，社会主要矛盾的变化导致人们对公平意识、诚信意识、创新意识等不断推崇，需要将其纳入马克思主义意识形态话语体系中，意识形态话语多元化削弱了主流意识形态话语的影响力，例如，"大公无私"和"个人利益服从集体利益"等传统意识形态话语在现代市场经济的运行中失去了现实土壤，而世俗化、功利化的价值观话语却得到人们的接受和认同，这就要求改变传统意识形态话语的"假大空"和不接地气。新时代马克思主义意识形态话语必须从社会中来，通过创新和发展再到社会中去指导社会实践，这样就会避免犯马克思批判的"头脚倒立"错误，才是真正的科学社会主义话语。

---

① 《习近平重要讲话单行本》（2020年合订本），人民出版社2021年版，第119页。
② 《马克思恩格斯文集》（第一卷），人民出版社2009年版，第286页。

(三)新时代要求马克思主义意识形态话语的创新

新时代是中国共产党带领中国人民实现中华民族伟大复兴和社会主义现代化强国奋斗目标的历史新阶段,党的十九大报告规划了党和国家发展的新蓝图,社会主义现代化在 2035 年基本实现,社会主义现代化强国在 2050 年建成,"我们有信心和能力实现中华民族伟大复兴的目标"①,但也必须清醒地认识到"前进道路上仍然存在可以预料和难以预料的各种风险挑战"②,尤其是意识形态领域的复杂性和意识形态斗争的艰巨性,要求我们较之以往要更加重视马克思主义意识形态话语体系建设。话语体系作为社会的上层建筑,离不开社会存在,因此话语体系的发展必须扎根于社会现实土壤,"我们只有推进理论、实践、制度和文化创新,才能在理论上跟上时代"③,理论创新是以话语体系的形式呈现出来的,因此立足新时代社会主要矛盾的转化,需要创新马克思主义意识形态话语并进行自觉反思,不断增强马克思主义意识形态话语的感染力及说服力。新时代新形势新挑战,要求哲学社会科学工作者自觉创新,调整一些与实现中华民族伟大复兴中国梦所倡导的不相协调的意识形态话语,并在学理上进行深入论证。例如,关于民主,国际上关于民主的说辞主要有民主政体和非民主政体,如果不具备所谓民主政体的多党竞争、三权分立和一人一票标准化的制度配置,就会被扣上霸权政治和威权主义等,这些论调都是"非黑即白"二元对立思维的产物,无法解释中国的民主实践,要科学正确解释我国的社会主义全过程民主实践,必须提炼具有中国元素的话语表达,提出人民至上等具有中国特色的概念、范式及范畴,创新符合我国时代需求的马克思主义意识形态话语。

二、增强文化自信的迫切需要

文化自信是最根本的自信,文化竞争是最根本的竞争,文化自信和文化竞

---

①②《党的十九届六中全会〈决议〉学习辅导百问》,党建读物出版社 2021 年版,第 67 页。
③《习近平谈治国理政》(第三卷),外文出版社 2020 年版,第 21 页。

争离不开文化传播,而文化传播要以话语为载体。因此,新时代马克思主义意识形态话语体系构建是提升国家文化软实力、增强文化竞争力、加强文化自信的迫切需要。

(一)有助于马克思主义更好地批判社会矛盾

马克思主义的本质特征是批判性,马克思将宗教批判和政治批判相结合,理论批判和实践批判相结合,最终创立了马克思主义理论。马克思批判了资本主义意识形态话语的虚幻性、虚假性和资本主义社会内在的深刻矛盾,使社会主义话语由空想走向科学、一国走向多国、理论走向实践,因为话语的彻底性和科学性从而更好把握群众。一方面,马克思主义意识形态话语的产生地在西方,因此话语被西方人熟悉及理解,西方文明、思维方式和语言行为对马克思主义意识形态话语有深刻影响,由于东西方在意识形态、思维方式和习惯用语等上有很多区别,这势必就给马克思主义在中国的运用和传播造成障碍,因此要想让中国大众学懂会用马克思主义,就要将马克思主义的批判理论和中国具体实践相结合,构建新时代马克思主义意识形态话语体系。另一方面,中国特色社会主义实践取得的成就超常规地跑到话语体系前面,话语应该反思。通常情况下,现有话语要反映、超越社会存在,更好地发挥指导社会实践的功能。马克思主义意识形态话语是在"批判旧世界中发现新世界的",其所指的社会主义或共产主义社会是属于后资本主义社会的社会形态,资本主义社会固有的特殊矛盾在社会主义社会就会消失。由于我国的社会主义现代化建设没有经过资本主义的充分发展,这种特殊情况导致我们的社会不仅仍有农业社会特有的弊病,而且资本主义社会特有的社会弊病也会在我国得以体现。用马克思关于社会"三形态"的理论来审视[1],第二形态即"以物的依赖性为基础的人的独立

---

[1] 马克思在《政治经济学批判(1857—1858年手稿)》中阐述道:"人的依赖关系(起初完全是自发的),是最初的社会形态,在这种形态下,人的生产能力只是在狭窄的范围内和孤立的地点上发展着。以物的依赖性为基础的人的独立性,是第二大形态,在这种形态下,才形成普遍的社会物质交换,全面的关系,多方面的需求以及全面的能力的体系。

性"相类似的社会矛盾依然存在,贫富分化就是很好的证明。这就说明不能将马克思关于批判资本主义的范畴,同初级阶段的社会主义社会的现实进行绝对割裂,如此就会造成"主义"和"现实"的反差。因此,新时代马克思主义意识形态话语体系构建要在"对内话语"和"对外话语"之间保持一种"必要的张力",增强话语对社会现有矛盾的批判力、对社会现实问题的解释力,更好地巩固马克思主义意识形态的主导地位,维护国家文化安全。

(二) 有助于马克思主义更具学术创造力

意识形态作为上层建筑,根据马克思唯物史观原理,其会随社会存在的发展与时俱进地调整和变化,马克思主义意识形态话语体系也应在这一过程中不断更新。当代西方哲学家库恩认为科学理论是复合体,因为具有自己的范式而更具韧性,范式是指某一科学共同体有共同的信念、共同使用的理论模型及方法,科学发展如果处于常态时期就证明范式相对稳定,科学发展如果进入反常时期,就证明原有范式在解决问题时遇到了挑战和挫折,此时新事物要代替旧事物,新范式就要取代旧范式。因为新旧范式具有不同的信念及理论模型,因此也称科学革命。拉卡托斯认为科学理论是由硬核、保护袋、反面启发法及正面启发法等一整套"研究纲领方法论"组成的结构体系,由此,科学发展是研究纲领从进化到退化到最终取代退化的过程,在进化阶段不断调整、保护、更新问题,同时促进理论的发展。如果我们就此借鉴库恩和拉卡托斯的理论,任何理论都有"硬核",即理论体系的核心概念,也有其"保护带",即构成理论体系的"外围",科学理论的时代价值由"硬核"和"保护带"共同体现,因此,如果现实空间发生变化,只有相应地调整"保护带"才能解释新现象,更好地支持硬核使其不受到证伪,调整"保护带"就意味着创新和调整话语体系。①诚

建立在个人全面发展和他们共同的社会生产能力成为他们的社会财富这一基础上的自由个性,是第三个阶段。第二阶段为第三个阶段创造条件。"可见,马克思以人的发展为尺度,将人类社会发展划分为"人的依赖性""物的依赖性"和"每个人的自由而全面发展"三个阶段。学界据此称之为"三阶段社会形态论"。

然，马克思主义意识形态话语应与时俱进植根于生动活泼的社会实践，但仅仅这样显然是不够的，话语还应具有包容性、开放性，在和其他意识形态话语的交流中不断汲取合理的养分发展自己，前者如果是"源"，那么后者就是"流"。当下中国，马克思主义意识形态话语边缘化、空洞化，没有生机和活力，深层次原因是马克思主义的学术创造力不足。表现在不能将主义和问题研究相结合，而是就主义研究主义；不能很好地和哲学社会科学等其他学科互动，不能汲取其他哲学社会科学对历史和社会现实问题研究的新成果、新范畴和新概念。传统的马克思主义意识形态话语中，许多范畴反映今天的社会转型已捉襟见肘了，如"个人、集体和国家"这一话语关系中，有"利益"无"权力"，有"国家"无"社会"，有"集体"无"集团"，这就不能充分反映社会利益的分化状况和规范不同主体之间的关系，而在政治学、社会学和伦理学中，早已使用"社会""权利""集团""公共利益"等概念进行社会问题的研究。②可见，马克思主义意识形态话语发展滞后于其他学科领域，因此在科学对待马克思主义的基础上要做到"四个分清"③，话语体系构建应坚持马克思主义的"硬核"，将理论批判和革命实践相结合，从社会实践的人出发看待世界和社会历史，通过解放无产阶级最终实现人类解放，同时积极吸收其他哲学社会科学，科学反映社会生活变化的概念及范畴，只有在实践中不断发展和完善马克思主义，不断调整原有的表达方式，突破原有话语体系"自娱自乐"的状况，才能增强马克思主义的学术创造力，更好地维护国家文化安全。

---

① 陈锡喜：《马克思主义：意识形态和话语体系》，华东师范大学出版社2011年版，第265—266页。

② 同①，第263页。

③ "四个分清"即什么是必须坚持的马克思主义基本原理，什么是需要结合新实践加以丰富发展的判断，什么是需要破除的对马克思主义教条式的理解，什么是需要澄清附加在马克思主义名下的错误观点。

三、理解人类文明新形态的必然要求

党在不断推进马克思主义意识形态话语中国化的百年奋斗征程中，将马克思主义和中国具体实际相结合、和中华优秀传统文化相结合，创造了人类文明新形态。①要深刻理解和认识人类文明新形态，就必须加强对新时代马克思主义意识形态话语体系构建研究。实践是理论之源，理论是通过一定的话语或话语体系呈现在人们面前的，因此从这个角度讲，话语也来源于实践，话语的活力来自实践基础上的创新和发展。历史证明，中国共产党在革命、建设和改革中实事求是，将马克思主义和中国基本国情相结合，不断创新和发展马克思主义意识形态话语，才战胜了前进道路上的各种困难和艰难险阻，创造了中国式现代化新道路和人类文明新形态，中国式现代化新道路铸就了人类文明新形态道路基石，它是区别于西方式现代化的崭新道路，完成了中国近代以来其他政治力量没能完成的历史使命。

（一）人类文明新形态是马克思主义意识形态话语创新发展的重大成果

马克思主义意识形态话语性质上属于社会的上层建筑，话语来自社会存在，是社会实践的产物，正如马克思所说："全部社会生活在本质上是实践的。"②根据马克思唯物史观原理，要研究上层建筑的意识形态话语就离不开社会存在，离不开对中国特色社会主义现代化的认知，中国的现代化具有自发性特点，现代化发展的任务是要在短时间内完成西方国家几百年取得的成就，这就必然会在发展过程中遇到资本主义国家现代化进程中出现的各种"现代病"，加之我国人口众多、基础薄弱、资源短缺，因此社会主义建设过程中产生的问题和矛盾尤为复杂。即或面临任务重、基础弱和时间紧的现实问题，中国共产党仍带领

---

① 习近平：《在庆祝中国共产党成立100周年大会上的讲话》，人民出版社2021年版，第13页。
② 恩格斯：《路德维希·费尔巴哈和德国古典哲学的终结》，人民出版社2018年版，第62页。

第一章 新时代马克思主义意识形态话语体系构建的基本理论及必要性

中国人民走出了一条中国特色社会主义道路,尤其是改革开放以来四十多年持续繁荣的发展,经济实力、文化实力、国防实力和外交能力等大幅提升,党、人民和国家的面貌焕然一新。这就证明,中国人民不仅善于改变一个旧世界,而且善于建设一个新世界,也就包含着善于建设一种新文明。我国正不断走近世界舞台的中央并不断向世界贡献中国方案、中国智慧,伟大实践取得的成功经验都需要与之相适应的意识形态话语表达。"与国际学术接轨"是改革开放之初中国学者的口头禅,改革开放的大力推进兴起了"中国品牌""中国制造"和"文化自信"等意识,一些话语也逐步流行起来,譬如"中国道路""中国理念""中国方案"和"中国智慧"等,这些都体现了马克思主义意识形态话语的与时俱进和创新发展。人类文明新形态的科学解读离不开新时代马克思主义意识形态话语构建,例如,"人民至上"是人类文明新形态根本性质的体现,"五位一体"和"四个全面"是对人类文明新形态系统建设的反映,"四个自信"是对人类文明新形态显著优势的反映,"人类命运共同体"体现了人类文明新形态的天下胸怀特质。人类文明新形态离不开中国共产党推进马克思主义意识形态话语的中国化、时代化、大众化发展,它和已暴露弊端的资本主义文明形态有本质区别,当然也有别于苏式社会主义文明形态①,它是对中华文明优秀传统的延续,吸收了人类文明的先进成果,是具有强大生命力的人类文明新形态。中国共产党自成立以来,就把为人民谋幸福和为民族谋复兴作为自己的初心使命,一百多年来,党领导人民创造了"四个伟大成就"②,"四个伟大成就"推动了"五大文明"③的协调发展,创造了人类文明新形态。正如《中共中央关于党的百年奋斗重大成就和历史经验的决议》指出:"党和人民百年奋

---

① 刘进田:《人类文明新形态的伟大探索者和实践者——写在中国共产党成立 100 周年》,载于《社会科学辑刊》2021 年第 3 期,第 5—14 页。
② 四个伟大成就分别是新民主主义革命的伟大成就、社会主义革命和建设的伟大成就、改革开放的伟大成就、社会主义现代化建设的伟大成就。
③ 五大文明是指物质文明、政治文明、精神文明、社会文明、生态文明。

斗，书写了中华民族几千年历史上最恢宏的史诗。"①最恢宏的史诗就是中国共产党创造的人类文明新形态，是中国特色社会主义现代化伟大实践的精神财富，这笔精神财富只能用创新发展的马克思主义意识形态话语进行解读。

（二）创造人类文明新形态需要新时代马克思主义意识形态话语引领

近代以来，中国长久落后于时代，国家蒙辱、人民蒙难、文明蒙尘。中国共产党自成立起，就以马克思主义为指导，不断探索和实践人类文明新形态，领导中国人民一直不懈探索中国式现代化新道路。新中国成立之初，毛泽东就提出走中国自己的现代化道路，1954年毛泽东在领导起草国家宪法时提出建设一个伟大的社会主义国家的总目标和实现农业的社会主义、机械化的总任务。改革开放后，邓小平提出的"中国式现代化"命题旨在解决如何走自己的路，走中国特色的现代化道路。中国特色社会主义进入新时代，习近平提出了中国梦、新发展理念、"四个自信"、总体国家安全观等诸多新理念新思想新战略，是对马克思主义意识形态话语的创新和发展。习近平在党的十九届五中全会上指出，中国式现代化，概括起来说，就是人口规模巨大的现代化、全体人民共同富裕的现代化、物质文明和精神文明相协调的现代化、人与自然和谐共生的现代化、走和平发展道路的现代化。②习近平在建党100周年大会上再次明确提出了中国式现代化的重大论断，为世界现代化发展提供了中国方案和中国智慧，人类文明新形态是中国共产党百年奋斗中坚持走中国式现代化新道路取得的伟大成就，创造人类文明新形态需要新时代马克思主义意识形态话语引领，需要马克思主义唯物史观的理论支撑，需要马克思主义中国化的理论指引，创造人类文明新形态实现了当代中国马克

---

① 《中共中央关于党的百年奋斗重大成就和历史经验的决议》，载《人民日报》2021年11月17日，第1版。

② 中共中央宣传部编：《习近平新时代中国特色社会主义思想学习问答》，学习出版社2021年版，第128页。

思主义的话语创新。从人类文明类型视角看,中国特色社会主义文明既充分体现了工业文明发展的正面成果,又克服了工业文明内在的沉疴宿疾,创造人类文明新形态是中华文明的价值追求。人类文明新形态的创造,是在马克思主义基本原理的指导下,传承发展了中华文明优秀传统,吸收借鉴了世界文明优秀成果,体现了人民对实现美好生活的新期盼,体现了人类对共同价值的向往。人类文明新形态以构建人类命运共同体为向导,具有社会主义的价值属性,中国特色社会主义文明是对资本主义现代文明资本逻辑的超越和完善,它是坚持以人民为中心促进人的全面发展的社会主义文明逻辑,摒弃了意识形态争论,推进了不同文明之间的交流互鉴,跨越了文明冲突的陷阱,否定了历史终结论、西方中心论和文明冲突论等,是对人类文明多样性的拓展,不同文明可以求同存异相互借鉴,这对维护国家文化安全意义重大,对人类文明形态的发展及创新具有重要的示范价值和世界历史意义。

(三)新时代马克思主义意识形态话语更好解答人类文明新形态

中国式现代化道路的核心密码是中国文明。中国共产党在探索中国式现代化新道路的发展历程中,创造了人类文明新形态,人类文明新形态的价值属性,即要在国内弘扬社会主义核心价值观,在国际上弘扬全人类共同价值,无论国内抑或国际大局,人类文明新形态都是站在人类道义和价值的制高点。新时代马克思主义意识形态话语体系构建就是要立足中华文明的主体性和意识形态的本土性立场,去重新认识传统和现代、中国和世界的问题,而不是在对"中国模式"①没有认识清楚的前提下,用西方话语体系解释中国模式或者改造中国模式,最终将中国纳入这样或那样的普遍性模式中去。人类文明新形态是中国共产党推进马克思主义中国化和时代化的产物,是中国共产党领导中国人民在百年伟大奋斗征程中创造的文明奇迹,是 21 世纪中国共产党人的人类文明观,是基于马克思主义文明观从世界潮流发展的高度看待人类社会发展所得出的新

---

① 中国模式在这里首先是指政治制度模式,而非经济模式。

结论。全球化并不是要消解不同文明之间的属性和差异,使之朝一体化文明的方向发展,相反,全球化会更加凸显出不同文明之间的属性差异。黑格尔曾指出中国是一切例外的例外①,而尼采也曾指出,强调中西文明相似性的比较研究都是肤浅和心智弱的表现②,套用西方话语讲中国故事和中国文明,实际上是中国文化不独立和不成熟的表现,对习以为常的知识、范式、概念和方式缺乏反思的勇气,是独立精神匮乏的表现。新时代马克思主义意识形态话语体系构建就要在中国特色社会主义的伟大实践中不断发展和完善马克思主义,调整原有的表达方式,要用以中国为中心、以中国为方法的表达方式更好地解读人类文明新形态,这一过程实际也是维护国家文化安全的重要体现。

四、维护国家文化安全的组成部分

马克思主义意识形态话语构建和文化建设相互影响、相互联系、密不可分。强大的文化自信是实现中华民族伟大复兴中国梦的重要保障。而文化安全是建设文化强国和实现文化自信的前提基础。习近平强调:"意识形态决定文化前进方向和发展道路。"③意识形态需要用话语体系进行表达和反映。从这个层面上说,新时代马克思主义意识形态话语体系构建是维护意识形态安全的组成部分,而意识形态安全是国家文化安全的重要组成部分,所以说新时代马克思主义意识形态话语体系构建是维护国家文化安全的组成部分。

(一)马克思主义意识形态话语构建是国家文化安全的重要组成部分

文化安全是国家安全的重要组成部分,从属于国家非传统安全领域。主要指一国观念形态的文化生存及发展不受威胁的客观状态。文化安全对内消除和化解威胁文化的消极因素,以预防潜在的文化风险;对外抵御西方强势文化的

---

① 甘阳:《通三统》,生活·读书·新知三联书店2007年版,第22页。
② 同①,第17页。
③《习近平著作选读》(第二卷),人民出版社2023年版,第34页。

冲击，避免异质文化的渗透和侵蚀，更好地维护国家文化安全。习近平强调文化兴则国运兴，文化强则民族强。①国家文化安全是建设社会主义文化强国和展现中华文明强大生命力的前提基础，有学者指出，文化安全不是静止的，而是随历史动态演变呈现不同的历史内涵，当前时代背景下主要内涵包括国家拥有的文化主权不受侵犯，民族文化的主体地位不致失落，意识形态的主导地位不受威胁。②意识形态是规定一个国家合法性及合理化存在的全部文化基础及依据，思想文化和价值理念需要用话语体系呈现出来，由此可以推出马克思主义意识形态话语是国家文化安全的重要组成部分，如果不重视马克思主义意识形态话语体系构建，则会直接影响国家文化安全。

立足中华民族伟大复兴战略全局和世界百年未有之大变局，世界范围内思想文化相互激荡，中国作为社会主义国家，在意识形态方面和西方国家存在根本差异甚或对立。因此，西方国家利用文化侵略意图破坏我们的理想信念，以消解中华民族的精神凝聚力，摧毁社会主义制度。一方面，冷战结束并没有终结资本主义和社会主义在意识形态领域的对峙，中西方的意识形态和社会制度有根本差异，要以马克思主义意识形态理念为指导建设社会主义先进文化，以抵御抗衡西方社会的以"自由民主"为核心的虚假意识形态话语，没有一个富有竞争性的话语体系，也不可能赢得国际话语权。另一方面，全面深化改革的社会转型时期，由于利益格局调整及分化影响了人们的思想、意识和价值观，社会成员间出现的政治、文化上的分化及冲突，这些矛盾最终都反映在社会意识中，出现了各种思想流派及学说观点，表现为社会意识形态冲突，因此要保持重建社会的凝聚力，就需要一个占主导地位的意识形态及价值观统领思想文化体系，以马克思主义意识形态话语为主导，加强中国特色社会主义文化建设，对于提升民族凝聚力和创造力，确保文化安全意义重大。新时代马克思主义意识形态话语体系构建有助于维护国家意识形态、思想文化和民族信仰，更好维

---

① 中共中央宣传部编：《习近平文化思想学习纲要》，学习出版社、人民出版社2024年版，第12页。
② 张小平：《当前中国文化安全问题研究》，社会科学文献出版社2012年版，第32页。

护国家文化安全,也对实现中国特色社会主义文化的大发展大繁荣具有重要意义。

(二)马克思主义意识形态话语构建有助于消解文化霸权

文化霸权概念最早由意大利马克思主义思想家葛兰西提出,是指"智识与道德的领导权"①,是指执政党通过自身文化号召力、感染力、同化力和感召力赢得人民的支持和同意,最终获取政权的合法性,霸权国使自己的意识形态代替其他国家的意识形态,最终成为他国的价值观,以此达到认同霸权国的目的。在国际话语权方面,西方一些国家借助经济和技术等优势,将自己的价值观念说成"普世价值",通过文化软实力潜移默化地制约和影响其他国家的事务,对中国等发展中国家进行文化渗透及扩张,试图影响并改变意识形态、价值观念和社会制度,以实现世界霸权为目的,德国总统特奥多尔·豪伊斯就曾说过:"政治无法造就文化,而文化或可成就政治。"②西方资本主义国家,尤其是美国的政客、学者和垄断资本家们,一直是发动意识形态渗透和文化侵略的行家,例如,美国前新闻署署长谢克斯皮尔就指出要在冷战中赢得胜利,除了武器及金钱,还需要思想输出。③美国前总统尼克松更是在《1999年:不战而胜》一书中指出美国应该永远是意识形态的灯塔,2002年美国前总统布什在《美国国家安全战略》一书中更是强调将积极致力于把民主、发展、自由贸易和自由市场的希望带到世界每一个角落。④从上述经典性语言中,可以看出西方国家意识形态扩张的信心、野心和决心,20世纪80年代末90年代初,他们因不战而胜赢得了冷战,受到巨大的鼓舞,时刻梦想着再一次不战而胜。苏东剧变后,在世界性资本主义化逆流中,中国社会主义发展做到了"三个坚持"⑤,

---

① [意]葛兰西:《狱中札记》,曹雷雨、姜丽、张跣译,中国社会科学出版社2000年版,第38页。

② 鲍超侠:《德国的对外文化政策》,载于《德国研究》1998年第2期,第39—45页。

③ 李智:《文化外交——一种传播学的解读》,北京大学出版社2005年版,第83页。

④ [美]布热津斯基:《大失控与大混乱》,潘嘉玢、刘瑞祥译,中国社会科学出版社1995年版,第128页。

⑤ 三个坚持:第一个坚持是马克思主义意识形态的主导,第二个坚持是中国共产党的领导,

这就决定了在社会制度、文化价值和国家利益诸多方面与资本主义国家存在明显分歧。中国共产党十分注重马克思主义意识形态话语权即文化领导权建设，毛泽东就曾提出要为中国的文化革命而斗争，中国特色社会主义进入新时代，文化环境及文化氛围表现为多种文化相互交织、冲撞和融合。先进文化和落后文化并存、主流文化和非主流文化交锋、精英文化和大众文化冲突表现明显，因此新时代马克思主义意识形态话语构建有利于坚定文化自信，抵御腐朽文化的冲击干扰，增强中国共产党的文化领导权，更好维护国家文化安全。话语体系建设必须立足中国实践、解决中国问题、总结中国经验，话语体系必须具有中国特色、时代特征、民族特点和世界胸怀，要克服文化霸权的消极影响，不能简单机械照搬套用西方学术概念及话语解释中国道路和分析中国问题，只有如此才能更好消解霸权话语的影响，增强党的文化领导权，否则讲得再好的非西方故事也只能被边缘化。因此，我们要用马克思主义意识形态话语解构西方意识形态话语，揭露西方文化霸权和信息霸权的缺陷和危害，解读中国化马克思主义为什么行，维护国家意识形态和文化安全。

（三）马克思主义意识形态话语构建增强了主流意识形态话语权

国家文化安全本质上即意识形态安全，而意识形态和意识形态话语耦合密切。如果马克思主义意识形态话语权失守，就会危及国家文化安全。马克思主义意识形态话语是对资本主义意识形态话语的批判和超越，揭示了人类社会发展的普遍规律，提出了资本主义必然灭亡和社会主义必然胜利的科学论断。百年伟大征程实践证明了马克思主义意识形态话语的科学性和真理性，然而当下理论和实践中，仍有一些人对马克思主义产生了质疑，马克思主义在有些地方逐渐被边缘化，出现了"失踪""失语"和"失声"现象，因此必须高度重视马克思主义意识形态话语构建研究，只有如此"老祖宗"才不会丢。有学者指出意识形态不仅是国家文化安全的核心体现，更是反对帝国主义和平演变的主战场。[1]对外可以更好抵御西方国家思想文化渗透，提高对颜色革命及和平演

---

[1] 孙宁：《中国共产党国家文化安全战略》，中国社会科学出版社2016年版，第32页。

变的警惕;对内可以筑牢意识形态阵地,维护国家文化安全。马克思主义意识形态话语本质上是思想文化和价值理念,要充分发挥马克思主义意识形态话语功能,就要注重话语的日常化、生活化,利用容易被大众接受的语言符号指导中国特色社会主义现代化实践。只有如此,马克思主义意识形态话语权的阐释力、说服力、感染力和引导力才能更好地得到彰显,从而更好地维护国家文化安全。

第二章 新时代马克思主义意识形态话语体系构建基础及历史进程

话语不能凭空产生，新话语是对旧话语的发展和完善。马克思主义经典作家意识形态话语是新时代马克思主义意识形态话语体系构建的理论基础；中国共产党将马克思主义意识形态话语和中国革命、建设及改革相结合，形成了具有民族特色及时代特色的中国化马克思主义意识形态话语体系，是新时代马克思主义意识形态话语体系构建的历史进程。话语体系是形式，意识形态是内容，形式反映内容，意识形态话语体系是意识形态内容的体现，新时代马克思主义意识形态话语体系构建直接关系到国家文化安全，是国家合理性及正当性的依据。在国家话语权方面，西强我弱局面仍没有得到明显改变，这就不利于介绍及传播中国的思想文化及价值体系。国家话语权是国家文化软实力的体现，关系到国家文化安全。

第一节 新时代马克思主义意识形态话语体系构建的理论基础

意识形态是一个多义、复杂而又不断变化的概念，因此其表现形式的话语也复杂和多变。以马克思、恩格斯和列宁为代表的马克思主义经典作家意识形态话语为新时代马克思主义意识形态话语构建提供了理论基础。中国化马克思主义意识形态话语体系构建经历了一个长期的历史发展过程，对意识形态话语从否定态度转变为肯定态度，从批判资产阶级意识形态话语转变为构建无产阶级意识形态话语。其话语体系蕴含着丰富深刻的文化安全观，批判了资产阶级意识形态的虚假性，指出意识形态鲜明的阶级性特征以及对于维护国家文化领导权的重要性，立足社会现实生活以唯物史观作为文化安全的根基，立足人民立场构建了无产阶级话语，同时指出无产阶级维护文化安全首先要确保其在意识形态中的领导地位。

一、马克思恩格斯意识形态话语论述

马克思恩格斯意识形态话语是对德国古典哲学的批判继承，并在立足社会实践的基础上形成的，恩格斯论"术语的革命"即指对现实内容及具体概念的"话语体系"创新。①任何术语都离不开这一术语基础的理论体系，任何术语都内在地蕴含着有限的或特有的理论体系。因此，"术语的革命"可以说是理论体系的创新性变革，体现为话语体系的构建。术语或话语的历史发源地即是社会现实生活。19世纪上半叶，经济危机爆发导致资本主义的固有矛盾充分暴露出来，资产阶级和无产阶级的矛盾成为当时社会的主要矛盾，面对新的历史课题和时代问题，现有的资产阶级理论陷入"无知"当中，这就迫切要求创造新的理论。一方面，马克思恩格斯在吸收黑格尔关于市民社会决定法的关系的思想、异化理论、辩证法和异化的概念等合理性因素的同时，对他颠倒现实关系的唯心主义也着重进行了批判。在黑格尔看来，政治运动就是理念自身运动或者是理念的自我展开，针对这一观点，马克思反驳："观念反而成了主体；各种差别及各种差别的现实性被设定为观念的发展，观念的产物，其实恰好相反，观念应当从现实的差别中产生。"②另一方面，马克思恩格斯在继承费尔巴哈唯物主义思想的同时又超越了他的思想，恩格斯指出："全部社会生活在本质上是实践的。"③同时，马克思和恩格斯在参加社会实践基础上认识到广大劳动人民的巨大力量和统治阶级思想的虚伪性，逐渐从唯心主义和革命民主主义转向了唯物主义和共产主义，世界观和阶级立场也发生了重大转变。马克思恩格斯意识形

---

① 《马克思恩格斯文集》（第五卷），人民出版社2009年版，第32页。
② 《马克思恩格斯全集》（第三卷），人民出版社2002年版，第15页。
③ 恩格斯：《路德维希·费尔巴哈和德国古典哲学的终结》，人民出版社2014年版，第62页。

态的形成和发展主要有四个阶段。一是 1844 年之前的准备阶段。马克思恩格斯已经认识到社会存在的现实生活决定社会意识这一唯物史观原理，以及意识形态的虚伪性和虚假性特点，代表作有《〈黑格尔法哲学批判〉导言》《英国工人阶级的状况》《论犹太人问题》和《1844 年经济学哲学手稿》。二是 1845—1856 年的形成阶段。马克思恩格斯指出："思想、观念、意识的产生最初是直接与人们的物质活动，与人们的物质交往，与现实生活的语言交织在一起的。"[1]这就强调了物质决定意识的意识形态观。人们对周围环境和自然界的认识即意识，随着实践发展，意识不再仅仅是被动的动物式的唯物意识，而是主动发展的唯心意识（神学、纯粹理论、宗教等），并强调语言是意识形态的物质载体，代表作有《神圣家族》《德意志意识形态》和《共产党宣言》。三是 1857—1870 年的深化阶段。马克思恩格斯系统研究和批判了以商品拜物教为核心的资产阶级意识形态，资本主义社会关系的本质就是资产阶级对工人赤裸裸的压榨和剥削，意识形态具有阶级性，代表统治阶级的利益为统治阶级进行辩护。只有实现生产力和生产关系的高度发展，才能形成科学意识形态，科学意识形态意味着真正自由的劳动、自由的精神生产和最高的精神生产，代表作有《1857—1858 年经济学手稿》《政治经济学批判》和《资本论》（第一卷）。四是 1871—1895 年的完善阶段。马克思恩格斯以继承性、选择性、经济发展的不平衡为切入点来论证意识形态的相对独立性，是审慎选择和合理扬弃的结果，先行性或者滞后性反映了意识形态和经济发展的不平衡性，代表作有《哥达纲领批判》《反杜林论》和《路德维希·费尔巴哈和德国古典哲学的终结》。马克思恩格斯意识形态话语体系的核心内容主要体现在以下三方面。

（一）批判意识形态虚假性的同时指出其阶级性

马克思恩格斯是在批判中实现对意识形态话语的构建，话语批判对象包括德意志意识形态在内的以往一切唯心主义，其具有虚假性和欺骗性特点。一方面，指出旧的意识形态是建立在唯心主义认识论基础之上，19 世纪初期的德意

---

[1]《马克思恩格斯选集》（第一卷），人民出版社 2012 年版，第 151 页。

志意识形态是虚假的意识形态，是以虚幻的方式认识世界和说明世界。虚假性或虚幻性在于把人们的现实社会关系归结为意识的产物而没有进行分析和批判，并且将意识形态赋予独立的外观，这种思想体系以"精神倒置"掩盖事实的真相，例如，黑格尔就把家庭、市民社会以及国家看作是理念自身运动的结果，事实被看作是神秘主义的结果，现实和观念的关系被唯心主义哲学家们解释为："现实世界是观念世界的产物。"①马克思恩格斯批判唯心史观的意识形态话语是从幻想的观念出发，并非从现实的实践观念出发，因此是错误的意识和空想，它颠倒了存在和认识、生活和观念的关系。在《德意志意识形态》中指出，德国唯心主义者把思想和概念认为是决定性的，是用以揭示物质世界的秘密。在《神圣家族》中继而指出，历史的发源地不"在天上的云雾中"而在"尘世的粗糙的物质生产中"，"虚假的"意识形态成了现实关系的最严重的遮蔽物，因此应"通过变'批判'本身为某种超经验的力量的办法使自己得以确立"②，从客观实际出发阐明意识与社会现实的真正关系。另一方面，人的认知水平总是受当时社会历史条件的制约，因此思想上层建筑即意识形态或观念本身就具有相对的独立性，某些特定阶级或阶层为了维护本集团的利益就把某种特殊利益说成普遍利益，将特殊性说成普遍性、暂时性说成永恒性，目的在于为自己的经济利益服务。正如马克思恩格斯指出："每一个力图取得统治的阶级，即使它的统治要求消灭整个旧的社会形式和一切统治，就像无产阶级那样，都必须首先夺取政权，以便把自己的利益又说成是普遍的利益，而这是它在初期不得不如此做的。"③这段话体现了意识形态的内容和形式是既对立又统一的，意识形态在内容上反映的是某些阶级或集团的利益，是个性和特殊性；在形式上却表达的是共同利益，是共性和普遍性。虚假的意识形态扭曲了客观现实在人们头脑中的反映，是资产阶级用形式上虚幻的利益普遍性掩盖其实质内容的利益特殊性，是掩盖现实和自己利益的工具，具有明显的颠覆性，这归根结底反映了

---

① 马克思、恩格斯：《〈德意志意识形态〉节选本》，人民出版社2003年版，第4页。
② 《马克思恩格斯文集》（第一卷），人民出版社2019年版，第253页。
③ 同②，第536页。

资产阶级的软弱性。马克思用幻想、观念、教条和臆想等词阐释虚假的意识形态,就证明了它对现实的颠覆和掩盖。虚假意识形态存在的积极意义在于为我们探索真实社会提供了新视角,对虚假观念批判在某种意义上就体现着对现实社会批判,通过批判认识真理,通过否定到肯定的循环发展过程。

阶级性是马克思恩格斯意识形态话语的鲜明特征。意识形态是阶级斗争的工具,阶级以集团形式存在,如工人阶级和农民阶级,这就说明意识形态不是个人的思想观点和价值理念,而是某个群体(阶级、社会集团)的思想体系和价值观念,它自觉和全面地反映当时社会经济形态和政治制度关系,目的在于为该阶级或社会集团服务,只有在整体上论证该阶级即社会集团的利益和愿望的正当性、合法性,该意识形态才能取得该阶级成员的广泛认同及支持。马克思指出:"统治阶级的思想在每一个时代都是占统治地位的思想"[1],"占统治地位的思想"的存在目的就是为特定的阶级、社会集团服务,这样一来,社会阶级性要通过意识形态阶级性表现出来,"一切以往的道德归根到底都是当时的社会经济状况的产物"[2]。意识形态本质上是占统治地位的物质关系(社会存在)在思想观念(社会意识)上的体现,在阶级社会没有超阶级的意识形态。除此,意识形态还具有能动的反作用,它的产生、发展、变化会对现实的社会生活和社会生活中的个人产生直接作用和影响。这时作为"占统治地位的思想"的意识形态,不仅为统治阶级的统治提供了合理合法论证,还更好地巩固了统治阶级的统治。合理合法性是统治阶级取得长久统治的前提,统治阶级宣称自己的使命是为全体人民谋福利,把代表自己的利益说成全社会的共同利益,通过欺骗广大人民群众,使被统治阶级在共同利益的诱惑下,心甘情愿地接受统治阶级的指挥,为的是早日过上幸福生活。同时,意识形态也为维护统治阶级内部的"团结"提供了精神家园,统治阶级内部的成员基于根本的利益放弃彼此之间的斗争,这样有利于统治阶级把更多的时间和精力放在阶级统治上维护其统治,这样统治阶级就可以利用所掌握的国家机关,向被统治阶级灌输意识

---

[1]《马克思恩格斯选集》(第一卷),人民出版社2012年版,第178页。
[2]《马克思恩格斯选集》(第三卷),人民出版社2012年版,第471页。

形态。人们由于时刻都受到意识形态的影响和教化,最终也会形成和统治阶级的意识形态(主流意识形态)相一致的思想,此时统治阶级借助意识形态对人们进行精神控制的目的就已实现。

(二)立足社会现实生活以实践为核心概念

依据思维和存在的关系原理透视话语的生成本质,话语生成的逻辑起点就是社会的现实物质生活,"人们的想象、思维、精神交往在这里还是人们物质形成的直接产物"①。马克思从中立视角描述了社会意识形式(上层建筑),将上层建筑分为以具体的物质形态存在的政治上层建筑(军队、法庭、监狱、警察、政党等)和以观念形式存在的观念上层建筑。从社会的构成要素来看观念上层建筑,主要包括政治法律思想、道德、哲学、宗教以及其他社会意识形式,是现实社会生活在人们头脑中的反映。同时,马克思指出作为观念上层建筑的意识形态脱离社会经济基础就不再存在,并随生产力和生产关系发展的波动而波动。当然,意识形态和社会现实生活相互作用,社会现实生活决定意识形态,意识形态能动地反作用于整个社会现实生活,同时对社会经济关系具有反作用。

马克思立足社会现实生活,论证了历史的真正"发源地"是社会存在(物质生产),而非唯心的意识形态(自我意识)。用这个观点更深入地透视资本主义生产关系的本质,资本和雇佣的关系不是想象中的"幻影",而是劳动的"自我异化"的产物,只有把人放在实践存在物的位置,才能将物质的客观性和精神的能动性更好结合,实现唯物主义和辩证法相结合。马克思在《关于费尔巴哈的提纲》中揭示了造成唯物主义和唯心主义的根源就在于不讲实践,并对实践概念作了科学概括即感性的、现实的、作用于外部世界的物质活动,既是以外部世界为对象的现实活动也是实现人的目的的活动,通过实践活动使客观存在转化为理想的存在。马克思以实践为出发点看待自然、社会及思维的本质,提出了只有实践能够证明思维的真理性,能将思维转化为现实;同时指出实践是

---

① 《马克思恩格斯选集》(第一卷),人民出版社 2012 年版,第 151 页。

人和社会生活的本质,以实践将环境和人的意见相统一,并强调"环境的改变和人的活动或自我改变的一致,只能被看作是并合理地理解为革命的实践"①。人的本质就是人的社会关系,实践是全部社会生活的本质;马克思主义意识形态话语的立脚点和使命即通过实践改造世界,旨在消除异化的人类社会,进而消除在社会中的异化的人,这正印证了"哲学家们只是用不同的方式解释世界,而问题在于改变世界"②。马克思以实践为核心概念构建的实践唯物主义,彻底超越了旧唯物主义和唯心主义,是辩证唯物主义和历史唯物主义内容的展开,是对意识形态进行批判及自我批判相统一的过程,通过清算各种资产阶级的意识形态,在对错误理论的批判过程中不断发展创新,通过对虚假的意识形态进行批判,提出异化劳动、实践等核心概念,论证了传统哲学的缺陷和不足,立足于社会现实生活和物质生活本身,用实践解释意识形态,这是意识形态合理性存在的基础和前提。

(三)立足人民立场构建无产阶级话语理论

人民立场是无产阶级政党的根本政治立场,也是马克思主义意识形态话语的重要标识。人民群众是历史的创造者,马克思指出人是历史的客体和主体的统一,他曾把在历史中进行活动的人称为"剧中人和剧作者",满足"需要"基础上产生的利益关系是人们历史活动选择的依据。历史发展总的趋势有一条内在的主轴,即占主体地位的人民群众的动机,历史规律的客观性存在于人民群众对利益的追求和实现过程中。马克思恩格斯自始至终坚持社会基本矛盾是历史发展的动力这一唯物史观的硬核,在批判西欧资本主义的矛盾同时总结欧洲工人运动的经验,揭露了资本主义必然灭亡的历史根据,指出社会的生产和资本主义占有的不相容性是产生资本主义社会一切矛盾的基本矛盾。这一矛盾冲突导致周期性的经济危机,当旧的生产关系不再适应生产力的发展时,就会必然被新的生产关系取代,这种取代只能通过社会革命实现,而这种对旧世界

---

① 《马克思恩格斯选集》(第一卷),人民出版社2012年版,第134页。
② 同①,第140页。

的实践批判则需要经过无产阶级革命和无产阶级专政来实现,无产阶级和资产阶级的对立及其根本利益的冲突最终表现在政治斗争上,通过政治斗争无产阶级上升为统治阶级争得民主,就像马克思恩格斯所说的那样:"无产阶级的运动是绝大多数人的、为绝大多数人谋利益的独立的运动。"①这就表明了无产阶级革命运动和无产阶级专政的人民立场,人民群众是历史的主体,无产阶级作为社会化大生产中先进生产力的代表,要诉诸"武器的批判"实现人类的解放。马克思创立的科学社会主义理论始终坚持人民立场,劳动产生了剩余价值,而人民群众是劳动主体,这就肯定了人民群众的历史作用,正所谓批判的批判没有任何创造,创造一切的是工人和人民,人民安全才有国家安全。

马克思主义意识形态话语通过对资产阶级统治的社会根源和制度基础的批判,明晰了资产阶级的资本逻辑,构建了无产阶级意识形态话语,得出"两个必然"(资本主义必然灭亡和社会主义必然胜利)的论断。他以深刻的洞察力剖析了资产阶级对工人的残酷剥削和无情压迫,工人的劳动是异化劳动,从理论上看劳动创造财富,但从实践结果看劳动却不曾掌握财富,异化劳动表现在劳动对象的异化、劳动行为的异化、人的类本质的异化、人和人相异化,最终工人沦为资本和机器的附庸。由此马克思指出资本主义社会的私有制以逐利为目的,包括家庭关系在内的一切社会关系是纯粹的金钱关系,资本主义社会追求的价值实质是资本扩张,人和人在资本主义生产关系上是赤裸裸的利害关系和冷酷无情的"现金交易"②;而社会主义以公有制为基础,追求的是以人民为中心的价值导向,以实现全人类解放和共产主义为奋斗目标,以马克思主义为指导的无产阶级意识形态话语具有强大的生命力、感召力及凝聚力,为全世界无产者赢取话语权提供了理论基础,引导无产阶级不断走向胜利,只有广大无产阶级不再被资产阶级压迫和欺骗,才能实现人类的解放和自由。

马克思恩格斯意识形态话语是基于一定的时代背景和客观实际建构起来的历史唯物主义和辩证唯物主义,实现了人类意识形态认识史上的革命。马克思

---

① 《马克思恩格斯选集》(第一卷),人民出版社2012年版,第411页。
② 同①,第403页。

恩格斯的意识形态话语揭示了人类社会发展的基本规律，同时指明了社会发展的方向。意识形态话语具有的批判性、创新性要求新时代马克思主义意识形态话语必须立足实践、增强生命力，理论的生命力在于观照现实和解答问题，马克思主义不是教义，只有把马克思主义和中国国情、实际相结合，才能总结新经验创造新理论，"'思想'一旦离开'利益'，就一定会使自己出丑"①。人民利益是马克思意识形态话语的"精神武器"，同时"我们的理论是发展着的理论，而不是必须背得烂熟并机械地加以重复的教条"②。要大力弘扬时代的主旋律，主动适应时代变化、积极应对时代挑战，创新和发展新时代马克思主义意识形态话语体系，彰显其巨大的凝聚力和创造力。

二、列宁意识形态话语论述

列宁在领导俄国社会主义革命、建设和实践过程中把马克思主义和俄国实际相结合，并坚持同各种伪马克思主义和反马克思主义进行理论交锋，最终构建了列宁意识形态话语，体现了俄国社会主义文化的发展。19世纪末20世纪初，资本主义自由竞争进入垄断阶段，社会化大生产和生产资料的资本主义私人占有制的矛盾日益凸显，无产阶级迅速发展并形成一支独立的政治力量，无产阶级意识形态话语产生萌芽。列宁意识形态话语是在他本人深入工人群体、建立斗争协会以及新型政党开展的革命实践活动中形成的，作为兼具批判性和建设性的话语，其具有反对资本主义、反对修正主义和反对历史文化主义思潮的特性。列宁意识形态话语发展主要经历了三个阶段：一是1888—1902年的初创阶段。这一时期意识形态话语仍处于"碎片化"的阶段，尚未形成系统化的思想体系，他通过《非批判的批判》等代表性著作批判了民粹主义、合法马克思主义以及第二国际修正主义等错误思想，捍卫了马克思主义的纯洁性。之后，他又相继完成了《怎么办？》《俄国资本主义的发展》《无政府主义和社会

---

① 《马克思恩格斯文集》（第一卷），人民出版社2009年版，第286页。
② 《马克思恩格斯选集》（第四卷），人民出版社2012年版，第588页。

主义》以及《我们的纲领》等著作,论述了社会存在决定社会意识,经济基础决定上层建筑的唯物史观原理和科学意识形态的灌输原理。二是1903—1916年的确立阶段。形成了系统化和自主性的马克思主义理论,提出了一国胜利论、科学的意识形态、哲学的党性,强调了无产阶级意识形态和资产阶级意识形态的斗争性和对立性,为迎接社会主义革命的到来提供了理论基础。三是1917—1924年的完善拓展阶段。十月革命的胜利为马克思主义意识形态话语的发展开创了新的实践空间,社会主义意识形态话语的诞生,为俄国无产阶级革命提供了理论指南和指导方针,立足于自然科学及资本主义新变化的客观现实,是对当时社会实践以及各种社会思潮的回应,强调意识形态的党性,强调通过"灌输"引导工人阶级掌握马克思主义,提高阶级觉悟,揭示了文化安全的政治意蕴,维护无产阶级文化安全,为俄国革命和社会主义建设提供了话语主导权。

(一)提出了科学的意识形态新概念

从上面论述中我们得知,马克思恩格斯主要从否定性和描述性两个方面解读意识形态。一方面,对意识形态进行了否定,指出是虚假的观念,是对客观现实颠倒和歪曲的反映,目的是批判剥削阶级尤其是资产阶级意识形态;另一方面,马克思从中立性视角描述社会意识形式,指出意识形态不能离开社会存在(社会经济关系)而独立存在。同时,强调意识形态和科学之间有一条对立鸿沟,他将自己创立的科学社会主义称为(历史)科学而非意识形态。之后,普列汉诺夫提出了意识形态的上层建筑,他指出科学、政治、法律、宗教和艺术都是意识形态的表现形式,至此,"科学"和"意识形态"之间的隔阂被消除,列宁认可普列汉诺夫的观点,他探讨了意识形态在社会结构中的地位和起源,将社会存在排在第一位,社会意识排在第二位,社会存在可以离开社会意识,与此相反则不行。"思想的社会关系不过是物质的社会关系的上层建筑"[1],首创的"科学的意识形态"将科学和意识形态相统一,旨在防止修正主义将马

---

[1]《列宁全集》(第一卷),人民出版社2013年版,第161页。

克思主义和科学相对立，修正主义代表人伯恩施坦就提出："没有一种主义是科学。我们用主义所表达的是观点、倾向以及思想或要求的体系，但不是科学。"①列宁对此进行了反驳："任何科学的思想体系（例如不同于宗教的思想体系）都和客观真理、绝对自然相符合"②，进而用肯定性态度指出马克思主义是"科学的意识形态"。其具备两个特点：一是思想体系和价值观念符合自然界、人类社会和思维的发展规律；二是意识形态必须随客观现实与时俱进，这就意味着意识形态概念从马克思时期的否定走向了肯定，实现了科学和意识形态的辩证统一。关于如何进一步实现话语的大众化，列宁指出要"渗透到群众的意识中去，渗透到他们的习惯中去，渗透到他们的生活常规中去"③，渗透必须"用简单、明了、群众易懂的语言讲话"④，"最高限度的马克思主义"就等于"最高限度地通俗化"⑤，这样意识形态话语才会被群众接受和认可，有了话语认同和话语自觉才会有行动自觉，同时他强调要通过优化话语表达进一步增强话语的吸引力。

（二）划分了两种类型的意识形态，强调意识形态的党性

从上面的论述我们得知，列宁所讲的意识形态是政治的、法律的、科学的、宗教的或哲学的等各种形式的集合体，不同阶级和集团有不同的学说，因此政治领域有党性斗争，它表现了现代社会中敌对阶级的思想观念，并把这一概念引入意识形态，列宁指出："非党性是资产阶级思想。党性是社会主义思想。"⑥哲学的党性不仅包括学术上的流派性即对哲学基本问题的不同回答，也包括哲学的阶级性。哲学作为一种意识形态不可避免地具有阶级倾向性，在阶级社会里反映的是阶级情感意志和阶级根本利益，意识形态作为一个历史性的概念，

---

① 《伯恩施坦文选》，人民出版社 2008 年版，第 396 页。
② 《列宁选集》（第二卷），人民出版社 1995 年版，第 96 页。
③ 《列宁全集》（第三十九卷），人民出版社 1986 年版，第 100 页。
④ 《列宁全集》（第十四卷），人民出版社 2017 年版，第 89 页。
⑤ 《列宁全集》（第三十六卷），人民出版社 1959 年版，第 468 页。
⑥ 《列宁选集》（第一卷），人民出版社 1995 年版，第 676 页。

是不同阶级维护其阶级利益的理论自觉及思想体系，阶级性是其本质特征，意识形态不能离开阶级性而存在，要么是社会主义意识形态，要么是资本主义意识形态，"要么是资产阶级的意识形态，要么是无产阶级的意识形态，不存在任何'第三种'意识形态"①。阶级不同，意识形态就不同，意识形态在资产阶级那里是维护自己统治地位的谎言，在无产阶级那里是关于无产阶级解放的学说，代表了社会绝大多数成员的根本利益。意识形态的社会现实意义就是对无产阶级和资产阶级斗争状况的反映，无产阶级和资产阶级相对立，必然产生阶级冲突，两种意识形态之间也必然存在较量，因此列宁强调要重视意识形态在革命的阶级斗争中的重要性，要坚决批判和勇于同资产阶级意识形态进行较量和斗争。他在《马克思主义和修正主义》一文中揭示了马克思主义学说的发展规律，"在其生命的旅程中每走一步都得经过战斗"②，要"坚决地同一切资产阶级思想体系斗争，不管它披着怎样时髦而华丽的外衣"③。只有在同各种反动腐朽落后的思想体系斗争过程中才能赢得话语权，否则对社会主义意识形态的任何轻视只能导致资本主义意识形态更加巩固，要积极继承和借鉴人类社会的一切优秀文明成果，要批判地继承和学习吸收资本主义创造的文明成果，从而增强社会主义意识形态的科学性。

（三）指出要通过灌输理论实现意识形态话语权

灌输理论在列宁意识形态话语中具有重要的地位，列宁的《怎么办？》详细对这一概念进行了论证。首先，列宁指出革命理论（科学意识形态）是无产阶级进行暴力革命的前提，革命理论不会自动生成，要由一部分有教养、有知识、有水平、有能力的人（工人阶级政党）首先创造出来，再通过灌输方法渗透给工人阶级。工人阶级由于自身的局限性，只能依靠自身力量形成工联主义意识，灌输理论能够抵御和战胜错误思想，由于资产阶级思想体系的根深蒂固，

---

① 列宁：《怎么办？》，人民出版社2018年版，第41页。
② 《列宁选集》（第一卷），人民出版社1995年版，第1页。
③ 《列宁全集》（第三十九卷），人民出版社1986年版，第251页。

因此只有依靠灌输理论才能使社会主义意识形态深入人心。由哪些人来完成灌输的任务呢？列宁认为应该是马克思主义的理论家、思想家和宣传员，这些人应该有忠诚务实、坚强不屈以及勇于牺牲的精神，应该有教养和理性，知识、水平、能力和素质比较高。灌输的客体第一应是工人群众，通过灌输理论，工人阶级由自在阶级转为自由阶级，才能担负起解放自己以及全人类的历史使命；第二是农民阶级，由于农村物质基础的落后，农民阶级的灌输更为艰巨且长期，同时要对知识分子进行灌输，通过知识分子的实践途径承认共产主义。其次，灌输的话语内容应是马克思主义。因为马克思主义是关于人的学说，是关于无产阶级解放的学说，可以为工人阶级革命斗争提供理论指南，同时马克思主义的科学性和开放性，保证了马克思主义话语的与时俱进和创新性，通过对先进话语的灌输可以让无产阶级产生政治自觉，自觉抵制资本主义的腐朽意识形态，对马克思主义基本观点、基本方法的运用达到日用而不觉，由自在阶级变为自为阶级，否则马克思主义就是呆板僵死的，没有任何的现实意义。再次，灌输的方式方法科学正确，才会有事半功倍的效果。应通过实践检验灌输理论的科学性，寓教育于实践，提倡从群众中来到群众中去的群众史观，"为了向工人灌输政治知识，社会民主党人应当到居民的一切阶级中去，应当派出自己的队伍分赴各个方面"①，要将马克思主义变成群众的习惯和生活常规，将一切拥护社会主义的人团结起来，为社会主义革命奠定基础，同时应利用报纸、图书馆、刊物和学校等传播媒体灌输马克思主义话语，这样才能确保人民群众的意识形态安全。

列宁意识形态话语在俄国的成功实践，使中国共产党开始真正接受马克思主义，虽然其话语的民族性特征明显，但也具有重要的世界历史意义和实践意义。例如，我们熟知的马克思列宁主义思想的精髓——解放思想、实事求是等，也是中国化马克思主义意识形态的话语精髓。列宁将意识形态作为思想的上层建筑来阐释，开辟了意识形态研究的新场域，正如葛兰西所说："创造了一个新

---

① 《列宁选集》（第二卷），人民出版社1995年版，第363页。

的意识形态领域。"①列宁从政治视角对意识形态的探索及发展,对于建构国家政权的合法性至关重要,苏维埃政权的产生就离不开社会主义意识形态,意识形态成为吸引群众和凝聚人心的精神力量。首先,列宁意识形态话语中的领导权理论,对于无产阶级巩固和维护政权,抑或在社会建设时期都发挥着重要的作用。无产阶级革命斗争要取得最终胜利,就必须摧毁资产阶级在意识形态上的领导权,同时确保科学社会主义意识形态领导权。中国共产党自成立以来就十分重视意识形态的领导权,例如,党只有掌握思想领导才能掌握一切②,意识形态工作是党的一项极端重要的工作③。党能否掌握意识形态的领导权,这关系到意识形态的科学性、先进性和群众性,关系到意识形态能否更好发挥凝聚、整合功能。其次,人民立场是列宁意识形态话语的根本政治立场,以广大人民群众的根本利益为出发点。列宁指出,意识形态如果不能想群众所想,急群众所急,不能和人民群众的实际生活相结合,就无法使群众信服,不能够在群众中扎根。这一点对中国共产党的意识形态工作有重要启示,中国共产党坚持以人民为中心,将意识形态和社会现实生活相结合,倾听民众的意见和声音,正视现实社会的基本矛盾和主要矛盾,意识形态工作只有做到权为民所用、情为民所系和利为民所谋,才会有最广泛、最牢固的群众基础及力量源泉。再次,列宁意识形态话语是同各种错误思想作斗争、对旧的意识形态无情批判的过程中发展起来的科学意识形态话语,在批判旧话语的同时创造了新话语。

第二节　新时代马克思主义意识形态话语体系构建的历史进程及经验

"话语是社会实践的产物,在随着社会经济结构的转型而演变的过程中,折

---

① [意]葛兰西:《狱中札记》,曹雷雨、姜丽、张跣译,中国社会科学出版社2000年版,第280页。
② 《毛泽东文集》(第二卷),人民出版社1993年版,第435页。
③ 《习近平总书记系列重要讲话读本》,人民出版社2016年版,第192页。

射出社会的发展形态及其变迁。"①中国共产党在革命、建设和改革的百年奋斗历程中始终坚持以人民为中心，将马克思主义基本原理和中国实际相结合，实现了马克思主义中国化的三次飞跃，不断推进马克思主义意识形态话语的创新，形成了具有中国风格和中国气派的意识形态话语体系，这套话语体系在不同历史阶段，依据不同时代课题和党的历史任务的实践需求有不同表现，但始终贯穿着为中国人民谋幸福、为中华民族谋复兴的初心使命这一主线。回顾历史，总结经验，才能更好地把握历史规律。同样，回顾新时代马克思主义意识形态话语体系构建的百年征程具有重要现实意义，对于实现马克思主义意识形态话语权，传播当代中国价值观念，应对意识形态领域的风险挑战，维护国家文化安全和坚定文化自信意义重大。

一、马克思主义中国化第一次飞跃中形成的意识形态话语

习近平在纪念马克思诞辰 200 周年大会上的讲话中强调马克思主义不仅深刻改变了世界，也深刻改变了中国。②"深刻"就在于马克思主义彻底改写了中华民族的近代史。1840 年鸦片战争后，国家蒙辱、人民蒙难、文明蒙尘，西方资本主义文化的大侵略和大传播，导致东西方文明冲突日趋激化，文化安全问题开始凸显，"文化安全作为生存与发展的国家安全形态第一次在世界近代史上的意义上成为中国的国家文化安全"③。中国社会沉沦与上升两种趋势的背后实际也是一条思想史的发展脉络，无数仁人志士开始了对救亡图存和民族复兴话语的探索和实践历程。传统儒学话语在社会从传统向近代的转型过程中面临难以化解的困局，不但不能像从前一样"以汉化夷"，反而被以文明自居的

---

① 肖贵清、田桥：《改革开放四十年中国特色社会主义话语体系的建构与演进》，载于《东岳论丛》2018 年第 9 期，第 5—13 页。
② 中共中央宣传部编：《习近平新时代中国特色社会主义思想学习问答》，人民出版社 2021 年版，第 293 页。
③ 胡惠林：《中国国家文化安全论》，上海人民出版社 2005 年版，第 35 页。

"夷人"视为愚昧和落后的象征,西方的天赋人权、民主宪政和自由平等观念不仅启蒙了国人的思想,也大大丰富了语言词汇,改变了语言本身的表达方式,这些都加重了民族文化的认同危机。自生型的改良话语,例如,中体西用和变法维新均遭到失败,中国又一次步入文化及政治的黑暗期,人们意识到缓进的改革不能解决中国问题,于是"革命"话语成为民众追求认同的主流话语,孙中山创立的"三民主义"一度成为中国革命的政治符号,辛亥革命标志着中国文化安全开始从传统到现代转型,也因此缔造了中国国家文化安全体制,但随着辛亥革命胜利果实被袁世凯篡夺,"政治上、社会上种种黑暗腐败比前清更甚,人民困苦日甚一日"[1]。十月革命一声炮响揭开了人类历史的新纪元,纯粹的外生型"苏式话语"被中国革命者所推崇,苏式话语确实使20世纪20年代的中国革命面貌发生了翻天覆地的变化,中共建党、国共合作、国民革命和苏维埃革命都是话语实践的组成部分,然而第五次反"围剿"的军事失利在深层次上也宣告了苏式话语的失败。党成立初期的主要任务是救亡图存,争取民族独立和人民解放,机械搬用苏式革命话语极易致使中国成为外国的附属品,如果不从中国实际出发进行调试,势必会因为"排异"而失败,历史进程最终也证明了这一点。如何创生一种适合中国实际的现代革命话语,建设什么样的革命话语能实现民族独立和人民自主,毛泽东实事求是地将马克思主义应用到中国的革命、建设实践中,实现了马克思主义意识形态话语中国化的第一次飞跃。

(一)谋求民族独立和人民解放的"革命"话语

中国共产党成立之时就将无产阶级革命学说作为最锐利的武器,明确了社会主义和共产主义的崇高目标,积极投身争取民族独立和人民解放的革命斗争中,"为实现中华民族伟大复兴创造根本社会条件"[2],从建党到中华人民共和国成立28周年久经磨难的历史实践中,党最终建构了以谋求民族独立和人民解放的"革命"话语为中心的马克思主义意识形态话语体系。

---

[1] 孙中山:《孙中山选集》(下),人民出版社2011年版,第601页。
[2]《党的十九届六中全会〈决议〉学习辅导百问》,学习出版社、党建读物出版社2021年版,第14页。

第二章 新时代马克思主义意识形态话语体系构建基础及历史进程

中国共产党使中国革命和中华民族的面貌焕然一新，社会主要矛盾使党认识到必须进行反帝、反封建斗争，也因此同时开启了马克思主义意识形态话语中国化的构建历程。中国共产党通过构建革命话语体现了政党的未来目标，将十月革命作为直接样本称为"世界革命的先声"[①]和"人类觉醒的新纪元"[②]，由此论证中国革命的正当性，阐明了革命的指导思想、依靠力量、党的领导和武装斗争方式等中国革命道路实践的关键理论。土地革命时期，面对土地革命和保卫苏区根据地的艰巨任务，党意识到必须以武装的革命反对武装的反革命，革命话语的"苏维埃"化及本土化进一步发展，在一些文件、口号中出现了如"彻底的民权主义革命""武装保卫苏联""没有贫农就没有革命""枪杆子里面出政权"等话语，强调要革命就要流血牺牲，革命实践表明中国共产党不能通过占领中心城市取得胜利，必须找到适合中国国情的革命道路。毛泽东通过对中国的社会政治、经济和阶级进行分析和考察后，提出了向农村进军的"农民革命"，认为中国革命离不开人数最多的农民群众，必须团结依靠农民群众，在井冈山建立了第一个农村革命根据地，党领导人民打土豪分田地，将武装斗争和群众运动相结合，正如毛泽东指出："中国革命离不开农民，武装斗争一定要与农民运动相结合，把农民武装起来。"[③]提出了"工农武装割据"的概念，实现了党、政权、军队和群众四者的有机互动，构建了"农村包围城市"和"武装夺取政权"话语的主体框架。这一话语和苏式话语相比较，实现了以下几方面的话语创新：突破了城市中心论的旧思维，改变了依靠工人暴动的军事斗争策略，是马克思主义意识形态话语的创新，第五次反"围剿"的失败宣告了苏式话语的终结，遵义会议上毛泽东的长篇发言作为政治局会议《决议》的基础框架标志着毛泽东话语权威的崛起。九一八事变后，随着中日民族矛盾上升建构了"民族抗战"的革命话语，抗日和民主话语并行，政治口号由之前的"抗

[①] 《中国共产党简史》，人民出版社2021年版，第6页。
[②] 《李大钊文集》（第二卷），人民出版社1999年版，第252页。
[③] 中共中央文献研究室编：《毛泽东年谱（1893—1949）》（上卷），人民出版社、中央文献出版社1993年版，第225页。

日反蒋"到"逼蒋抗日""拥蒋抗日",党提出了全心全意为人民服务的宗旨,提出"三三制"政权建设,指出新民主主义共和国是在无产阶级领导下的一切反帝反封建的人们联合专政的民主共和国等话语。解放战争时期,面对国民党反动派发动的全面内战,党坚持革命话语,提出了要"打倒蒋介石,解放全中国"的口号,建立一个新民主主义国家而非三权分立的西方民主国家。

这一时期,以毛泽东为代表的中国共产党人在革命实践中提出了新民主主义、三大法宝和群众路线等一系列新概念、新范畴,对什么是中国革命、中国革命的性质和任务、如何进行中国革命作了系统梳理和回答,形成了属于自己的意识形态话语。毛泽东在1939年、1940年先后发表了《〈共产党人〉发刊词》《新民主主义论》和《中国革命与中国共产党》等,以新民主主义革命话语为核心,创新和发展马克思主义意识形态话语体系。毛泽东将"半殖民地"和"半封建"用在一起说明了近代中国的社会性质,用"新民主主义"话语表示中国革命的性质及之后的社会形态,正确区分了新旧民主主义。同时在《新民主主义的政治与新民主主义的文化》一文中再次诠释了新民主主义一词:一是要追求一个"非资本主义的发展前途";二是革命的领导权,强调"共产党的地位和作用"。①用"群众路线"这一话语表达党的工作方法,指出要相信群众、为了群众和向群众学习,用"两步走"话语表达中国革命战略步骤,用"三大法宝"话语表达中国革命的具体策略。从马克思主义中国化到新民主主义革命,是对马克思主义意识形态话语体系的创新发展,孕育了井冈山精神、长征精神和延安精神等具有鲜明特点的革命话语。综上所述,我们可以肯定,中国共产党人在民族危难之际对于国家和民族发展的思考,已涉及国家文化安全问题,揭露了殖民话语,批判了旧话语,思考了新的革命话语,这些都是对国家文化健康发展的积极探索,精彩回答了中国革命的一系列问题,唤醒国人并指导革命取得了胜利,彻底结束了半殖民地半封建社会的历史。中国人民从此站起来,中国发展开启了新纪元。

---

① 杨奎松:《毛泽东为什么放弃新民主主义——关于俄国模式的影响问题》,载于《近代史研究》1997年第4期,第136—151页。

（二）立足社会建设和人民所有的"建设"话语

新中国成立后，中国共产党以为广大人民群众谋幸福为奋斗目标，开始领导人民进行社会主义革命和建设，为实现中华民族伟大复兴奠定了根本政治前提及制度基础。①中国共产党在领导经济建设的同时，也开始重视意识形态建设，"随着经济建设的高潮的到来，不可避免地将要出现一个文化建设的高潮"②。马克思主义不仅仅是中国革命的指导思想和无产阶级的政党意识，更是国家意识形态，中国社会主义发展道路走向何处？毛泽东立足中国国情，形成了以"建设"为主体的马克思主义意识形态话语，制定了一系列文化发展政策及方针，成功抵御了西方国家的和平演变，防范了国内外敌对势力对新中国思想文化领域的侵蚀及渗透。

新中国成立标志着我国从新民主主义时期开始过渡到社会主义革命时期，面对严峻的国内外形势，国内经济基础尚未建立，社会主义改造尚未完成，党需要从稳固国家政权和维护执政地位出发加强意识形态话语工作。毛泽东指出："一个崭新的社会制度要从旧制度的基地上建立起来，它就必须清除这个基地"③意识形态话语不仅引导规范着思想观念，而且通过批判及话语解构对非马克思主义、反马克思主义和敌对意识形态进行清除和压制，这关乎国家文化安全。1950年美国入侵朝鲜，党中央作出"抗美援朝、保家卫国"的决定，最终赢得战争胜利，捍卫了新中国安全。抗美援朝伟大精神巩固了马克思主义在意识形态话语权中的主导地位，增强了国家意识形态话语自信。为了打击资产阶级意识形态对人们的消极影响，1951年年底到1952年10月，党提出了"三反"和"五反"，以肃清封建遗毒。1956年到1966年间，党关于推进重工业、轻工业、农业、政党建设和民族建设等形成了《论十大关系》的重要文献，

---

① 《党的十九届六中全会〈决议〉学习辅导百问》，学习出版社、党建读物出版社2021年版，第19页。
② 《毛泽东文集》（第五卷），人民出版社1996年版，第345页。
③ 《毛泽东文集》（第六卷），人民出版社1999年版，第450页。

政治上提出党是领导一切的,坚持民主集中制,实现"又有集中又有民主,又有纪律又有自由"的政治局面,要用"团结—批评—团结"的方法正确处理人民内部矛盾,经济上要按照"统筹兼顾"方针和"两步走"发展战略,走出适合国情的工业化道路,外交上提出了"独立自主"和和平共处五项原则,文化建设上要"百花齐放和百家争鸣",这些建设性话语都是在当时社会经济文化比较落后的条件下形成的,促进了社会主义文化事业的发展和繁荣,为十年社会主义建设奠定了重要的精神基础。由于受革命思维及以阶级斗争为纲思想的影响,党对革命和建设的关系认识有少许偏差,导致了党的八大制定的正确路线没能很好坚持,最终反右斗争扩大化,发动的"文化大革命"严重威胁了国家文化安全,使新中国文化事业发展遭到了严重挫折。因此,我们要客观公正地看待社会主义革命及建设时期的话语理论,既要看到建设话语的内在合理性,也要看到激进式"革命"话语产生的消极影响,虽然它在一定程度上保证了国家文化发展的自主性及独立性,但并未能从根本上保证维系国家文化安全所必需的内在生命力。

马克思主义意识形态话语中国化的第一次历史性飞跃是对传统意识形态话语的创新及突破,能够有力解释世界,更好地改造世界,具有面向实践的价值旨归,是具有中国风格和中国气派的话语体系。首先,话语吸收融合了中国的民俗文化,具有浓郁的民族风格。马克思主义意识形态话语带有"新鲜活泼的、为中国老百姓所喜闻乐见的中国作风和中国气派"①的主张,将马克思主义和中国国情、党情与中国传统文化相融合,用老百姓熟知的方言和民俗进行表达,例如,动员群众为自己的利益而奋斗用的是"打土豪,分田地"和"工农武装割据"等口号,用"本本主义"指出党内一些同志把书本理论当作教条的"左"倾错误,用方言"知识里手"比喻缺乏实践锻炼却自以为是的人等。其次,话语具有强烈的百姓情怀,话语立场发生了根本变革。意识形态话语体系是真正为平民百姓所叙述的先例,话语主体、话语对象和话语的内容都发生了根本的变革,话语主体从以前的统治阶级转为平民大众,话语对象从帝国主义及封建

---

① 《毛泽东选集》(第三卷),人民出版社1991年版,第844页。

主义转变为普通民众,话语内容从安于现状转变为觉醒反抗,这些都体现了中国共产党为人民群众谋福利的人民立场,体现了意识形态话语的人民本位原则。再次,话语气势磅礴,能从客观实际情况出发具体问题具体分析,解决事情的主要矛盾。例如,抗战时期,为了壮大抗日民族统一战线争取革命的胜利,注重外交抗战并实行全面抗战,70年代初毛泽东根据世界形势的变化,提出了"三个世界"的划分战略,这一意识形态话语超越了以往的关于"两大阵营对抗"的话语,运用了马克思主义战略思想以及国内政治斗争的经验,是对20世纪60年代国际局势变动的正确反映,体现了"宇宙观"的思想,话语基调体现了革命乐观主义精神,气势磅礴的话语极具鼓舞性,如"星星之火,可以燎原"①、"四万万人一起努力,最后胜利是中国的"②、"枪杆子里面出政权"③等。

马克思主义中国化第一次历史性飞跃中形成的意识形态话语,具有强大的解释力、说服力以及感召力,为中国革命和社会主义建设提供了理论指南,是一个开放的话语体系,并根据实践的发展不断丰富、发展和完善。首先,是保证中国革命胜利和社会主义建设事业顺利进行的思想武器,这也就要求马克思主义意识形态话语体系在新时代的构建,要实现马克思主义基本原理和中国特色社会主义现代化实践相结合,能灵活运用马克思主义的基本原理,实现古为今用,又能在和西方文化交流互鉴的同时凸显中国特色。其次,话语体系体现了人民立场,我国是人民民主专政的社会主义国家,意识形态话语要为无产阶级和广大劳动人民服务,新时代马克思主义意识形态话语体系应以人民为中心,为人民的利益辩护,为人民的利益服务,坚定地站稳人民立场。再次,要重视意识形态话语体系的建设。全球化信息时代,意识形态通过传播媒介渗透到社会的各个阶层及角落,各种思想文化交汇、交流、碰撞和互动,因此意识形态建设不仅要重视思想性和理论性,更要重视话语体系的建设,切实改进话语的

---

① 《毛泽东选集》(第一卷),人民出版社1991年版,第97页。
② 《毛泽东选集》(第二卷),人民出版社1991年版,第440页。
③ 同②,第547页。

话风，增强话语的感染力、传播力和影响力，只有如此才能从根本上保障国家文化安全。

二、马克思主义中国化第二次飞跃中形成的意识形态话语

社会主义意识形态话语是在和平与发展的时代背景下，在改革开放和社会主义现代化建设的实践中，总结我国社会主义胜利和挫折的历史经验并借鉴其他社会主义国家兴衰成败历史经验基础上逐渐形成和发展起来的。党的十一届三中全会后拨乱反正，实行"一个中心，两个基本点"的路线，党开始带领人民富起来。新时期不仅是开启社会主义现代化进程，人民奔向小康，更是意识形态话语回归正轨，创新和发展，推进社会主义精神文明建设的时期。改革开放为马克思主义意识形态话语注入了"新鲜血液"，党开展了关于真理标准问题的大讨论，得出实践是检验真理的唯一标准，对于推动思想文化领域的拨乱反正和恢复党的实事求是的思想路线意义重大。至此，马克思主义意识形态话语结束了"以阶级斗争为纲"的思维，转向为社会主义现代化建设和人民富裕的"改革"话语。

（一）中国特色社会主义"改革"话语的形成

改革开放新时期，邓小平敏锐地洞察到"两个凡是"的要害并进行批评，他多次强调要实事求是地解放思想，不要忘记"毛泽东思想的出发点、根本点"及"精髓"就是实事求是。[①]实事求是促进了意识形态领域的思想解放，破除了长期占统治地位的"左"的错误观点和思想，批判了"两个凡是"，开启了意识形态领域工作的新局面，党的工作中心由"阶级斗争"转化为"经济建设"。党的十一届六中全会通过的《关于建国以来党的若干历史问题的决议》为建设中国特色社会主义奠定了理论基础；党的十二大提出了"建设有中国特色的社

[①]《邓小平文选》（第二卷），人民出版社1994年版，第126页。

会主义",彰显了中国开始要独立自主走自己的路;党的十三大提出了社会主义初级阶段理论和"一个中心,两个基本点"的基本路线,这些都是对社会主义意识形态话语的丰富和发展。

邓小平旗帜鲜明地指出"两个凡是"不是真正的马克思主义,应准确地理解、认识和运用毛泽东思想,如何判断某种思想理论是正确的还是错误的?判断的标准是什么?邓小平指出实践是检验真理的唯一标准,他冲破"两个凡是"的精神束缚,为之后更好地解决历史遗留问题奠定了基础。邓小平立足社会现实论证了"什么是社会主义",提出"科学技术是第一生产力"①和"计划和市场都是经济手段"②等话语范畴,"三个有利于"和"社会主义本质"是对社会主义意识形态话语的发展和创新。首先,四项基本原则确保了社会主义意识形态的政治功能、经济功能、文化功能和社会组织功能的发挥,为社会主义意识形态建设提供了思想理论基础,同时为改革开放及社会建设提供了强大助力,当然四项基本原则应根据社会实践中出现的新情况和新问题不断地丰富和发展。中国共产党全心全意为人民谋幸福、谋利益,作为工人阶级先锋队的代表,是社会主义现代化建设事业的领导核心。党的性质、目标和任务决定了党要掌握意识形态的领导权问题,唯有如此,意识形态建设才能沿着正确方向顺利进行,这也是确保中国特色社会主义不变质、不变向和不变色的根本。其次,社会主义精神文明建设推进了马克思主义意识形态话语传播和发展,我国的精神文明建设是以马克思列宁主义和毛泽东思想为指导的,致力于维护和巩固社会主义政治制度、经济制度。精神文明建设要高度重视理论和学科建设,加强培养理论工作者,坚持"两为"方向和"双百"方针,积极推进文化事业、文化产业的发展,坚持向广大干部群众灌输社会主义意识形态,增强民族自信、自尊和自强,抵御西方一切腐朽消极价值观的侵蚀,坚持社会主义意识形态,创造出走在时代前列的先进精神文明。再次,中国特色社会主义意识形态话语要坚持服务党和国家的工作大局,以经济建设为中心,服务政治、文化、生态和社会

---

①② 《邓小平文选》(第三卷),人民出版社1993年版,第274页。

发展稳定的大局,这是意识形态话语构建的首要任务,要用意识形态话语唱响主旋律,以正面引导为主,引领多元化社会思潮,同时坚持党管意识形态工作责任制,保证社会主义先进文化的前进方向。最后,以"三个有利于"的判断标准衡量社会主义意识形态话语建设的成效,话语建设的目的是发展社会生产力、增强国家的综合国力和提高人民生活水平,服务于改革、发展和稳定大局。"三个有利于"是衡量党的各项工作是非得失的根本标准,也指出了中国特色社会主义意识形态话语建构的价值目标,意识形态话语作为上层建筑对生产力具有反作用。

邓小平将改革称为中国的第二次革命,在提出社会主义本质的同时指出"贫穷不是社会主义",用"黑猫和白猫"阐释计划经济和市场经济都是资源的配置手段,提出了"共同富裕"的发展观,外交方面提出了"一国两制"和"永不称霸"的战略构想。邓小平调整了以阶级斗争为核心的意识形态话语,在拨乱反正的基础上解放思想,对"什么是社会主义"再认识,区分了社会主义的"名"和"实",并指出:"社会主义是一个很好的名词,但如果搞不好,不能正确理解,不能采取正确的政策,那就体现不出社会主义的本质。"[①]因此不能满足于"名"而要追求"实",中国特色社会主义命题是对社会主义和改革开放的话语解释,提出"中国特色"四个字的目的就在于摒弃对社会主义之"名"的抽象固守而更好地实现社会主义之"实",只有实现现代化,才能表现出中国特色社会主义制度、理论和马克思主义意识形态话语的优越性。邓小平主要从以下三方面推进、创新和发展了马克思主义意识形态话语的中国化、大众化和时代化。

第一,从"贫穷的社会主义"到"共同富裕的社会主义"是价值观话语的创新。要摒弃贫穷是社会主义的落后观念,树立共同富裕的正确观念,社会主义的优越性就体现在生产力要发展得更快和更高。改革促进了生产力的高度发展,导致社会贫富分化问题日益突出,对此邓小平指出社会主义坚持公有制为主体和共同富裕,不搞两极分化,"共同富裕,这是体现社会主义本质的一个东

[①]《邓小平文选》(第三卷),人民出版社1994年版,第313页。

西"①。从"贫穷"到"共同富裕"体现了价值观话语的创新。

第二,从"封闭僵化的社会主义"到"改革开放的社会主义"是发展道路话语的创新,邓小平指出体制僵化是导致国家经济发展缓慢的根本原因,由于长期跳不出"斯大林框框",经济发展战略频频发生严重失误,窒息了社会主义的活力和生机。只有通过改革才能扫除发展社会生产力的障碍,解放生产力,要注意它是对计划经济体制的根本变革,因此涉及面很广,"改革促进了生产力的发展,引起了经济生活、社会生活、工作方式和精神状态的一系列深刻变化"②,改革同每个个体的切身利益及思想观念密切相关,"改革开放"也因此成为马克思主义意识形态的基本话语。

第三,从"战争与革命"到"和平与发展"创新了审视外部环境的话语。邓小平审视了外部环境并围绕"社会主义现代化"这一意识形态新核心话语,强调"和平与发展"并致力于塑造"和平与发展的社会主义"的形象。20世纪70年代初,毛泽东"三个世界"理论虽然突破了"两大阵营对抗"的意识形态,但他坚持战争与革命的思维方式。党的十一届三中全会前后,邓小平作出了战争是可以避免的判断,之后,他指出和平问题及南北问题是当今世界面临的主要问题,也是各国人民的普遍要求,和平解决争端,才能对人民交代,也"应当把发展问题提到全人类的高度来认识"③,其价值观念体现了人类利益和中华民族利益的统一。

(二)中国特色社会主义"改革"话语的丰富发展

苏东剧变使社会主义事业受到重创,国内社会结构转型呈现出一些新问题,这些都对社会主义意识形态造成了危机,中国共产党统筹全局,不断优化马克思主义意识形态话语,"三个代表"重要思想和科学发展观丰富发展了中

---

① 《邓小平文选》(第三卷),人民出版社1994年版,第313页。
② 中共中央文献研究室编:《十一届三中全会以来重要文献选读》(下册),人民出版社1987年版,第968页。
③ 《邓小平文选》(第三卷),人民出版社1993年版,第282页。

国特色社会主义意识形态话语，改革话语使中国特色社会主义文明建设向前迈进了一大步。

从党的十三届四中全会到党的十六大，以江泽民为核心的党的第三代中央领导集体继承和丰富了马克思主义意识形态话语，提出"中国特色社会主义的文化"概念、"三个代表"重要思想和"代表先进文化前进方向"的新论断，[①]这些都将马克思主义意识形态话语建设推进到一个新高度。从国际形势来看，意识形态话语的对立从美苏对抗格局转变为一超多强的格局，西方敌对势力采取各种手段和方法对我国进行分化及西化，企图以资本主义价值话语代替社会主义价值话语；从国内背景来看，改革开放后意识形态领域思想文化相互激荡，西方价值观念对传统的价值观念产生了巨大的冲击，各种反马克思主义、伪马克思主义和非马克思主义话语消解着马克思主义意识形态话语。为了维护国家文化安全，抵御资本主义意识形态话语的侵蚀和冲击，江泽民采取一系列措施丰富意识形态话语内容，1998年他在全国宣传部长会议上明确提出要维护国家的政治经济文化安全的战略要求及方针[②]，第一次将文化问题和经济、政治问题并列，凸显了新历史条件下国家文化安全的极端重要性。同时通过以下几方面推进马克思主义意识形态话语的发展：（1）和而不同的现代政治文明观，推进了党内民主和全社会民主的政治发展，社会主义政治文明尊重世界的多样文明、发展模式和社会制度；（2）高度重视社会主义精神文明建设和思想政治工作，繁荣社会主义先进文化；（3）党内坚持不懈地开展反腐败斗争，这就为马克思主义意识形态话语建设营造了良好的政治环境和社会环境；（4）坚决同各种反马克思主义、伪马克思主义和非马克思主义错误话语进行斗争，科学对待非主流意识形态话语，更好维护了国家文化安全。"三个代表"重要思想的提出，标志着党从"打天下"转变为"坐天下"的执政党，无论是代表先进生产力抑或先进文化的前进方向，最终的目的都是为人民谋利益、谋幸福，这也体现出马克思主义意识形态和人民利益具有一致性，只有重视、实现人的价值，

---

① 《江泽民文选》（第三卷），人民出版社2006年版，第2页。
② 《江泽民文选》（第一卷），人民出版社2006年版，第285页。

才能增强人民群众对马克思主义意识形态话语的心理认同和情感认同。

党的十六大以来,以胡锦涛同志为总书记的党中央提出"权为民所用、情为民所系、利为民所谋",进一步丰富和开创了马克思主义意识形态话语的新境界。他提出了党建思想和创新思维,继续推进反腐倡廉建设,指出党员要加强党性修养,要重视新闻媒体的舆论宣传,重申了以人为本、执政为民、科学发展观和社会主义荣辱观等相关理念。在建党90周年大会上,他指出中国共产党领导中国人民取得了伟大的成就,即"开辟了中国特色社会主义道路,形成了中国特色社会主义理论体系,确立了中国特色社会主义制度"①,这些都进一步丰富了马克思主义意识形态话语。胡锦涛提出的以人为本的"科学发展观"是对"权为民所用、情为民所系、利为民所谋"最好的诠释,依照马克思的群众史观,人民群众作为历史主体和创造者,是执政之基和力量之源。以人为本就是要以人民群众为根本,社会主义现代化建设事业的发展主体、发展过程和发展成果,都要依靠人民、服务人民。要巩固全党全国人民团结奋斗的共同思想基础,加强文化建设,推动社会主义文化大发展和大繁荣,提升国家文化软实力,维护国家文化安全。

三、马克思主义中国化第三次飞跃中形成的意识形态话语

党的十八大以来,中国日益靠近世界舞台中心,站在了民族复兴的门槛上,物质上的强大日益成为现实,但正如习近平指出:"实现我们的发展目标,不仅要在物质上强起来,而且要在精神上强大起来。"②大国复兴,话语不能缺席,话语安全关乎文化安全。话语作为治国理政之重器,新时代社会主要矛盾的解决和大国复兴,都离不开话语指导,因此必须不断推进话语体系的创新和发展,习近平将马克思主义意识形态话语体系构建提升到新层面,形成了立足民族复

---

① 胡锦涛:《在庆祝中国共产党成立90周年大会上的讲话》,人民出版社2011年版,第7页。
② 《习近平谈治国理政》(第一卷),外文出版社2018年版,第46页。

兴和人民美好生活的"复兴"话语体系。

　　新时代是中华民族强起来的新时代，民族复兴和人民美好生活的新时代需要与之相适应的新话语，习近平针对中国特色社会主义、社会主义现代化强国和马克思主义政党等重大时代课题，提出了原创性的治国理政新理念、新思想和新战略，是中华文化和中国精神时代精华的体现，是马克思主义中国化第三次飞跃中形成的意识形态话语。首先，习近平高度重视马克思主义意识形态话语体系构建和创新，党的十九届四中全会就提出要坚持马克思主义在意识形态领域指导地位的根本制度，之后又进一步加以具体论证①，并在多次会议中针对意识形态话语安全的问题提出了解决新方案②，用制度固定用话语聚力，"平语"近人，这些论述推动了话语的生动阐释和广泛传播。其次，丰富和创新了马克思主义意识形态话语内容。党的十八大以来，以"中国梦""人民至上""坚持党的全面领导""美好生活""新发展理念""美丽中国""民族复兴"等具有

---

① 《中共中央关于党的百年奋斗重大成就和历史经验的决议》中进一步指出："意识形态工作是为国家立心、为民族立魂的工作，文化自信是更基础、更广泛、更深厚的自信。"同时对建构马克思主义意识形态话语体系提出新要求，"必须坚持以人民为中心的工作导向，举旗帜、聚民心、育新人、兴文化、展形象，牢牢掌握意识形态工作领导权，建设具有强大凝聚力和引领力的社会主义意识形态工作领导权"。

② 习近平在 2013 年中央政治局第十二次集体学习时指出："坚持马克思主义道德观、坚持社会主义道德观。"2014 年在文艺工作座谈会上指出："只有牢固树立马克思主义文艺观，真正做到了以人民为中心，文艺才能发挥最大正能量。"2015 年在全国党校工作会议上指出："党校要旗帜鲜明、大张旗鼓地讲马克思主义、讲中国特色社会主义、讲共产主义。"2016 年在哲学社会科学工作座谈会上指出："坚持以马克思主义为指导，是当代中国哲学社会科学区别于其他哲学社会科学的根本标志，必须旗帜鲜明加以坚持。"2017 年在党的十九大报告中指出："必须坚持马克思主义，牢固树立共产主义远大理想和中国特色社会主义共同理想，培育和践行社会主义核心价值观，不断增强意识形态领域主导权和话语权。"在 2013 年和 2018 年两次全国宣传思想工作会议上都指出："宣传思想工作就是要巩固马克思主义在意识形态领域的指导地位，巩固全党全国人民团结奋斗的共同思想基础。"在 2016 年和 2019 年学校思想政治理论课教师座谈会上都强调："我们的高校是党领导下的高校，是中国特色社会主义高校。办好我们的高校，必须坚持以马克思主义为指导，全面贯彻党的教育方针。要坚持不懈传播马克思主义科学理论，抓好马克思主义理论教育，为学生一生成长奠定科学的思想基础。"

第二章 新时代马克思主义意识形态话语体系构建基础及历史进程

标志性意义的创新用语构成了新时代马克思主义意识形态话语体系。习近平围绕政治文明和民主政治等进行了一系列话语创新，提出了"江山就是人民，人民就是江山"①，要打通服务人民的"最后一公里"，"人民对美好生活的向往就是我们的奋斗目标"②，"全过程民主""四个全面"战略布局和"五位一体"总体布局、牢记初心使命、持续纠治"四风"等政治话语创新；围绕经济发展立足实践，提出了以新发展理念引领经济发展新常态、推进供给侧结构性改革、"创新、协调、绿色、开放、共享"的新发展理念、建设现代化经济体系，推进国内大循环为主体、国内国际双循环的新发展格局等经济话语；围绕文化建设贯彻"双创方针"，强调牢牢掌握意识形态工作领导权、培育和践行社会主义核心价值观、坚定文化自信等文化话语；围绕生态文明建设，提出了"绿水青山就是金山银山"③、绿色发展、美丽中国等话语创新；围绕大国外交，提出"一带一路""人类命运共同体""亲诚惠容"的周边外交理念等话语。以"不忘初心，牢记使命"和"全面从严治党"等丰富了党建话语，以人民为中心的价值目标话语不断得以巩固发展，同时形成了以24个字12个词为核心内容的社会主义核心价值观话语。再次，实现了马克思主义意识形态话语的大众化，推进政治话语向生活话语转化，学术话语向大众话语转化。党的十八大以来，习近平传承和创新中华优秀传统文化中的典故，依据不同群体在不同场合采用不同言语，实现了由政治叙事向世俗生活的话语转化，用形式活泼、喜闻乐见的生活话语表达国家的核心理念，例如，用"撸起袖子加油干"④、"小康不小康，关键看老乡"⑤这些话语生动形象地表达了党治国理政的新方略和中国特色社会主义的精神实质。从国际视野看，习近平将西方俗语、谚语和中国习语相结合，积极寻找国内外话语的契合点，融汇众多国家的文化以阐述中国理念和中

---

① 《在庆祝中国共产党成立100周年大会上的讲话》，人民出版社2021年版，第11页。
② 《〈中共中央关于制定国民经济和社会发展第十四个五年规划和二〇三五年远景目标的建议〉辅导读本》，人民出版社2020年版，第364页。
③ 《习近平谈治国理政》（第二卷），外文出版社2017年版，第209页。
④ 《习近平主席新年贺词》（2014—2018），人民出版社2018年版，第9页。
⑤ 《习近平新时代中国特色社会主义思想学习纲要》，人民出版社2019年版，第161页。

国价值。例如，将阿拉伯谚语"独行快，众行远"和中国俗语"朋友多了路好走"巧妙结合，展现中国秉持人类命运共同体的意识，这种在话语互鉴中的创新哲学范式，突破了以往自说自话的表达，实现了话语创新。

四、马克思主义意识形态话语中国化演进的基本经验

在我国发展新的历史方位科学总结马克思主义意识形态话语体系中国化演进的基本经验，有助于从话语发展的历史长河中更好把握话语规律，最终建设"言有物、言有道、言有理"的马克思主义意识形态话语，更好凝聚全党和全国人民的价值共识，为实现建设社会主义文化强国提供话语支持，坚定文化自信。

（一）根据时代问题和实践主题的变化，不断推进话语体系的创新

问题是时代的呼声和口号，中国共产党的百年奋斗征程，因为时代问题和实践主题的变化要不断推进马克思主义意识形态话语体系的创新，正如习近平指出："要强化问题意识、时代意识、战略意识……不断回答时代和实践给我们提出的新的重大课题。"[1]马克思主义理论作为党的思想和国家意识形态，是被社会实践证明反映人类社会发展规律的科学真理。实现民族独立和人民解放是近代中国社会面临的重大历史课题，毛泽东依据时代背景研究国情，提出了"半殖民地半封建"话语，同时提出进行"民族民主革命"的实践话语，从革命斗争实践中科学总结出中国"革命"话语，如"推翻三座大山""农村包围城市"和"红军是工农子弟兵"等口号，带领中国人民抵抗外来侵略，推翻旧中国建立新中国，实现民族独立和人民解放，为实现中华民族伟大复兴创造了根本社会条件。[2]实现国家繁荣富强和人民幸福是社会主义革命建设时期面临的历史课题，实践主题话语转变为实现国家的现代化，党从当时国家经济和社会发展

---

[1]《习近平谈治国理政》（第三卷），外文出版社2020年版，第183页。
[2]《中共中央关于党的百年奋斗重大成就和历史经验的决议》，载《人民日报》2021年11月17日，第1版。

的现实情况出发，提出了"恢复和发展国民经济""有中国特色的社会主义改造道路"等话语，形成了"建设"话语体系，提出的"实现四个现代化"和"农业为基础，工业为主导"等话语，是社会主义建设重要的话语指南，为实现中华民族伟大复兴奠定了根本政治前提及制度基础。①党的十一届三中全会后，邓小平根据和平与发展时代主题的客观实际，破除了不适合社会主义建设规律的"以阶级斗争为纲"等意识形态话语，提出了"中国特色社会主义"的创新性话语，建构了以经济建设为中心，解放和发展生产力，坚持改革开放的"改革"话语，提出了"发展才是硬道理""白猫黑猫"和"摸着石头过河"等贴切生动的话语，帮助人民实现富裕摆脱贫困，为实现中华民族伟大复兴提供了新的有活力的经济体制保证。②进入新时代，习近平多次强调要重视意识形态话语体系建设，紧扣"中国特色社会主义"的主题形成了"用数字言说"的话语特色，用"四个伟大"的马克思主义意识形态话语立方位，用"八个明确"的马克思主义意识形态话语定内涵，用"十四个坚持"的马克思主义意识形态话语明方法，强调要讲好中国故事，传播好中国声音，创造性地提出了"实现中华民族伟大复兴中国梦""人类命运共同体""美好生活"等话语，这些都体现了人民群众的根本价值追求，可以更好凝聚全国人民为实现中华民族伟大复兴的宏伟目标继续前进。③历史证明，随着时代和实践主题、主要矛盾和奋斗目标的变化，马克思主义意识形态话语体系构建也一直处于动态演进，唯有如此才能巩固马克思主义在意识形态领域指导地位的根本制度，更好维护国家文化安全。

（二）坚持马克思主义基本原理，不断推进话语体系的创新

中国共产党成立之初，就以马克思主义为指导，构建意识形态话语体系。中国共产党百年奋斗征程史，也是马克思主义意识形态话语体系百年发展史。党始终坚持用马克思主义基本原理构建马克思主义意识形态话语体系，话语价值取向坚持以人民为中心，话语思想内容体现了为人民谋幸福、为民族谋复兴

---

①②③《中共中央关于党的百年奋斗重大成就和历史经验的决议》，载《人民日报》2021年11月17日，第1版。

和为世界谋大同的历史使命,依据不同历史时期党和国家的中心任务、社会主要矛盾的变化与时俱进地调整话语主题和创新话语表达方式,具有革命性、人民性、开放性和实践性特点,站在真理和道义的制高点。一方面,因为它科学解答了世纪之问、时代之问,回答了人类应该何去何从,甚或有一些西方评论家将其称为当代资本主义的解码器,作为不断发展的国际性学说,它开辟了发现真理、认识真理的正确道路,所以说是站在真理的制高点;另一方面,因为它是关于人的解放学说,具有最广大的人民性,代表的是全世界被剥削和被压迫者的利益,人民是永存的,所以说是站在道义的制高点。习近平指出:"在人类思想史上,就科学性、真理性、影响力、传播面而言,没有一种思想理论能达到马克思主义的高度,也没有一种学说能像马克思主义那样对世界产生了如此巨大的影响。"[1]正因如此,话语体系构建始终坚持马克思主义的立场、观点和方法。毛泽东指出新民主主义革命面目焕然一新,最终取得胜利的根本原因就是将马克思主义普遍真理和中国革命具体实践相结合[2];邓小平在改革开放时期始终强调"老祖宗不能丢",老祖宗分析、解决问题的立场、观点和方法不能丢,在这里老祖宗指的就是马克思主义基本原理;习近平指出:"马克思主义基本原理是普遍真理,具有永恒的思想价值。"[3]中国共产党始终坚持马克思主义基本原理,坚持将培元固本和守正创新相结合,坚持理论联系实际,坚持实践的唯物主义的理论立场,依据时代主题、人民所需和社会主要矛盾的变化不断调整意识形态话语内容,创新话语表达形式,推进马克思主义意识形态话语的"三化"(中国化、时代化、大众化)。从话语体系内容看,将马克思主义基本原理和时代特征、社会现实、人民所需相结合;从话语形式来看,话语表达坚持人民至上、人民共享、人民主体和人民评价,为人民群众谋利益、谋幸福,用人民群众"想听"和"爱听"的话语增强话语的吸引力、引领力和影响力;从话语构建方法看,要坚持实事求是的唯物辩证法,做到理论和实践统一,价

---

[1]《习近平谈治国理政》(第二卷),外文出版社2017年版,第65页。
[2]《毛泽东选集》(第三卷),人民出版社1991年版,第796页。
[3]《习近平谈治国理政》(第一卷),外文出版社2018年版,第26页。

值判断和事实判断统一，科学精神和民主政治统一。此外要推进马克思主义意识形态话语大众化，就要处理好意识形态话语表达价值观的普遍性和特殊性的关系，不能把中国传统文化话语当作拯救世界的核心话语，也不能把西方文化话语当作"普世价值"话语，应用马克思主义和西方文化中反映现代化普遍规律的积极因素整合中国传统文化中的精华，使马克思主义意识形态话语更体现时代化特征、更具感召力和影响力。

（三）坚持批判错误思潮话语，构建马克思主义意识形态话语体系

马克思主义意识形态话语体系的形成是批判和建构的辩证统一，在批判中进行建构的同时也在建构过程中展开批判，最终在批判各种错误思潮和许多主义中脱颖而出，正如马克思所指出："批判的武器当然不能代替武器的批判，物质力量只能用物质力量来摧毁；但是理论一经掌握群众，也会变成物质力量。"①马克思主义哲学批判继承了德国古典哲学，政治经济学批判性发展了英国古典政治经济学，科学社会主义批判性重构了英法空想社会主义学说，其进一步发展也批判了错误思潮，例如，蒲鲁东主义、拉萨尔主义、巴枯宁主义等；列宁主义是在批判俄国民粹主义、马赫主义和修正主义等话语中形成的。同样，中国化马克思主义意识形态话语体系也是在同各种非马克思主义、反马克思主义话语中进行斗争，尤其是在批判"左"倾和右倾错误话语基础上而形成。

大革命时期，毛泽东提出枪杆子里面出政权来应对党内出现的右倾错误，土地革命时期，面对党内出现的"左"倾盲动、教条主义、冒险主义和山头主义，教育党员"用马克思列宁主义的方法去作政治形势的分析和阶级势力的估量，以代替主观主义的分析和估量"②。一切从实际出发，反对主观主义和本本主义的话语侵蚀，实现意识形态话语的中国化、民族化和具体化，批判了以王明为代表的教条主义和本本主义话语，确立实事求是的思想路线，找到了一

---

① 《马克思恩格斯选集》（第一卷），人民出版社1995年版，第9页。
② 《毛泽东选集》（第一卷），人民出版社1991年版，第92页。

条适合中国国情的正确革命道路，新民主主义革命胜利后成立了新中国。党的十一届三中全会前后，党指出要在实践中检验真理和发展真理，恢复和确立了解放思想、实事求是的思想路线。当时有两种截然相反的话语和错误思想出现在思想领域，一方面，一部分人因受极"左"思潮的束缚，固守"两个凡是"教条主义的话语方式；另一方面，一部分人有资产阶级自由化思想，搞历史虚无主义，否定毛泽东思想和反对四项基本原则。邓小平针对这两种错误的话语倾向，明确指出："这两种错误思潮都是违背马列主义、毛泽东思想的，都是妨碍我们的社会主义现代化建设事业的前进的。"①随后"一个中心、两个基本点"的基本路线被提出。进入新时代，全球思想文化和价值观念交流、交融、交锋，以美国为首的西方国家用尽一切办法打压、攻击社会主义政治体制和意识形态，极力鼓吹人权高于一切和世界新秩序，宣扬自由、民主、人权的价值观，妄图用宪政民主、新自由主义发展模式代替其他国家的社会发展模式，将中国特色社会主义发展模式歪曲为儒家资本主义模式、威权社会主义模式和市场社会主义模式等，这些都严重威胁到国家文化安全，对于这种现象，不能沉默失语，要主动发声，要坚决同新自由主义、历史虚无主义等错误思潮作斗争，防止马克思主义"失语"和"失声"，与时俱进发展新时代马克思主义意识形态话语，为实现中华民族伟大复兴的中国梦提供话语指南。

第三节 新时代马克思主义意识形态话语体系构建的现实基础

新时代马克思主义意识形态话语体系体现着国家的思想文化和价值体系，是对现代性中国实践的本土表达，是现代性话语的中国版本。中国现代性话语在与西方现代性话语对话中，立足中国特色社会主义实践，对自身存在和外部存在的思考及回应，实现了现代性话语的中西贯通。话语体系构建对内可以使

---

① 《邓小平文选》（第二卷），人民出版社1994年版，第166页。

国家思想文化和价值体系产生向心力和凝聚力，对外使其思想文化和价值体系对他国产生感召力和影响力，话语体系是一个国家的文化存在和价值存在，话语安全关系到国家文化安全。西方国家把话语与权力或实力相联系，最大限度地挖掘和发挥话语力量是西方维护文化安全的自觉追求。在国际话语权方面，西方话语用人权、宪政和民主等概念来攻击诋毁中国政治制度，西方文化霸权和话语霸权威胁到中国文化安全。世纪之交，世界经济格局的"东升西降"要求我们要增强国际话语权，补上话语不足的短板，否则就无法摆脱意识形态领域中"西强我弱"的态势，从而导致一些人丧失话语自信和文化自信。

一、西强我弱：新时代马克思主义意识形态话语体系的现状

马克思主义意识形态话语是我国主流意识形态话语，体现着国家文化软实力，应抢占国家话语体系的制高点，推进中华文化的国际传播，从而更好维护国家文化安全。然而一直以来，在国际话语权方面，"西强我弱"的局面并未得到明显改变。清末时期，中国几乎丧失了话语权；民国时期，虽然名义上结束了封建专制统治，但中国的国际政治地位及国际话语权并没有得到实质性提升；中华人民共和国成立后由于少数西方国家及一些别有用心的人重重阻挠，中国国际话语权仍未能达到与中国国家地位和经济地位相适应的高度；尤其是改革开放以来，中国社会经济发展取得的成就举世公认，中国日益走向世界舞台的中央。但正如习近平指出的"国际舆论格局是西强我弱，西方主要媒体左右着世界舆论，我们往往有理说不出，或者说了传不开"[①]，西方硬实力虽然下降，但西方更多开始使用软实力对中国进行打压和围堵，西方敌对势力将话语作为武器，通过媒体尤其是包括互联网在内的各种平台，利用各种手段及机会，宣扬及推广西方价值观及意识形态。西方人发明了许多具有很强意识形态色彩的

---

① 中共中央党史和文献研究院编：《习近平关于总体国家安全观论述摘编》，中央文献出版社2018年版，第105页。

语词,如东方专制主义、中等收入陷阱、停滞的帝国、独裁体制、黑洞效应和合法性危机等语词,有一些语词甚或进入了官方话语系统,西方利用话语霸权,利用手中的全球媒体和话语支撑体系,对中国的马克思主义意识形态话语保持高压态势,控制着全球话语的议题设置和网络传播,这些都严重威胁到我国的文化安全。

话语影响力要靠经济实力来支撑,我们应该清楚地看到,自2008年金融危机以来,西方世界出现了一些深层次结构问题,如经济停滞、社会动荡、政治衰败、文化混乱等,面对中国的快速崛起,面对复杂的国内外问题,西方国家内部开始分化,在美国和欧洲之间,英国和欧盟之间,东欧、西欧和南欧之间,各种问题及矛盾凸显,内部争论也愈发激烈。西方话语体系开始出现许多裂痕,话语裂痕就是文化冲突的具体表现,尤其是2020年新冠疫情在西方的蔓延,更是加剧了西方话语的分化态势。中西话语竞争实质是中西文化、价值观竞争,文化和价值观的竞争及较量关系到国家文化安全,因此要加快意识形态话语的国际传播,推进意识形态话语的国际共识,一方面用马克思主义意识形态话语阐释中国实践,另一方面用中国实践升华马克思主义意识形态话语。着力打造融通中外的新范畴、新概念和新表述,让全世界更多人了解党的奋斗目标,以及对人类美好未来的追求,加快构建同我国综合国力和国际地位相匹配的国际话语权。只有如此,新时代马克思主义意识形态话语体系才能成为塑造国家形象、捍卫国家权益、促进文明交流的重要意识形态工具,从而更好维护国家文化安全。

二、东升西降:新时代马克思主义意识形态话语体系构建的机遇

世界经济格局的"东升西降"是百年变局中之一大"变",是对传统的"西升东降"体系的挑战及颠覆,这意味着以中国为代表的广大发展中国家开始摆脱对西方国家的依赖及所受的束缚,进一步打破中心国家对经济全球化的主导。20世纪90年代,中国建立了社会主义市场经济体制,将社会主义制度与市场

经济体制相结合,创造了人类社会未曾有过的历史发展奇迹。据国家统计局数据显示,1978年,中国GDP居全球第11位,仅占世界经济总量的1.8%;2000年,升至世界第6位,突破10万亿元大关;2010年,超过日本并连年稳居世界第二;2013年,中国进出口贸易总额一举超越美国,成为全球最大的贸易国。中国之治证明了人类现代化发展道路的多样性,打破了西方发展模式的唯一性,潜移默化地改变了国际政治力量对比不均衡的状态,综合国力和国际地位的空前提升为新时代马克思主义意识形态话语体系构建奠定了基础,综合国力的强大是掌控和夺取马克思主义意识形态话语权的坚实基石。

作为世界政党制度及国家体制的构建方式之一,中国的政党制度和国家体制具有独特性和创新性。改革开放以来,中国坚持政治体制改革和经济体制改革同步进行,形成了中国特色社会主义民主政治制度,中国共产党积极进行自我革新和自我革命,彰显了政治建设的理论自信、主体自觉、继承创新和世界意义等优势,走出了一条中国特色民主政治建设道路。这一特色政治制度因为保障了中国社会的稳定发展,使中国避免了西方国家金融危机时的窘境,因此得到国际社会的赞誉。按照西方逻辑,国家及政府权威来自选举,中国民主不同于西式民主,所以中国的政府缺乏合法性。实质上,中国民主是人民群众的全过程人民民主,西方民主是精英民主,其选举是周期性的,而非全过程的,普选的主要目的是让政治精英做决策,"普选的方式产生最高决策者是民主的实质"①。正因为如此,资本主义选举民主在马克思时代就具有欺骗性和虚伪性,而全过程人民民主的真实性体现在人民群众的广泛参与,具体落实到了基层群众自治制度上,是广大人民群众参与的真实民主,这种民主集中制可以防止西式民主中"互相牵扯,议而不决,决而不行"体制机制的弊端,更有利于团结人民,集中力量办大事。最终,中国共产党带领中国人民走出了一条中国式现代化新道路,这和西方国家出现的经济低迷、政治动荡及社会混乱的乱象形成鲜明对比,主导西方国家的新自由主义思想开始遭到质疑及批判甚至否定。一

---

① [美]塞缪尔·亨廷顿:《第三波:20世纪后期民主化浪潮》,上海三联书店1998年版,第7页。

方面，西方国家的治理能力明显下降，恐怖主义、欧债危机、难民潮和英国脱欧等事件引发了欧洲危机，美国新社会运动此起彼伏，社会群体分裂状况严重，这些都表明西方治理体系和治理能力出现漏洞和短板；另一方面，西方国家凝聚力下降，资本主义国家内部出现了各自为战、相互扯皮和缺乏统一的领导核心的尴尬场面，这就更加凸显马克思主义意识形态的凝聚力、吸引力，世界开始对中国抱有希望。因此可以说，"中国之制"是"中国之治"的核心密码，是国家治理体系的独特优势，为新时代马克思主义意识形态话语体系构建奠定了坚实的政治基础。

文化是国家软实力的重要组成部分，中国共产党十分重视文化建设，以中华优秀传统文化、革命文化和社会主义先进文化为主的中国特色社会主义文化正处于大发展大繁荣中，文化自信是意识形态话语体系构建之"魂"，也为意识形态话语体系构建提供重要的精神和文化支撑。文化自信源自中国人民进行的社会主义伟大实践，源自中国人民的文化创新和文化创造的热情与动力，源自文化事业及文化产业的蓬勃发展，源自良好稳定的社会政治环境。文化自信是当代中国根本的精神力量，是建设社会主义现代化文化强国的根本需要。中国特色社会主义建设事业取得的伟大成就离不开文化软力量，讲好中国故事，传播好中国声音，是文化自信的重要表现，中华文化国际影响力的显著提升，为新时代马克思主义意识形态话语体系构建提供了精神动力。

第三章　新时代马克思主义意识形态话语体系构建的核心要义及特征

在百年未有之大变局的新时代背景下，中国特色社会主义的成功实践和探索具有引领现代文明和社会主义创新发展的重大意义，社会的大变革要求中华文化的大繁荣和大发展，"这是一个需要理论而且一定能够产生理论的时代"[①]，理论的内在精神属性要通过话语进行表达和传承，话语是特定意识形态能够传输、接受以及认同的重要介体，作为普遍性社会特质和政治文化表征的意识形态也须依靠特定话语而存在。话语表达能引导社会舆论，获取公信力。新时代马克思主义意识形态话语体系的核心要义、表达特征和根本特征是对中国式现代化新道路和人类文明新形态的解读，"中国梦""美好生活""新发展理念""美丽中国"等标志性话语的创新表达，对于推动马克思主义意识形态话语传播，巩固党的执政地位，增强马克思主义意识形态话语权，突破西方资本主义话语体系和价值体系，维护国家文化安全具有重大意义。

第一节　新时代马克思主义意识形态话语体系构建的核心要义

话语背后是政治立场，从话语内容和表达主张就能够断定人们属于哪个阶级。任何社会都是阶级统治的社会，统治阶级的立场体现了社会的主流意识，正如马克思指出，统治者作为思想的生产者，他们的思想也是一个时代的占统

[①]《在哲学社会科学工作座谈会上的讲话》，人民出版社2016年版，第8页。

治地位的思想。①新时代马克思主义意识形态话语体系就是中国的统治阶级（无产阶级）构建的关于无产阶级政治立场的话语，这套话语和西方资产阶级话语相区别，体现了中国特色社会主义本质。新时代马克思主义意识形态话语体系只有代表更先进、更多数阶级力量的利益，才能改变西方意识形态话语在国际话语格局中的主导地位，从而提升国家文化软实力。新时代马克思主义意识形态话语体系构建的核心要义是始终围绕坚持党的全面领导、人民至上、铸牢中华民族共同体意识实现民族复兴、弘扬社会主义核心价值观和全人类共同价值等，来更好解读中国式现代化新道路和人类文明新形态，只有坚定不移地贯彻这些核心要义，才能坚定文化自信，反对文化霸权，维护国家文化安全，保护世界文化的多样性，更好推动人类文明的发展。

一、坚持党的全面领导

坚持党的全面领导是新时代马克思主义意识形态话语体系构建的根本政治保证，坚持党对文化工作的领导，"必须把意识形态工作的领导权、管理权、话语权牢牢掌握在手中"②。回顾历史，无论是苏联解体还是东欧剧变，都和执政党对思想文化领导权的丧失及放任有很大关系，因此新时代推进文化建设，确保文化繁荣和文明兴盛，坚定文化自信，维护国家文化安全，必须坚持党的全面领导。

党的领导是建设社会主义政治文明的核心，文化和政治文明相互作用，文化是政治文明的先导，政治文明决定着文化，从这个层面上来说，政治文明关系到文化安全，重视党的领导就是重视国家文化安全。从党的十九大提出的"三最"③，到

---

① 《马克思恩格斯选集》（第一卷），人民出版社 2012 年版，第 179 页。
② 中共中央党史和文献研究院编：《习近平关于总体国家安全观论述摘编》，中央文献出版社 2018 年版，第 100 页。
③ 《习近平谈治国理政》（第三卷），外文出版社 2020 年版，第 94 页。"三最"是指：中国特色社会主义最本质的特征，中国特色社会主义制度的最大优势，最高政治领导力量。

党的十九届六中全会的核心力量①，这些话语都进一步阐释了党的政治属性，创新、丰富和发展了党的领导理论。中国共产党在不同历史阶段和社会条件下有不同的历史任务，革命时期是救国、建设时期是兴国、改革时期是富国、新时代是强国，回顾中国革命、建设和改革的历史，每一个胜利和成就的取得都离不开党的领导，党在百年奋斗伟大征程中始终总揽全局、协调各方。

中国共产党领导地位的确立，是近代中国历史逻辑、实践逻辑、政治逻辑演进的必然结果。近代中国陷入危亡之时，中国各个阶级前仆后继展开的救亡图存运动均以失败告终，历史和人民选择了社会主义、选择了中国共产党。自1921年党成立起就面临着民族独立和人民民主的历史任务，党领导团结人民开展了反帝反封建的斗争，使得中国革命面貌焕然一新，最终成立新中国，确立新制度。中国共产党对自身领导地位作用的认识是一个不断深化发展的过程，党一经建立就是"代表中国无产阶级及其贫苦人民群众的利益而奋斗的先锋军"②，总结革命成功经验，指出党的领导是新民主主义革命取得胜利的"三大法宝"之一。1943年8月《解放日报》发表题为《没有共产党，就没有中国》的社论科学论断了党的领导地位作用，之后《关于若干历史问题的决议》作出了中国共产党是全国人民抗日战争和解放事业的伟大的重心的论断。新中国成立后，党从领导革命战争转变为领导和平建设，领导人民恢复发展国民经济，党的领导地位进一步巩固，1954年宪法以国家根本大法的形式确认了党的领导地位，同年一届全国人大一次会议开幕词中指出："领导我们事业的核心力量是中国共产党，指导我们思想的理论基础是马克思列宁主义。"③ 1961年毛泽东强调党是领导一切的，同时指出领导一切并非包办一切，否则就会脱离群众。改革开放时期，党面临着如何坚持和巩固党的领导这一重大全新课题，邓小平

---

① 《党的十九届六中全会〈决议〉学习辅导百问》，学习出版社、党建读物出版社2021年版，第62页。

② 中共中央文献研究室编：《建党以来重要文献选编（1921—1949）》（第一册），中央文献出版社2011年版，第148页。

③ 《中华人民共和国第一届全国人民代表大会第一次会议文件》，人民出版社1955年版，第4页。

针对当时出现的怀疑和否定党的领导的错误思潮，强调四项基本原则的核心就是要坚持党的领导，并明确共产党的领导就是我们的优越性等论断。①党的十二大党章指出党是中国特色社会主义事业的领导核心②，党的十七大后，党面临"四大考验"和"四种风险"，胡锦涛提出要加强党执政能力建设和先进性建设，加强自我完善和自我提高。③进入新时代，习近平高度重视和强调党的领导地位，先后提出了"最本质特征""最大优势""坚持党对一切工作的领导""确保党始终总揽全局"等一系列新论断。历史和现实证明，坚持党的领导是确保社会主义文化大发展大繁荣的最大政治优势，政治优势造就文化优势，文化优势可以确保中国特色社会主义文化占领文化制高点，提高文化势能，加快文化传播，增强国家文化力，以上这些不仅是维护文化安全的必要手段，更是提升国家文明形象的必由之路。

（一）必须将党的全面领导贯穿到治国理政各方面

"党政军民学，东西南北中，党是领导一切的。"④要确保党的领导贯穿到治国理政的方方面面。党统筹推进"五位一体"总体布局，协调推进"四个全面"战略布局就是要协调好各部门和各领域，不断推进国家治理体系和治理能力的现代化。党开辟了党和国家事业发展的新局面，提出一系列治国理政新理念、新思想、新战略。譬如，在政治建设方面，党的百年奋斗历史启示我们：只有加强党的领导，调动全党积极性，才能在新时代赢得伟大胜利。政治建设是确保政治安全的基础，政治安全是国家主权的存在方式，只有政治安全才有文化安全，没有政治安全就没有文化安全，政治建设关系文化安全。要在坚持好"两个确立"基础上做到"两个维护"。努力增强党的政治领导力，坚持党的

---

① 《邓小平文选》（第三卷），人民出版社1993年版，第256页。
② 《中国人民政治协商会议第十二届全国委员会第四次会议文件》，人民出版社2016年版，第36页。自党的十六大党章开始，该表述被修改为中国共产党"是中国特色社会主义事业的领导核心"。
③ 《胡锦涛文选》（第三卷），人民出版社2016年版，第579页。
④ 《习近平谈治国理政》（第三卷），外文出版社2020年版，第85页。

全面领导不出现"盲区死角",坚持党的理论政策全覆盖不出现"真空地带"。坚守政治方向,保持政治定力,筑牢信仰之基,补足精神之钙。在经济建设方面,党领导人民创造了经济快速发展和社会长期稳定的两大奇迹。2010年至2012年中国经济出现了连续11个季度的下滑,2012年至2013年更是连续两年跌破8%[①],通过综合分析世界经济增长周期得出我国经济发展呈现"三期叠加"的阶段特征(增长速度换挡期、结构调整阵痛期、前期刺激政策消化期)。针对经济增长的疲软态势,习近平提出新发展理念,指出要充分认识构建现代化经济体系的重要性,为了解决人民日益增长的美好生活需要这一时代难题,党果断切断了以需求管理刺激经济保增长的路径依赖,破解了新常态下如何干的问题,提出了以推进供给侧结构性改革为发展主线的实践新路径,构建新发展格局,并多次强调要将政府和市场作用相统一,既要"有效的市场"也要"有为的政府",中国的市场经济体制超越了西方对市场和政府关系的认识。总之,党在领导中国经济建设的伟大实践中,走出了一条不同于西方的现代化新道路,这一现代化新道路始终围绕党的领导,不断推进现代化的前进方向。在文化建设方面,赋予中华优秀传统文化新的时代内涵,将党对社会主义文化发展规律提升到新境界,"创造性转化"及"创新性发展"的双创方针可以更好打造新概念新理念,提炼中华优秀文化的核心理念,更好地凝聚民族精神;在实践层面,要不断培育和践行社会主义核心价值观,意识形态工作在党的工作中极端重要,要高度注重网络文化建设和国家文化安全,因为互联网战场关系到国家政治安全、文化安全和意识形态安全。在社会建设方面,党中央坚持以人民为中心,实施精准扶贫精准脱贫方略,构建了共建共享的社会治理格局,增强了人民群众的幸福感和安全感。在生态建设方面,在继承马克思主义生态思想基础上,创新、丰富和发展了党的生态文明思想,绿水青山就是金山银山的辩证发展观被提出,强调"生态安全依然是高悬在国人头顶上的达摩克利斯之剑"[②],要坚持红线思维和法治意识,为生态文明建设提供可靠的保障。还有在依法治国

[①] 中华人民共和国国家统计局编:《中国统计年报(2017)》,中国统计出版社2018年版。
[②] 陈宗兴主编:《生态文明建设理论卷》,学习出版社2014年版,第219页。

方面，指出要提高党领导依法治国的能力，通过法律保障党的政策更有效地实施。由上可见，党在治国理政的各方面各环节发挥了总揽全局的领导核心作用，是广大人民群众的利益和幸福所系。

（二）加强和完善党的全面领导关键在党的自我革命

党的最大优势和最鲜明的品格就是勇于自我革命，这是"中国共产党区别于其他政党的显著标志"①，"辩证法在对现存事物的肯定的理解中同时包含对现存事物的否定的理解"②。毛泽东将这一基本原理和中国实际相结合，提出实事求是的思想路线，"事"的动态发展和自我革新要一致，因此，我们可以说中国化马克思主义意识形态话语，实际上也是无产阶级政党自我革命的理论创新。中国共产党的党性和人民性高度一致，"无产阶级的运动是绝大多数人的、为绝大多数人谋利益的独立的运动"③，因为党没有自己特殊的利益，只有国家、民族和人民的利益，因此具备自我革命的条件，拿起手术刀革除一切顽疾。近代史表明，中国的革命、建设和改革都必须坚持党的领导，而要坚持党的领导，前提就要完善党的领导，即要求党以自我革命的精神管党治党。毛泽东就曾把党领导新中国的建设称为"进京赶考"，提出了"两个务必"。邓小平强调中国问题的关键在党的领导，要出问题还是出在共产党内部。④这些都是新时代党推进自我革命的重要历史依据。习近平也指出要向历史学习，始终推进党的自我革命，永远牢记初心和使命，只有这样党才能长盛不衰。

新时代、新情况、新问题复杂多变，面临的风险挑战增多，改革发展任务更加艰巨，这些都要求中国共产党要勇于进行自我革命，自我革命精神是党永葆青春活力的强大支撑，要科学判断"时"和"势"，辩证把握"变"和"不变"，建设社会主义政治文明。进入新时代，党的建设在取得成绩的同时也存在

---

① 《在庆祝中国共产党成立 100 周年大会上的讲话》，人民出版社 2021 年版，第 19 页。
② 马克思：《资本论（纪念版）》（第一卷），人民出版社 2018 年版，第 22 页。
③ 马克思、恩格斯：《共产党宣言》，人民出版社 2018 年版，第 39 页。
④ 金钊：《十三届四中全会以来的执政党建设》，人民出版社 2006 年版，第 2 页。

一些问题,"四大考验"和"四大危险"影响着党的先进性,党的建设面临"宽、松、软"的状况,例如,党的领导弱化、纪律意识淡薄、主要负责人不担当等,其本质是党员的政治意识、大局意识、核心意识、看齐意识不强。习近平多次强调"四个意识"是对广大党员、干部及各级党组织政治上的一项基本要求,是党实现自我净化、自我完善、自我革新、自我提高的重要途径。同时指出要坚定"四个自信",这样就可以更好巩固党树立中国特色社会主义的共同理想,提高自觉抵御西方和平演变图谋的能力。只有拥护"两个确立"做到"两个维护",才能更好应对西方一些国家对中国的西化和分化阴谋,也才能更好全面从严治党,解决新时代面临的诸多新挑战和新问题。在思想建设方面,针对一些党员和领导干部理想信念缺失,不信马列信鬼神,开展了"两学一做"学习教育,要求做"四讲四有"的合格党员。党的组织建设和作风建设也存在一些弱化虚化现象,享乐主义和官僚主义在一些地方盛行,反腐败任务仍然艰巨,"老虎"和"苍蝇"时不时乱飞,因此全党必须刀刃向内,推进自我革命全面从严治党,正如习近平指出:"有没有强烈的自我革命精神成为决定党兴衰成败的关键因素。"①推进党的自我革命关键是牢记初心使命,持续纠治"四风"。只要马克思主义政党"始终坚持党的性质和宗旨,不变色,不变质"②,不忘初心就能跳出"其兴也勃焉,其亡也忽焉"的历史周期率,要发扬"三严三实"的工作作风,将立言和立行相统一,持续纠正形式主义、官僚主义、享乐主义和奢靡之风的"四风"问题,要狠刹车轮上的腐败、舌尖上的浪费、舞台上的奢华和会所中的歪风,以党的自我革命带动党风政风的向善向好,加强和完善党的领导,提高党的建设质量。

(三)党的全面领导是 21 世纪马克思主义的理论创新

党的全面领导是对马克思主义建党学说的进一步丰富和发展。坚持共产党的领导,始终是马克思主义的不变诉求和精髓,早在 1848 年《共产党宣言》中,

---

① 《习近平新时代中国特色社会主义思想基本问题》,人民出版社 2020 年版,第 403 页。
② 《习近平关于党风廉政建设和反腐败斗争论述摘编》,中央文献出版社 2015 年版,第 6 页。

马克思和恩格斯就论证了党的领导的必要性和必然性,因为在理论方面,共产党最清楚"无产阶级运动的条件、进程和一般结果"①;在实践方面,共产党人始终坚定地带领工人阶级推动无产阶级运动。共产党的领导作用主要是基于马克思主义哲学革命及对资本批判的实践向度被提出的,还尚未涉及党的领导的理论内涵及实践机制。当然,在无产阶级政党学说传播阶段,马克思和恩格斯也多次强调要和各国具体国情相结合。中国共产党是伟大历史进程的决定者和引领者,党同时提出要推进马克思主义中国化的命题。面对苏东剧变的影响和挑战,党一以贯之用实践证明了党的领导,同时立足于时代和实践凝练了党的领导的内涵和原则等,进一步积累了关于党的全面领导的经验,为理论上系统地总结党的全面领导理论奠定了基础。

中国发展进入新的历史方位,习近平指出要坚持党的全面领导,在马克思主义发展史上系统深入地探讨了共产党领导的建设途径、制度保障和理论内涵等,阐释了党的全面领导和社会主义实践之间的互动关系,中国特色社会主义的成功实践是 21 世纪马克思主义理论创新的动力和检验平台。党的全面领导是社会主义本质特征的诠释,是在全球化境遇下对资本逻辑的积极扬弃和内在超越②,实现了生产力发展和人民当家作主的统一,表现了共产党对初心使命的坚守。当下,国和国之间冲突的根源并不局限于经济利益之争,更多蕴含了两种价值取向和两种制度的冲突,党的全面领导是增强政党自信的基础,能更好维护国家文化安全。由此可见,党的全面领导在科学社会主义理论及实践中发挥着关键作用,遵循的根本原则是"坚持党的集中统一领导"③,最大特征是"党是领导一切的"④,"两个确立"是发挥党的统领作用的关键内容,党自始

---

① 《马克思恩格斯全集》(第二十八卷),人民出版社 2018 年版,第 431 页。
② 田园:《共产党的全面领导理论对 21 世纪马克思主义的贡献》,载于《探索》2020 年第 2 期,第 15—24 页。"内在超越"是较之于全盘否定或解构西方现代性而言的,主张既要积极利用资本和世界市场来促进生产力的发展,也要深刻认识到资本逻辑的内在矛盾,在解放和发展生产力的过程中实现对资本主义困境的超越。
③ 《习近平新时代中国特色社会主义思想学习问答》,人民出版社 2021 年版,第 70 页。
④ 同③,第 436 页。

至终秉承执政为民的理念，守初心就是要全心全意为人民服务，担使命就是要牢记民族复兴的历史使命，初心和使命是党全面领导的出发点又是落脚点，为了实现党的全面领导，党中央从政治建设、思想建设、制度建设、组织建设等方面创新党的建设理论，力求全面提高党的执政水平，丰富了党的全面领导学说。马克思主义是行动指南不是教条，必须随实践发展而发展，只有坚持理论创新，用新理论指导社会实践，才能更好凸显党全面领导的巨大优势，也才能让马克思主义展现出更强大和更有说服力的真理力量，确保马克思主义在意识形态领域的根本指导地位，更好维护国家文化安全。

二、坚持人民至上

人民立场是新时代马克思主义意识形态话语体系构建的根本政治立场。马克思主义意识形态话语体系应站稳人民立场，不断满足人民对美好文化生活的新要求，话语的价值取向中要体现人民心声和人民意志，确保文化建设沿着正确方向健康发展，在和世界不同文化的交流、对话、共融和互鉴过程中扎根中国大地，充分利用人类文明发展成果，推进马克思主义意识形态话语的大发展大繁荣，话语繁荣发展影响着文化繁荣发展和文化安全。

人民至上是以人民概念为核心的陈述，人民是一个鲜明的政治概念，它表明了政权的性质、党的性质和纲领，体现了党的政治路线，其对立面是敌人，是国家的主人和对敌人实行专政的主体。在人类历史上，中国共产党第一次将人和民相结合，提出人民这一新概念，人民子弟兵、人民幸福、人民英雄、人民美好等体现了党对这一概念的使用达到了铺天盖地的地步。现在，我们仍能看到概念泛化的踪迹，我们国家、各级人民法院、政府及检察院名称中都含有人民，人民大学、人民银行和人民大街等，表明人民概念已经被使用到极致。人民概念的具体含义包括三方面：（1）人民是对马克思的人作为类概念精华的继承，是全部人口中的绝大多数，是人的主体部分；（2）人民体现了中国传统文化中"民"的含义，是共产党的胜利之本，又是共产党服务的对象；（3）将"人"和"民"相结合形成的概念具有鲜明政治性，人民和敌人是统一体中相互对立的两个方面，人民是促进社会发展进步的阶级、阶层和社会集团，体现了中国共产党的政治立场及价值取向。①李建军认为人民话语具有政治意识形态属性,由符号、修辞和意义构成。②吴永对人民概念进行历史考证,指出陈独秀首次使用人民概念,中共意义上的人民概念首次使用是在中共二大。③百年光辉历程中人民话语在不同历史时期有独特的时代表达,新民主主义革命时期,人民作为革命的"铜墙铁壁"为的是早日争取民族独立和人民解放;社会主义革命和建设时期,党为实现人民所有而奋斗,让人民早日当家作主;改革开放和社会主义现代化建设新时期,为了提高人民生活水平实现人民富裕,体现了党的初心和使命;中国特色社会主义进入新时代,要彻底消灭绝对贫困,实现人民美好生活。人民话语随着时代发展不断完善,防止了故步自封,体现了开放和发展的属性及特点。

中共关于人民话语的概念是在延安时期建构的,毛泽东的《新民主主义论》《中国革命和中国共产党》《论人民民主专政》《关于正确处理人民内部矛盾的问题》等著作都是人民话语的发展成果。周建伟认为人民话语是对臣民话语的解构、批判和颠覆,是对国民性话语的替代及扬弃,是对机械的阶级话语的超越。④中国共产党人创建了人民话语的原初语境。首先,他指出人民的外延即"最广大的人民,占全人口百分之九十以上的人民,是工人、农民、兵士和城市小资产阶级"⑤;其次,人民占有主体地位,"人民,只有人民,才是创造世界历史的动力"⑥;再次,人民民主是人民话语的核心,对人民实行民主对反动派实行

---

① 吴永:《论民主革命时期中共对"人民"话语的建构及其意义》,载于《中共党史研究》2009年第2期,第71—79页。

② 李建军:《现代中国"人民"话语考论——兼论"延安文学"的"一体化"进程》,华中师范大学博士学位论文(2006年),第17页。

③ 吴永:《论民主革命时期中共对"人民"话语的建构及其意义》,载于《中共党史研究》2009年第2期,第71—79页。

④ 周建伟:《中国共产党人民话语建构的原初语境与曲折发展》,载于《教学与研究》2016年第9期,第67—76页。机械的阶级话语分析将会得出中国不具备革命客观的社会经济基础,从而不具备革命资格的结论,从根本上对中国共产党领导的中国革命的正当性予以否定。

⑤《毛泽东选集》(第三卷),人民出版社1991年版,第855页。

⑥ 同⑤,第1031页。

专政，就是人民民主专政；最后，统一战线是人民话语的重要组成部分，赋予人民话语灵活性和包容性。从上面可以看出，原初语境的人民话语具有功能基础性、理论超越性、外延包容性、话语国际性和演进的多向性等特点。新中国成立后，人民话语作为国家基础性的政治话语，成功实现了大众化，针对人民内部矛盾，毛泽东指出其是非对抗性矛盾，应采用"团结—批评—团结"的教育方针，体现了人民的复杂性，人民话语在改革开放思想解放后有了重大发展及进步，阶级身份制开始被打破。1983年6月，公安部发布了《关于给现有"四类分子"一律摘掉帽子的通知》；1983年年底，全国"四类分子"也全部摘帽，废止了出身审查的做法。随后，随着居民身份制度的实施，人民成为一个泛指，阶级身份制彻底终结，人民话语进入新阶段，人权概念被载入宪法，这些都使人民话语更具有活力。21世纪以来，对人民话语概念升华为以人为本，从哲学视角上看，这个"本"有三层含义：（1）人是世界的根本，是创造世界的基础和力量源泉；（2）人是人的根本，人的本质内化于人自身，人是人的最高本质，人的根本是人本身，两者都是从人的类特性、人的主客观要素相统一视角理解人的本质；（3）人是价值的根本，人作为世界及自身的创造源泉是最高的价值存在。以人为本明确了中国特色社会主义事业发展前进的价值基石。

中国特色社会主义进入新时代，人民在中国共产党的话语中出现频率相当高，在党的十八大报告中出现了145次，党的十九大报告中出现了203次，这样的话语表达揭示了中国共产党全部实践的现实指向即人民。人民至上是马克思主义意识形态话语体系的创新发展，将人民概念作为话语载体，以立足人民、为了人民、依靠人民、造福人民、人民共享为基本内容的话语体系。习近平多次强调"人民至上"的执政理念①，指出要在社会历史发展过程中将人民群众

---

① 2016年4月26日，习近平在和知识分子、劳动模范、青年代表的座谈会上指出："广大知识分子要坚持国家至上、民族至上、人民至上，始终胸怀大局、心有大我。"2020年5月22日，习近平在参加十三届全国人大三次会议内蒙古代表团审议时提出："必须坚持人民至上，紧紧依靠人民、不断造福人民、牢牢植根人民。"9月22日，习近平在第七十五届联合国大会一般性辩论上发表重要讲话指出："面对新冠肺炎疫情，各国要践行人民至上、生命至上理念，加强团结，同舟共济。"10月23日，习近平在纪念中国人民志

当作主体,将人民利益放于最高位置,将人民幸福置于奋斗目标,依靠人民厚植人民服务人民,将实现人民幸福作为党的使命所向。人民至上是对西方"原子式个人"政治哲学的扬弃,要坚持人民生命至上、人民地位至上、人民利益至上、人民权力至上等。①从人民立场出发构建的政治话语体现了党最为根本的政治和使命意识,只有赢得人民的信任和支持,党才能够无往而不胜,人民性是马克思主义最鲜明的品格。人民性和以人民为中心的话语是习近平对马克思主义群众观点及党的群众路线的深化发展,是新时代马克思主义意识形态话语体系构建的根本政治立场,是确保国家文化安全的重要内容。

(一)为了人民最终实现共同富裕

马克思主义学说是为绝大多数人谋利益的理论,蕴含着宽广的人类关怀与深厚的人民情谊,它立足广大无产阶级及劳苦大众的利益系统阐释了科学社会主义。党和国家权力来源于人民也应服务于人民,党和国家工作人员应自觉树立服务意识和公仆意识。"为什么人的问题,是检验一个政党、一个政权性质的试金石。"②中国共产党没有自己的特殊利益,党的执政目标、活动和方法等执政要素都是以人民为内在规定性,一切为了人民和全心全意为人民服务体现了人民至上是党的价值追求,是党治国理政的出发点和落脚点。

党将为人民谋幸福作为根本使命,其目的就是让人民都过上好日子。党的十八大以来,党不断完善制度体系建设和政策部署,持续关注国计民生的教育、医疗、就业、生态和扶贫等领域,始终将人民置于社会和国家发展的第一位,疫情之初按下经济发展的"暂停键"就是为了更好保障人民的生命安全,人民至上的执政理念是党执政经验的升华。2015年2月习近平在中央全面深化改革

愿军抗美援朝出国作战70周年大会上的讲话中指出:"只要我们始终坚持人民立场、人民至上,就一定能够激发出无往而不胜的强大力量,就一定能够不断书写中华民族伟大复兴的精彩华章。"

① 张杨、洪向华:《坚持人民至上:党的百年奋斗重要历史经验——基于中国制度的研究》,载于《党政研究》2022年第1期,第13—21页。

② 《习近平谈治国理政》(第三卷),外文出版社2020年版,第520页。

领导小组第十次会议上首次提出"让人民群众有更多获得感",之后他反复使用"获得感",强调"多推有利于增强人民群众获得感的改革"①,"使人民获得感、幸福感、安全感更加充实、更有保障、更可持续"②。现实生活中脱离群众,损害人民利益的人和事屡见不鲜,一是明知故犯,有的领导干部台上高唱为人民服务,台下却做着损害人民利益的勾当;二是知而不为,有的党员和干部精神懈怠,在服务人民群众上难有作为。因此习近平指出:"着力打通联系服务群众的'最后一公里'。"③"老百姓是天,老百姓是地"④点明了人民含义的内核,打通服务群众"最后一公里",体现了党全心全意为人民服务,党要怀有忧民、为民、爱民和惠民之心,将关注问题导向和服务人民导向紧密相连,这些都体现了中国共产党人民立场的思想底蕴,是新时代马克思主义意识话语坚持群众路线的时代新表述。

（二）依靠人民推进国家治理现代化

马克思恩格斯指出:"历史活动是群众的事业。"⑤依靠人民既彰显了党坚持以人民为中心的实践逻辑,也反映了党的执政根基和执政方式。"人民是党执政的最大底气,也是党执政最深厚的根基。"⑥党继承和发展了群众史观,认为人民是决定党及国家前途命运的根本力量,在执政过程中要始终紧紧依靠人民推进社会主义现代化建设。

推进国家治理体系和治理能力现代化是新时代全面深化改革的总目标,是对四个现代化和中国式现代化的拓展和深化,是新时代提出的重要现代化理论,具有长期发展、渐进改进和内生演化的鲜明特征。这一命题在中共十八届三中

---

① 《习近平谈治国理政》（第二卷），外文出版社2017年版，第103页。

② 《党的十九大报告辅导读本》，人民出版社2017年版，第75页。

③ 中共中央文献研究室编:《十八大以来重要文献选编》（中），中央文献出版社2016年版，第88页。

④ 中共中央宣传部编:《习近平新时代中国特色社会主义思想学习纲要》，人民出版社2019年版，第42页。

⑤ 《马克思恩格斯全集》（第二卷），人民出版社1957年版，第104页。

⑥ 《习近平谈治国理政》（第三卷），外文出版社2020年版，第137页。

全会首次被提出，中共十九大得以进一步深化，到2035年"各方面制度更加完善，国家治理体系和治理能力现代化基本实现"①；到21世纪中叶"实现国家治理体系和治理能力现代化"②，只有通过全面深化改革才能不断提升制度优势和治理能力，而这就首先要强调转化主体的存在，突出国家治理的人民性，国家权力要"自觉拜人民为师，向能者求教，向智者问策"③，党的报告中多次指出保障人民的政治参与④，只有这样才能更好保证政策决议的科学性。不断增强人民参政议政能力及水平，将以政府为中心转变为以人民为中心，最大限度激发制度活力和潜力，以高水平的国家治理效能推进国家治理现代化。2020年3月，党中央发布了《关于党的十九届五中全会研究"十四五"规划建议征求意见的通知》，为更好集中人民智慧，8月再次在网上征求意见，这确保了规划的科学性、人民性。民主选举、民主决策、民主协商、民主监督和民主管理等人民当家作主的执政实践形式不断得以完善丰富，积极发展全过程民主，民主制度更趋成熟定型，"健全民主制度，丰富民主形式，拓宽民主渠道"⑤，各种督察和监督制度更加体系化，让人民监督权力，同时参与到国家治理的各环节，让权力运行在阳光下，坚持将权力关进制度的笼子里，将人民愿望、人民权益和人民福祉落实到全面依法治国的各领域，用良法善治保护人民，"努力让人民群众在每一个司法案件中感受到公平正义"⑥，更好尊重及保障人权，从而有效提升国家的治理效能。

---

① ②《中共中央关于坚持和完善中国特色社会主义制度、推进国家治理体系和治理能力现代化若干重大问题的决定》，人民出版社2019年版，第5页。

③ 中共中央宣传部编：《习近平新时代中国特色社会主义思想学习问答》，人民出版社2021年版，第102页。

④ 党的十七大报告中指出要"发展基层民主，保障人民享有更多更切实的民主权利"。党的十八大报告中指出要"保障人民知情权、参与权、表达权、监督权"。同时还指出"扩大有序参与、推进信息公开、加强议事协商……丰富内容和形式，保障人民享有更多更切实的民主权利"。

⑤《习近平谈治国理政》，外文出版社2020年版，第183页。

⑥《〈中共中央关于制定国民经济和社会发展第十四个五年规划和二〇三五年远景目标的建议〉辅导读本》，人民出版社2020年版，第485页。

（三）造福人民以满足人民美好生活需要

马克思主义政党的根本任务是为绝大多数人谋利益，满足人民美好生活需要。中国共产党在执政实践中将为民造福作为新时代重要的政绩。宏观层面，党的大政方针和人民利益相契合，人们期盼什么和关心什么，政策就制定什么和完善什么。党领导下的精准扶贫治理通过"授人以渔"的方式从根本上帮助贫困人口获得致富能力，带领人民走向共同富裕，最终"9899 万农村贫困人口全部脱贫，832 个贫困县全部摘帽，12.8 万个贫困村全部出列"①。微观层面积极做好各项基础性、普惠性和兜底性工作，从人民关注的现实问题出发，坚决维护人民的根本利益。与此相反，资产阶级政党是资产阶级的政治代表，代表的只是少数资本家和剥削阶级的利益，其各项福利制度虽然被资产阶级经济学家描绘成消除贫富差距和劳资矛盾，但实质是为了防止工人反抗和破坏资本主义制度，缓和劳资矛盾，维护资产阶级的垄断统治。另外，西方的多党派竞争使得福利政策层层加码，出现福利制度异化的现象，欧美等国在疫情下更是提出"群体免疫论"，维护的仅仅是资本及资产阶级少数人的利益，而更多弱势群体无法得到生命保障。中国共产党始终不渝的奋斗目标就是为人民谋幸福，为人民创造美好生活，阐述了党以人民为中心思想的话语。

中国特色社会主义进入新时代，人民对美好生活需要不断增长，党代会报告文本中大量出现的"美好""生活""幸福""需求"和"需要"等词语，体现了党为生活在当下的人民规划的未来美好生活蓝图，指出了国家未来的努力方向，就是要实现人民对美好生活的向往。美好生活不应是人民"镜花水月"的憧憬，而应是国家逐步推进的切实目标，习近平对此多次进行强调②，美好生

---

① 《中国共产党一百年大事记（1921 年 7 月—2021 年 6 月）》，人民出版社 2021 年版，第 244 页。

② 2013 年 3 月 19 日，习近平在接受金砖国家媒体采访时强调："中国共产党在中国执政，就是要带领人民把国家建设得更好，让人民生活得更好。"2016 年 7 月 1 日，习近平在庆祝中国共产党成立 95 周年大会上指出："我们要顺应人民群众对美好生活的向往，坚持以人民为中心的发展思想。"

活是中国特色社会主义进入新时代社会主要矛盾的诉求,党的十九大报告指出社会主要矛盾转变为人民日益增长的美好生活需要和不平衡不充分发展之间的矛盾,美好生活已不再单纯是物质文化层面,而是多领域和全方位美好生活需求,对生活享受转向生活权力,对个体幸福转向社会健康发展,不再停留对"硬要求"满足,而是更注重幸福感和获得感等"软要求"的满足。人民的精神文化生活日益丰富,社会保障体系和社会治理体制不断健全完善,人民就业、教育、医疗和住房等民生问题得到改善,推进美丽中国建设,截至2020年"全国完成造林677万公顷、森林抚育837万公顷、种草改良草原283万公顷、防沙治沙209.6万公顷"①,全方位多领域提升社会治理水平,满足人民对美好生活的需要。中国共产党人的初心和使命就是为人民创造美好生活,它激励中国共产党不断前进②,是党中央统揽"四个伟大"③的重大部署,坚持党的全面领导,党的初心是挺立民心工程的脊梁,牢记为中国人民谋幸福的初心,只有这样才能做到党心中有人民,人民心中有党。

三、铸牢中华民族共同体意识

铸牢中华民族共同体意识,实现民族复兴,是新时代马克思主义意识形态话语体系构建的根本政治任务。中华民族这一政治话语突出共享的中华文化符号,可以更好凝聚中国国民的整体认同,增强中华文化认同,提升中华文化的影响力。"民族"话语的出场是基于全球化和中国社会转型的双重冲击下的理论自觉,不仅是对中华民族事务日趋复杂和结构性张力的靶向医治,而且是拯救自由主义、多元文化主义乏力的话语创新。中国共产党的百年奋斗历程始终肩负着民族复兴的伟大使命,如何将广大人民群众更好团结起来进行社会主义现

---

① 国家林草局:《2020年我国共完成造林677万公顷》,载《新华网》,http://www.xinhuanet.com/travel/2021-03/12/c_1127203759.htm,2022年2月28日。
② 习近平:《在"不忘初心、牢记使命"主题教育工作会议上的讲话》,人民出版社2019年版,第1—2页。
③ "四个伟大"指伟大斗争、伟大工程、伟大事业和伟大梦想。

代化建设,就必然涉及中国共产党对多民族的认识及定位,凝练民族话语,铸牢中华民族共同体意识,可以唤醒人们共同的历史记忆,增强各族人民群众对中华文化的认同。

中国共产党始终重视民族问题,马克思认为民族问题从属于工人问题,正如《共产党宣言》指出:"民族内部的阶级对立一消失,民族之间的敌对关系就会随之消失。"①而列宁发展地认为民族问题是社会主义运动的一个局部,中国共产党对民族问题的认识有一个重大转变的过程,从开始的"革命问题的一部分"转为"社会总问题的一部分"。1902年,梁启超率先提出中华民族的概念,主张以中华民族统领汉蒙满藏回等各族群,将传统的王朝国家转型为现代国际法视域下的主权国家,自此,中华民族开启了从自在的民族实体到自觉的民族实体的转化。随后孙中山认为中国应以美国的美利坚民族为榜样,主张同化国内各族,建立一个统一的中华民族。这一观点被中国共产党人认同、接受和发展,党认为各民族都是中华民族的一分子,对中华民族的生存和发展有其贡献。新中国成立初期,党借鉴苏联民族理论,将文化、传统生产方式和语言等有一致性的文化共同体划分为56个民族,建构形成中华民族大家庭,同时创建了民族区域自治。截至2001年年底全国共建立自治区5个、自治州30个、自治县120个等155个民族自治地方②,而学者们普遍认为对于"中华民族"建设,更多体现在多元性建设方面而一体化建设方面较虚,这就在一定程度上加剧了族群之间的物理性隔离及心理隔阂,破坏了文化共生的土壤。例如,马戎就指出这在客观上造成了新的民族"二元结构",一方面,既不利于民族之间的相互学习,也不利于文化的融合、沟通和交流;另一方面,弱化了中华民族的民族意识,不利于应对风云变幻的国际形势及激烈竞争。③以上这些都严重威胁到国家文化安全。中华民族一体化建设的缺失会造成文化的分殊和分离,造成民族和国家关系的紧张,

---

① 马克思、恩格斯:《共产党宣言》,人民出版社2018年版,第48页。
② 宋才发:《民族区域自治制度的发展与完善——自治区自治条例研究》,人民出版社2008年版,第381页。
③ 沈桂萍:《铸牢中华民族共同体意识面临的突出问题及对策——以民族理论和政策话语重构为例》,载于《中央社会主义学院学报》2021年第1期,第57—69页。

从而形成一种消极力量解构着中华民族共同体。尤其中国经过改革开放40多年的发展越来越深地融入全球社会过程之中，面临着诸如低于民族国家的民族（族群）认同、超越民族国家的宗教认同等挑战。例如，意识形态领域的"去中国化"和泛民族主义等倾向明显，社会上出现的"藏独""疆独"的民族分裂行为危害着国家文化安全，中华民族共同体意识应运而生。1988年，费孝通提出了"中华民族多元一体"观，旨在警示国人，要增强中华民族"一体化"认同，即在理论上清楚中华民族作为民族共同体应具备的实体民族特征，学界普遍将民族（nation）理解为国族，阐述了作为国族的中华民族应具有共同语言、共同地域、共同文化、共同经济生活、共同文化上的心理认同等主要特征。

党的十八大以来，习近平总书记关于民族问题有诸多重要论述，彰显了民族问题概念和处理民族问题的重要性，拓展性地揭示了民族问题和社会问题的辩证关系，精辟地提出"民族工作涉及方方面面""民族工作关乎大局"等新论述。2014年，在中央民族工作会议上阐述了"中华民族多元一体"论，指出56个民族"你中有我，我中有你，谁也离不开谁"①，是地域分布上交错杂居、文化上兼容并蓄、经济上相互依赖的多元一体，铸牢中华民族共同体意识为认识和处理民族问题提供了理论及实践的指引方向；2019年9月，在全国民族团结进步表彰大会上提出用"八个坚持"科学解决民族矛盾和问题；2021年8月，在中央民族工作会议上总结了关于加强、改进民族工作的"十二个必须"的重要思想，这些都推动了新时代中华民族共同体工作的高质量发展。习近平关于中华民族的系列重要论述②，也揭示了铸牢中华民族共同体意识对实现中华民

---

① 中共中央宣传部编：《习近平新时代中国特色社会主义思想学习纲要》，人民出版社2019年版，第132页。

② 习近平在参观《复兴之路》展览时指出："实现中华民族伟大复兴，就是中华民族近代以来最伟大的梦想……这体现了中华民族和中国人民的整体利益，是每一个中华儿女的共同期盼。"党的十九大报告中再次指出："中国共产党人的初心和使命，就是为中国人民谋幸福，为中华民族谋复兴。"在会见基层民族团结优秀代表时指出："我国56个民族都是中华民族大家庭的平等一员，共同构成了你中有我、我中有你、谁也离不开谁的中华民族命运共同体。"

族伟大复兴的重要意义。早在2013年十二届全国人大一次会议闭幕会上习近平就发表了题为《实现中华民族伟大复兴的中国梦》讲话,之后这一话语被写入2018年新修订的《中华人民共和国宪法》。实现中华民族伟大复兴的前提就是要铸牢中华民族共同体意识,铸牢中华民族共同体意识不仅是统领民族工作的核心话语,而且是引领民族意识形态领域的主导话语。[①]只有更好深化中华民族"你中有我,我中有你"的共同体意识,才能更好为实现中华民族伟大复兴凝聚人心、凝聚力量和凝聚智慧,中国梦概念代表的文化符号意义鲜明,为我们提高文化自信,更好维护国家文化安全和消除外部疑虑找到了平衡点。

(一)用"民族复兴"话语铸牢中华民族共同体意识

自1988年费孝通提出中华民族多元一体观点后,中华民族整体性话语叙述在国家意识形态话语中得到更多阐发,因为之前的民族理论主流话语建构是依照各民族共同繁荣发展的主旨,话语内容强化了中华民族56个民族的差异性特点,因此造成有些话语和中华民族沟通及构建相互抵触,甚至对中华民族的整体性具有解构作用,危害的是国家文化安全。例如,"主体民族"话语被"藏独"和"台独"炮制成政治动员的词语,因此会对中华民族共同体意识造成冲击;"跨境民族"话语在强化跨境性的同时弱化了中华民族性,同样冲击着中华民族共同体意识,导致境内一些少数民族否定他们是中华民族大家庭一员。例如,国际上出现的泛民族主义思潮实则是"跨境民族"的政治运动,"蒙古统一"运动的基点是主权独立的蒙古国,"泛伊斯兰主义"及"泛突厥主义"是"疆独"政治动员的理论依据;"中华文化"的虚化同样冲击着中华民族共同体意识,一部分人将中华文化窄化成传统文化和儒家文化,或不自觉地将中华文化等同于汉族传统文化,或将少数民族文化自外于中华文化[②],文化民族主义

---

① 沈桂萍:《建设"中华民族共同体"意识形态话语体系》,载于《河北省社会主义学院学报》2020年第3期,第5—10页。

② 沈桂萍:《铸牢中华民族共同体意识面临的突出问题及对策——以民族理论和政策话语重构为例》,载于《中央社会主义学院学报》2021年第1期,第57—69页。

的死灰复燃导致宗教极端势力和种族分化抬头，这些都严重危害了国家文化安全。2014年，习近平在中央民族工作会议上科学论述了中华文化和各民族文化的关系，体现了中华民族共同体意识应是"你中有我，我中有你"的文化共同体意识。①因此，新时代应铸牢中华民族共同体意识，用整体性的"民族复兴"话语叙事铸牢中华民族共同体意识。

中华民族共同体的形成是实现中华民族伟大复兴的中国梦的基础。用"民族复兴"构建民族工作的话语叙事，民族理论话语在政策层面的转换有以下两点。首先，创新了民族理论政策的话语。一方面，将宗教问题、笼统的民族问题界定为普遍意义上的社会议题，转换成一般法律统摄下依法治理的宗教事务和民族事务，以往一涉及民族因素的问题就和民族相挂钩，如习近平指出"虽然带着'民族'字样，但不都是民族问题，必须去'敏感化'"②；另一方面，将"民族发展"和"民族经济"转换说法，说成"地区发展"和"地区经济"，例如，2014年，习近平在中央民族工作会议上的讲话中将以前的"加快少数民族经济"的话语创新性转化为"加快民族地区小康社会进程"，之后又将"民族地区"分解为五个方面，即新疆、西藏、边疆、资源保护和贫困地区，并提出针对五个地区要具体问题具体分析，实行差别化扶持政策，应仅仅从区域概念来看待经济问题，避免和民族因素挂钩。其次，推进民族工作法治化，要"确保各民族公民在法律面前人人平等。要坚持一视同仁、一断于法"③。这就表明没有超越法律的特殊公民、特殊民族和特殊权利，要用国家的一般法律法规来统摄民族因素，同时要求各民族公民在法律面前一律平等，要把民族的政治性权益和公民社会性权益尽可能剥离，实行以公民个体为基础的社会治理，保障少数民族的公民权益，推进民族事务治理法治化和公民化。只有如此，才能

---

① 2014年习近平在中央民族工作会议上指出："把汉族文化等同于中华文化是错误的，把本民族文化自外于中华文化也是错误的；加强中华民族大团结，长远和根本的是增强文化认同，建设各民族共有精神家园，积极培育中华民族共同体意识。"
② 《习近平关于社会主义政治建设论述摘编》，中央文献出版社2017年版，第154页。
③ 《习近平谈治国理政》（第三卷），外文出版社2020年版，第301页。

更好顺应各民族交流交往和交融的客观趋势，更好铸牢中华民族共同体意识，为实现民族复兴的中国梦更好凝聚精神力量。

（二）中华民族伟大复兴离不开中华民族共同体建设

习近平的一系列重要论述都蕴含着党站在民族复兴的战略高度来审视中华民族命运共同体，各民族团结基础上的文化认同和共有精神家园，是铸牢中华民族共同体意识的根本。中国是一个多民族组成的大家庭，民族是承载和支撑民族国家制度体系的基石，只有人民利益、民族利益和国家利益相统一，才会有中华民族的伟大复兴，只有"国家好，民族好，大家才会好"[1]，因此要实现中华民族伟大复兴就要坚持"大家庭"叙事及"共同体"话语，这就给新时代中华民族共同体建设提出新的时代课题。

第一，世界大国兴衰发展史表明，强有力的国家和民族是国家崛起和民族复兴的基础。国家民族就是国族，中华民族是中国的国族，国族合一的必然结果是对民族的忠诚、国家的忠诚合一，这是现代民族国家意义上的爱国主义，它是实现中华民族伟大复兴的前提。西欧民族国家的迅速崛起就在于，一方面，民族国家为新兴民族披上政治外衣提供了利益保障，激发了民族共同体的创新创造热情及活力，促进了民族团结和强盛；另一方面，日益强大和兴盛的民族也反过来推动着国家强大和崛起，也不断推动国家走向强大，纵览历史上那些民族众多的国家走向衰落的一大诱因，就是其民族未成为形式上的"一体"或真正整合成一体，如学界普遍认为苏联解体跟苏联民族政策及问题相关。

第二，稳固的中华民族共同体可以更好应对复杂的国际环境，随着中国走向世界舞台的中央，必须审视深刻的复杂变化的国际形势，同时让世界人民清楚，中国梦和世界各国人民的美好梦想息息相关，只有建设好中华民族共同体，才能确保中华民族屹立于世界民族之林。

第三，稳固的中华民族共同体是中华民族绵延发展的力量源泉，是国家统一和民族团结的"压舱石"。族际关系冲突则民族分裂，族际关系和谐则民族团

---

[1]《习近平谈治国理政》（第一卷），外文出版社2018年版，第64页。

结，民族团结则国家稳定。我国的 56 个民族和中华民族关系是"多元"和"一体"的关系，56 个民族都是中华民族大家庭中的一员，各民族命运和中华民族命运休戚相关。然而，中华民族共同体建设和中华民族伟大复兴的要求仍存在着很大的差距，有学者指出："反观中国的国族建设，'应有'与'现有'之间存在巨大的反差。"①因此迫切需要关注中华民族共同体建设，将各民族和中华民族引向"中华民族伟大复兴"和"世界民族之林"的时空场域，着眼于"五个认同"提升中华民族共同体的认同；铸牢中华民族共同体意识，从本质上说，中华儿女就是血浓于水的骨肉兄弟，中华儿女意识和爱国精神、民族大义密不可分；要消解民族团结的不利因素，警惕结构性张力和结构性失衡，进一步优化中华民族的政治结构，铸牢中华民族—中国共产党—中华人民共和国三者之间的政治结构，维系各民族团结的政治、经济、文化和法律纽带，"用法律来保障民族团结"②，坚决依法打击破坏民族团结、挑拨民族关系的行为及煽动民族分裂的活动；注重中华民族的理论支撑，增强理论自信，增强中华文化认同，不能因多忽一，突出共享的中华文化符号，提升中华文化影响力。

（三）民族话语叙述围绕中华文化共有精神家园展开

文明是文化的精粹，中华文明关乎文化安全。中华文明主要由各民族优秀传统文化、革命文化和中国特色社会主义文化组成，由此可以看出，中华文明话语叙事内在包含着民族话语叙事，民族话语叙事应围绕中华文化共有精神家园展开。以前我们建构的民族特色文化主要是指少数民族传统文化，属于中华文化的传统文化部分，而今天各民族共同建设的中国特色社会主义文化就属于中华文化的现代文化。如果仍狭义地使用汉族文化、回族文化和维吾尔族文化进行话语叙事，给人的感觉是中华文化不具备整体性，这样中华文化就等同于 56 个民族的文化总和，因此虚化了中华文化，同时在各民族文化交流之间设立

---

① 周平：《论中华民族建设》，载于《思想战线》2011 年第 5 期，第 16—22 页。
② 中共中央宣传部编：《习近平新时代中国特色社会主义思想学习纲要》，人民出版社 2019 年版，第 133 页。

了屏障，不利于文化的交往交融。民族文化的话语也不包括社会主义核心价值观，一方面，不符合中华文化"多元一体"的客观事实；另一方面，不能很好体现各民族共同建设中国特色社会主义文化这一社会现实，会危害国家文化安全。习近平因此指出要"以社会主义核心价值观为引领，构建各民族共有精神家园……树立和突出各民族共享的中华文化符号和中华民族形象"①，中华文化的摇篮是多处而非一处，是"星罗棋布"而非"一枝独秀"，是各民族文化的集大成，是最深层次的认同，是反映全国各族人民共同认同的价值观的"最大公约数"，中华文化中的各民族文化是铸牢中华民族共同体意识的动力，中华文化的大繁荣大发展是国家文化安全的根本保障。

中华民族话语是"你中有我，我中有你"的中华民族意识体现，拥有着共同的历史文化记忆。民族话语叙述应以社会主义核心价值观为指导，围绕中华文化共有精神家园展开，促进各民族文化的交流交融共享，铸牢中华民族共同体意识。要警惕意识形态领域出现的"去中国化"和去中华文化意识，铸牢各民族同胞的经济利益共同体、社会共同体和命运共同体意识，中华民族建设正从"多元"走向"一体化"阶段，需要各民族增强对中华文化的认同，维护国家文化安全。

四、弘扬社会主义核心价值观和全人类共同价值

社会主义核心价值观和全人类共同价值是新时代马克思主义意识形态话语体系构建的根本价值基础。价值观是文化的核心，无形的价值观只有通过制度、话语、集体行动及集体记忆等象征体系才可被感知。意识形态隐藏在言语中，而话语是价值观天然的栖身之所。②核心价值观承载着一个国家和民族的精神追求，可以在价值多样化时代更好凝聚、广泛动员共同体，是推动国家和社会

---

① 习近平：《在全国民族团结进步表彰大会上的讲话》，载《人民日报》2019年9月28日，第2版。
② ［英］大卫·麦克里兰：《意识形态》，孔兆政、蒋龙翔译，吉林人民出版社2005年版，第92页。

持续发展的精神纽带及内生力量，是文化软实力的灵魂，是维护国家文化安全的关键所在。依价值学观点，核心价值观的核心主要表现在：（1）结构样态具有系统性，核心价值观属于价值观念系统中的"内核"，起主导支配作用，它决定了文化的性质及方向；（2）表现形式具有内在性，核心价值观独特的象征价值渗透于社会生活的各方面，潜移默化塑造影响着国家及社会的精神风貌；（3）功能属性具有"统摄性"，统摄着其他价值观念，是社会中普遍遵循的基本原则。①综上，核心价值观因其系统性、内在性和统摄性导致在现实生活中人们无法具体触及，核心价值观是一个国家的制度核心，是价值共识的特定表达，是意识形态话语的表达。社会主义核心价值观是党领导人民继承优秀传统文化，借鉴中西文明优秀成果，在社会主义现代化实践中逐渐形成的价值理念，凝聚了全社会的价值共识，反映了社会主义制度的价值取向和本质属性，是国家文化安全最本质的体现。

历史向世界历史转变的全球化新时代，亨廷顿的文明冲突论指出，在新的世界，最重要、最危险的冲突"是属于不同文化实体的人民之间的冲突"②。"共同价值"话语形成的价值共识正是基于价值观念多样多元多变的客观现实，旨在降低价值观念的分歧，改变无序、失范和失衡的状态以达成价值统一。《中共中央关于党的百年奋斗重大成就和历史经验的决议》指出应"弘扬和平、发展、公平、正义、民主、自由的全人类共同价值，引领人类进步潮流"③，全人类共同价值是中国共产党人关于时代之问的智慧回答和理念创新，是世界各国人民最大化的价值共识，也是激励人们追求美好生活的精神动力。世界现代化事业的发展，一方面实现了生产力发展的重大跃迁，另一方面也产生了发展失衡、生化危机、环境恶化、贫富鸿沟和暴恐危机等人类危机，这些问题把人

---

① 王荦、梁玲玲：《社会主义核心价值观：话语机制与实践逻辑》，载于《中国特色社会主义研究》2020年第3期，第57—62页。
② ［美］塞缪尔·亨廷顿：《文明的冲突与世界秩序的重建》，周琪等译，新华出版社1998年版，第7页。
③《党的十九届六中全会〈决议〉学习辅导百问》，党建读物出版社2021年版，第58页。

类命运紧紧联结在一起，面对"世界怎么了，我们怎么办？"①这一危机和共同困局，中国共产党人提出的方案是，各国人民应在全人类共同价值引领下携手共建人类命运共同体，因为"人类生活在共同的家园，拥有共同的命运"②，提出全人类共同价值话语的初衷并不是消灭或者对抗资本主义制度，而是对西方"普世价值"话语的超越，意指世界各国应超越意识形态对立，抛弃意识形态偏见，实现不同形态文明的和谐共生，从而更好维护本国文化安全，最终实现合作共赢。

马克思主义经典作家曾指出，社会主义源于人类社会发展的共同价值理想，并以此为基础材料，人类共同的文明成果及共同价值都可以被吸收容纳到社会主义中。社会主义核心价值观的形成，一方面和中华优秀传统文化的美德滋养有关，另一方面全人类共同价值是其重要来源及有益补充。否则，社会主义核心价值观就不能融入世界潮流，不利于国家文化安全，我国从"以阶级斗争为纲"到"以经济建设为中心"，再到"以人为本"的科学发展都是对人类共同价值吸收和升华的结果，推动构建人类命运共同体，既体现了融入世界文明发展的历史进程，又推进了世界文明的共同发展。从这个意义上来说，社会主义核心价值观是全人类共同价值的具体化和民族化，全人类共同价值则进一步拓宽了社会主义核心价值观的新视域。

（一）培育和践行社会主义核心价值观

文化全球化时代，思想观念大碰撞和文化价值大交融导致价值观多样多元化，价值观的相对化、庸俗化、虚无化及物欲化等问题表现十分突出，即马克斯·韦伯所说的处于一个祛魅之后诸神不和的时代，价值认同的分化、混乱、冲突和缺失，亟须核心价值观重塑价值共识，没有核心价值观，文化建设就没有灵魂和依据，这就必然影响到国家文化安全。社会主义核心价值观24个字是

---

① 《习近平主席在出席世界经济论坛2017年年会和访问联合国日内瓦总部时的演讲》，人民出版社2017年版，第20页。
② 《"一带一路"国际合作高峰论坛重要文辑》，人民出版社2017年版，第16页。

中国文化软实力的灵魂,旨在确立反映全国各族人民共同认同的价值观"最大公约数",更好构筑中国精神,是国家形象构建的灵魂,对于国家意识形态的重塑至关重要,有助于人们走向文化自觉,坚定文化自信,切实维护国家文化安全。

党的十八大以来,习近平用价值标准、文化软实力的灵魂和民族精神纽带等强调社会主义核心价值观在社会发展和国家治理中的重要性,它是建成社会主义现代化文化强国战略目标的价值引领,党的十九大报告更是界定为党必须贯彻的基本方略之一。党的十六届六中全会是从文化视角定位为"建设和谐文化的根本"①,之后到党的十七大从意识形态维度定位为"社会主义意识形态的本质体现",再到党的十八大站在国家战略的高度定位为"兴国之魂"和"社会主义先进文化的精髓"②,直至党的十九大上升到基本方略高度加以强调,是中国特色社会主义的历史逻辑、理论逻辑和实践逻辑的必然结果,体现了在治国理政布局中的重要地位,是建设社会主义文化强国的当然选择,也是应对西方价值观渗透,应对主流价值观边缘化挑战,防止和遏制价值观"真空"导致精神疾患的必然选择,是维护国家文化安全的重要保障。今日之中国,马克思主义一元主导地位面临多元、多变社会思潮的挑战,受到市场经济竞争性、自发性、逐利性和自由性的挑战,传统宣传管理和治理受到新兴媒体、媒介挑战,意识形态领域斗争十分严峻,国家文化安全形势比较复杂。面临重大挑战和重大风险,为更好解决重大矛盾,习近平强调要大力培育和践行社会主义核心价值观,使其担当精神指引的"方略"使命,从而更好构筑中国精神和中国价值,更好地维护国家文化安全。

党的十九大报告对社会主义核心价值观精神实质的认识上升到新高度,指

---

① 《中共中央关于构建社会主义和谐社会若干重大问题的决定》,人民出版社2006年版,第22页。
② 《中共中央关于深化文化体制改革推动社会主义文化大发展大繁荣若干重大问题的决定》,人民出版社2011年版,第11页。

出社会主义核心价值观是当代中国精神的集中体现①，核心价值观是对中国精神的凝练表达，主动回应了西方国家的自由、人权思想和"普世价值"，更好维护了国家文化安全。党要"坚持以社会主义核心价值观引领文化建设"②，就要用法律、法规、规章和公共政策进行刚性约束，如此才能融入社会生活的方方面面，转化为人们的情感认同及行为习惯。《中国共产党章程》和新修改的《中华人民共和国宪法》都明确提到社会主义核心价值观的重要性，习近平强调社会主义法治应是良法善治，要将社会主义核心价值观贯穿到立法、执法、司法和守法各环节③，一系列具体文件也因此相继出台④；2019年10月印发的《新时代公民道德建设实施纲要》更是指出："将社会主义核心价值观……体现到法律法规立改废释、公共政策制定修订、社会治理改进完善中。"⑤《中华人民共和国民法典》第一条就提到立法目的之一在于弘扬社会主义核心价值观。⑥上面法律条文、公共政策和道德建设纲要等，推进了社会主义核心价值观在社会发展的全方面融入。强化社会主义核心价值观的制度保障，使其培育转向常态化、长效化和纵向发展，这就要求社会主义核心价值观建设不但要"依制而行"更要"转化入制"，两者相互作用，使德治和法治相得益彰。

---

① 《习近平谈治国理政》（第二卷），外文出版社2017年版，第351页。
② 《党的十九届六中全会〈决议〉学习辅导百问》，党建读物出版社2021年版，第47页。
③ 《十三届全国人大一次会议〈政府工作报告〉辅导读本》，人民出版社2018年版，第401页。
④ 2018年5月中共中央印发《社会主义核心价值观融入法治建设立法修法规划》，强调要"坚持全面依法治国，坚持社会主义核心价值体系，着力把社会主义核心价值观融入法律法规的立改废释全过程"；2018年9月最高人民法院制定发布了《关于在司法解释中全面贯彻社会主义核心价值观的工作规划（2018—2023）》，"旨在培育和践行社会主义核心价值观，统一裁判标准和裁判尺度，努力让人民群众在每一个司法案件中感受到公平正义"。
⑤ 《崇德向善的引领——新时代公民道德建设理论文章汇编》，人民出版社2020年版，第110页。
⑥ 《中华人民共和国民法典》，人民出版社2020年版，第247页。

（二）弘扬全人类共同价值，构建人类命运共同体

全人类共同价值是人类共同利益的思想反映，共同利益是一种客观现实，它存在于科技交流、经贸往来和生态保护等诸多领域，各国应自觉维护人类共同利益，现实中去全球化和逆全球化思潮干扰了经济全球化的发展，贫富差距的两极分化是由于放纵资本疯狂逐利的结果，因此各国应积极合作规避资本的负面逻辑，不能因噎废食粗暴否定经济的全球化，经济全球化过程中应自觉维护人类共同利益，正如习近平指出："各国应该坚持人类优先的理念，而不应把一己之利凌驾于人类利益之上。"①全人类共同价值为人类发展和共同进步提供了源源不断的精神动力，既关注了人类社会面临的难题，又避免了损害他国利益，坚持普遍性和特殊性相结合，在尊重人类文明多样性和他国利益的前提下倡导共赢、双赢和多赢的价值观，实现了国家利益、民族利益和人类共同利益的有机统一，是对马克思主义原理、观点和方法的正确运用。全人类共同价值不但符合人类社会发展的客观真理性，也为解决如何满足人民美好生活的生存和发展困境提供了"理想的意图"，旨在改变世界，既充分反映了当今世界各国发展的客观情况，也考虑到世界各国发展面临的一些共性问题。共同理想和共同的价值追求是世界实现公平正义的前提，全人类共同价值可以为世界人民战胜全球风险提供价值支撑。几年前的新冠疫情是全球范围内最严重的公共卫生突发事件，要坚持人类优先各国就必须在现实生活中摒弃意识形态偏见，坚持平等相处、平等相待和真诚对话的价值规范，以全人类共同价值凝聚强大精神动力抵御全球风险。全人类共同价值是人类文明新形态的体现，文明的多样性演绎了人类文明的独特魅力，文明本没有高低优劣之分，但国际交往中文明优越论和文明冲突论沉渣泛起，阻碍了不同文明间的交往，应"以文明交流超越文明隔阂、以文明互鉴超越文明冲突、以文明共存超越文明优越"②，只有如此，多样文明之间才能更好良性发展，全人类共同价值尊重文明的多样性，并

---

① 《习近平谈治国理政》（第三卷），外文出版社2020年版，第209页。
② 《习近平谈治国理政》（第二卷），外文出版社2017年版，第513页。

从中找到了多元价值的最大公约数,是对西方一元现代性叙事的超越,同时更好顺应了多边主义的时代发展潮流,凝聚世界人民的价值共识推动人类文明的发展。

中西各国价值取向的文化特质影响和表现不同,因此很难用一种价值观完整准确地解读另一种价值观,历史终结论和文明冲突论都体现了西方文明中心主义,而中华文明倡导和而不同的和合价值理念,提出了文明共存的共同价值理念来应对文明冲突和差异。全人类的共同价值和西方的"普世价值"有本质区别,西方的"普世价值"根源于资产阶级抽象的人性论,立足于西方资本主义国家的特殊性、个别性基础之上,是从个别到一般,强调了西方的价值理念及发展模式,是当代资本主义的核心价值观,是西方国家对一些国家进行西化和分化的精神武器。所谓的"普世价值"实为西方资产阶级宣扬的一种永恒真理或类似康德"绝对命令"中的"共识",以自私性和利己性为出发点,指出"自我保全的欲求乃是一切正义和道德的唯一根源"①,表现出西方国家新殖民主义和文化帝国主义的虚伪性,假借维护人类正义实想通过颜色革命推广西方资产阶级价值文化,话语表达具有逻辑混乱及非自洽性的特点,这些都严重危害到国家文化安全。"和平、发展、公平、正义、民主、自由"的全人类共同价值关注的是全人类的共同价值诉求,强调人类社会发展的共性和包容性,关注人类的前途命运,以开放、接纳和包容的态度尊重人类的价值共识,不干涉别国文化,是从一般到个别,是对西方"普世价值论"的批判性超越,代表着全人类的共同利益以及社会的发展趋向。全人类共同价值并非中国价值观的推广和输出,而是中国基于基本原则提出的价值共识,最大程度地容纳一切国际社会群体,尊重和承认不同国家、民族和地区的价值观念,解决困扰人类的共同难题,塑造一个"各美其美,美美与共"的国际社会,最终形成一个共建共享和互利共赢的人类命运共同体,全人类共同价值正是基于人类命运共同体的利益选择形成的一种超越国家、民族以及各种国际组织的价值共识,中国站在利

---

① [美]列奥·施特劳斯:《自然权利与历史》,彭刚译,生活·读书·新知三联书店 2016 年版,第 185 页。

益共享、风险共担和和谐共生的高度凝练提取的全人类共同价值，旨在消除不同国家、民族和地区之间存在的文化误解和价值偏见，最终促进东西方文明的交融互鉴，共建包容性的人类文明新秩序。

全人类共同价值反映的是全人类各国各族人民生存、发展的共同利益及需求，主体是全人类，其实践载体是人类命运共同体。构建人类命运共同体这一外交话语超越了国别、党别及制度的异同，符合国际社会的共同利益，反映了大多数国家的普遍期待，使中国的外交政策及理念占据了人类道义的制高点。人类命运共同体这一话语不但超越了西方提出的"守成国—崛起国"话语框架，而且超越了"均势—霸权"的西方秩序观。"崛起国对抗守成国"这一理论框架是西方国际关系理论对于欧洲历史经验的总结、归纳和提炼，是偏颇的也不符合当前的世界图景，是零和博弈和冷战思维的体现，加剧了国家间的误解和冲突，而人类命运共同体理念将国家视为彼此命运共享和平等共赢的主体，体现了全球化时代各国紧密联系和相互依赖的国际体系特征。"均势"和"霸权"是围绕"权力"的权力中心主义的国际关系理论，人类命运共同体超越了"非均势即霸权"的西方中心主义秩序观，不是以权力为核心概念而以命运为核心概念，命运这一概念体现了当今时代的人类追求。

（三）全人类共同价值拓展了社会主义核心价值观培育的新视域

全人类共同价值在中国的具体化和民族化就是社会主义核心价值观，二者是共性和个性、普遍性和特殊性的关系，全人类共同价值话语的建构和表达拓展了社会主义核心价值观培育的新视域。首先，基于理论建构的角度，社会主义核心价值观旨在关注价值观的社会主义特性，是社会主义意识形态话语，是共同价值在社会主义国家的具体化和民族化，彰显了民族凝聚力是以国家认同为目标，不但规范了国家权力运作及制度建设，而且规范了公民社会行为，促成了社会良好道德风尚形成。全人类共同价值旨在突出人的"类特性"，体现了人类共同的价值追求，是国际交往价值理念的"最大公约数"，容易被不同国家及民族认同和接受，其话语建构体现了追求公平正义的国际格局、民主自由的美好需求。①其次，基于实施主体的角度，社会主义核心价值观的培育和践行依赖于国内主体，其作为国家主流意识形态的核心引领着国家的主流民意及社会思潮，由于作为价值范畴的需要正是对于人的丰富性的需要，只有将社会主义核心价值观内化为生活习惯和生活准则，才能满足人民日益增长的美好生活需要。全人类共同价值的实施依赖国际主体，通过塑造民族国家的国际形象，彰显人类命运共同体的精神，推动世界秩序的建构，其对价值主体的规范及引领是间接的，要建立在各国政府及主要社会组织合作共赢的新型国际关系基础之上。再次，基于价值评价的角度，全人类共同价值更具理想性，而核心价值观更具现实性。社会主义核心价值观离不开中华优秀传统文化及中国特色社会主义建设的现实土壤，体现了人民日益增长的美好生活需要；全人类共同价值体现了人类社会发展的整体利益，不但包括实现整体利益，更体现人类对未来社会价值理想的向往及追求，其话语建构及表达也随时代发展而不断丰富。因此可以说，社会主义核心价值观是对全人类共同价值民族性的彰显，全人类共同价值也为社会主义核心价值观提供思想资源，拓展了新视域。全人类共同价值的提出揭开了笼罩在"普世价值"上的神秘面纱，引领人们在尊重世界文明多样性的前提下更好繁荣和发展本国文化。

第二节 新时代马克思主义意识形态话语体系的表达特征

新时代马克思主义意识形态话语体系需要从话语表达方式上增强话语权，话语表达决定话语的支配力，话语支配力是社会主义意识形态面向世界的生动体现，是理论创新成果、价值取向和舆论导向的集中体现，影响着国家主流意识形态的传播力、引导力、影响力和公信力，关系到国家文化安全，话语表达

---

① 张国启：《论习近平全人类共同价值思想的话语特质及其意义》，载于《学术论坛》2018年第3期，第9—15页。

关乎党的宣传思想工作、国家传播能力建设，当下社会主义意识形态遭到极大冲击甚至被污名化，因此必须进一步创新话语表达，推动话语传播的变革，增强马克思主义意识形态话语权，解构西方资本主义的话语体系和价值体系，更好维护国家文化安全。

一、官方话语与民间话语的互动融合

当下中国社会从转型期进入了大转型时代，社会结构和利益主体发生了重大调整，由此带来社会公共话语空间发生迅速的分化及重构，尤其是自媒体时代的来临和新媒体的普及导致多元话语力量的壮大，这些都和国家的主流意识形态发生了激烈的交锋和碰撞，公共舆论生态发生了新的变化，公共话语空间中的话语权实现了再分配，话语秩序发生了改变，呈现出"双重或多重话语空间的传播现实"①，这些都影响到国家文化安全。在复杂多元话语构成的公共话语空间形成了两个相互制约又相互促进的舆论新格局，即官方话语和民间话语。所谓官方话语主要是由党及政府发布权威信息，以传达公共政策而形成，主要以政府的文件公告、新闻发布会、法律法规和大众媒介为传播载体；而民间话语主要是长期积聚的各种民间思潮（如民族主义、自由民主主义、犬儒主义和拜金主义），主要以互联网、手机短信及各种人际传播渠道为载体。②官方话语和民间话语并不是相互对立、互不兼容和互不作用的，也绝不是要将官和民相对立，相反舆论要在两个话语空间中交错互动和博弈，只有如此，才能确保国家意识形态安全，提升中华文化的国际影响力。

在社会历史发展的进程中，中国官方话语的传播能力一直在提升，用正确舆论引导人，我们的党及政府十分重视新闻工作的舆论及引导，正如习近平在2016年2月19日新闻舆论工作座谈会上指出，新时代条件下，党的新闻舆论

---

① 孟建、卞清：《我国舆论引导的新视域——关于官方话语和民间话语互动、博弈的理论思考》，载于《新闻传播》2011年第2期，第6—8页。

② 同①。

工作要坚持正确政治方向和党性原则、马克思主义新闻观,要以正面宣传为主。官方传播媒体要服务于人民,尊重和关注民情民意,其生成的主流舆论对于引领社会前进发挥着积极作用,官方话语风格严谨沉稳庄重,具有一种现代性的框架模式,支配和控制着人们的话语方式,官方话语要贯彻"三贴近"原则,即贴近实际、贴近生活和贴近群众,用群众想用、正在用、喜欢用的话语符号说出群众想听、愿意听和听得懂的话,这样舆论宣传、引导才会有效果,才能将党性和人民性相统一,将正确舆论导向和通达社情民意相统一。官方话语是国家政策传播的载体,承载的使命不仅是传递和表达本国外交政策,也潜移默化地渗透和输出国家价值观和意识形态,例如,美国的官方话语打着"国际道义"旗号,塑造、控制和引导国际舆论,以输出资本主义意识形态话语为目的,谋求国际话语权,在谈论意识形态和价值观时,自由、民主和人权已成为美国官方话语的标准版本,这些都严重危害到别国文化安全。民间话语伴随自媒体时代的到来迅速崛起,主要以民谣、故事、传闻和顺口溜等形式出现,这使官方话语占绝对优势的状况受到了挑战,民间话语植根于乡野百姓,人人可以参与其中且大众喜闻乐见。马克思主义意识形态的科学性、时代性和先进性需要中国民众发声,有了民间话语的参与,中国故事才会更加精彩生动。习近平总书记的发言讲话多次使用日常网络语言,话语表达接地气有亲和力,体现出官方话语融入民间话语的趋势以及官方话语对民间话语在文化上认同的信号,促使话语发展充满活力和动力。

官方话语与民间话语构建而成的多元、开放和包容的公共话语空间体现了时代的进步和发展。首先,官方话语与民间话语应理性平等对话,互相尊重才能有效互动。一切从人民的利益出发,全心全意为人民服务,是中国共产党的本质特征,这就表明以党和政府为代表的官方话语应注重以人为本,注重保障和改善民生,促进社会公平正义,而今天我们理解民间话语的出发点也应重视以民为本和以人为本的原则,应努力促进民众积极参与社会生活,和社会、政府形成互动,缓解社会矛盾增进社会和谐,官方话语与民间话语的积极良性互动可以增进政府和人民群众的沟通、扩大共识,政府和大众媒介应积极主动营造对话,积极互动,相互补充及相互监督。其次,官方话语与民间话语应恪守公共利益至上的原则，在公共利益共识舆论的引导下，民间话语中消极的和无理性的部分才会被淹没和纠正，官方话语中正面和高尚的部分也才会被民间话语推崇和认可，政府在执政理念上、大众传媒在新闻生产中只有坚持公共利益至上，才能去除人们心理的恐慌、愤怒和不确定等不利因素，从而建构信任的、共识的和充分沟通的社会心理象征体系。再次，政府主导的官方话语应主动设置议题，积极参与引导，政府传播要掌握话语权，将党的主张和人民心声相结合，正确引导社会舆论，促进社会的积极发展。

二、政治话语与学术话语的拓展统一

政治话语与学术话语是马克思主义意识形态话语传播的两种形式，关系到国家文化软实力建设。政治话语是在中国共产党的领导下，植根中国政治实践，以习近平新时代中国特色社会主义思想为指导，反映人民政治愿望的话语表达；学术话语是学者对中国社会发展现状、发展推动力量和发展趋势进行理性分析后所形成的概念及范畴等带有学理思辨性的语言。①政治话语的优势是严谨规范，学术话语的优势是说服力和感召力较强，政治话语和学术话语的概念、思维方式和表现形式各有其特点，但两者都是社会发展变迁和文化演变的结果，都是社会实践发展的产物。只有重视学理研究，合理吸纳学术话语，才能使政治话语成为国家主流意识形态话语体系，增强政治话语的可信度和影响力，提升国家文化软实力。新时代既需要维持马克思主义意识形态话语体系的严谨性，又要使其易于理解及传播，这就要求以宽广的政治视野，提炼出具有中国特色的标志性政治话语及学术话语，使政治话语与学术话语能够相互拓展，在凝聚人心、凝聚智慧和凝聚力量上达成政治共识。

中国道路的成功实践已经引起国际社会的关注，它有别于西方的现代化发展道路，解读中国道路的成功实践对于其他发展中国家具有重要的借鉴意义。一直以来，西方国家通过学术著作、学术理论等方式输出资本主义意识形态话

---

① 高振岗、郭婧婧：《实现中国特色社会主义政治话语与学术话语的统一》，载于《中国党政干部论坛》2019 年第 2 期，第 31—34 页。

语，例如，历史终结论、霸权稳定论和中国威胁论等众多霸权思想，这些都严重危害到国家文化安全。而当下中国的学术话语与中国的综合国力及国际地位并不相称，2016年5月，习近平在哲学社会科学工作座谈会上的讲话指出："在学术命题、学术思想、学术观点、学术标准、学术话语上的能力和水平同我国综合国力和国际地位还不太相称。"①在西强我弱国际话语权的基本格局中，中国的学术话语缺乏对中国过去40余年改革开放取得伟大成就的成功解释，马克思主义的研究未能在国际学术界产生太大影响，学术话语长期深受西方学术话语的影响，有的学者甚至成为西方话语体系的"搬运工"，文明冲突论、华盛顿共识和文化软实力等概念均是从西方引进的，中国学术话语并未在世界上产生太大的影响。究其原因，政治话语与学术话语的脱节是一个重要的方面，具体表现在学术话语滞后于政治话语，政治话语缺乏学术支撑，因此科学性不强，学术话语远离政治话语。②因此，要实现政治话语和学术话语的拓展统一，就要通过学术理论阐释政治理念，展示中国特色社会主义理论魅力，坚定文化自信；同时积极学习西方学术的优秀成果，并对其进行合理的解构和转化，以实现西方学术话语的中国化，用以形成支持中国发展的中国特色理论。

政治话语和学术话语的拓展统一、相互渗透是当前政治建设领域的一项重要课题，政治话语的科学规范性引导着学术话语的发展方向，学术话语的理论性和逻辑性增强了政治话语的说服力。要从以下几方面以政治话语的科学规范性指引学术话语的发展方向，以学术话语的理论性与逻辑性增强政治话语的说服力。首先，中国学者应有高度的政治自信和理论自信，要有崇高的社会责任感，要将中国实践转换为学术创新之基，增强马克思主义意识形态话语的国际影响力。其次，学术话语如果脱离政治就不能得到认同，因此打造学术话语时必须把政治放在首位。塞缪尔·亨廷顿在《我们是谁？美国国家特性面临的挑战》一书的开篇就表明了他爱国者和学者身份的统一，正是这种统一成就了亨

---

① 《习近平谈治国理政》（第二卷），外文出版社2017年版，第338页。
② 秦宣：《正确处理政治话语与学术话语的关系》，载于《中国青年社会科学》2019年第3期，第9—13页。

廷顿，当两者发生矛盾时爱国应处于优先地位。再次，实现政治话语和学术话语的有机结合，要坚持政治性和学理性相统一、坚持价值性和知识性相统一。①话语表达只讲学理性和知识性，不讲政治性和价值性，就会容易犯方向性错误，反之只讲政治性不讲学理性，政治话语就会缺乏真理性和科学性，因而无法掌握群众。学术话语为政治话语提供学理支撑，政治话语应汲取学术话语的养分并为其传播营造良好环境。最后，要坚持既立足中国又面向人类，一切从实际出发，概括出理论和实际相符的、科学的新概念，用学术话语支撑政治话语。一方面要面向世界，对西方的概念和话语不能生搬硬套，要有分析和鉴别的使用；另一方面要立足中国实际，"善于提炼标识性概念，打造易于为国际社会所理解和接受的新概念、新范畴、新表述"②，坚定文化自信，维护国家文化安全。

三、理性话语与感性话语的转换并进

马克思主义意识形态是理性的产物，这一点可以通过意识形态概念发展史得到认知。各种关于意识形态的定义及内涵都将意识形态界定为理论体系，将一些非理论体系的社会心理及零散观念排除在意识形态内涵之外，意识形态被定义为理论化、制度化的观念体系，因此忽视了意识形态内涵的丰富体系。实际上无论是马克思主义经典作家还是日常生活中的意识形态现象，都表明意识形态不仅具有系统化的理论体系还存在着以非理性形式存在的感性形式。刘少杰就对意识形态的理论形式和感性形式进行了区分，他指出既然意识形态是立足于现实和实践中创造的思想观念，就不可能仅仅是排除了感性形式的理论形式。③侯惠勤也指出意识形态感性的趋势十分明显，因为意识形态本质上的实践性，其作用机理本质上的情感认同和真理性认识也必须通过调动激情的方式

---

① 《用新时代中国特色社会主义思想铸魂育人，贯彻党的教育方针落实立德树人根本任务》，载《人民日报》2019年3月19日。
② 习近平：《在哲学社会科学工作座谈会上的讲话》，人民出版社2016年版，第24页。
③ 刘少杰：《当代中国意识形态变迁》，中央编译出版社2013年版，第36—37页。

才能奏效。①这就表明马克思主义意识形态的传播不能局限于没有生机活力的传统文字传播,尤其是伴随大众传媒的普及发达,意识形态的传播越来越由抽象的文字形式转化为形象的活泼的图像等感性形式,并且其中蕴含了情感传递的色彩,易于被人们接受和理解,同时在情感方面容易产生共鸣和谅解,这样就更有利于价值观和社会意识形态的传播。传统传播渠道主要利用图书、报刊、有声广播和电视等进行话语传播,采用严肃宏大的话语体系对党的理论、政策进行抽象化的宣传,强调社会主义意识形态的科学性和真理性,具有明显的神圣意味,群众通过这种途径学习马克思主义意识形态是有效的,正如马克思所指出:"理论只要说服人,就能掌握群众;而理论只要彻底,就能说服人。"②事物的内在规定性只有通过深刻的理论阐述,才能达到目的,但是仅仅靠理论的说教,马克思主义意识形态的传播效果将大打折扣,不利于提升文化软实力,其安全也会受到威胁。

互联网和现代传媒导致马克思主义意识形态话语传播形式及途径出现多元多样化,图像、音频和视频等传播载体更加富于感性化,因此使意识形态话语传播更贴近生活、贴近群众和贴近实际,更容易引起受众的共鸣。传统意识形态的存在形式多为复杂的理论体系,更加偏向于理性意识形态,优点是话语表达具备极强的理论性和严谨性,拥有强大的说服力,不足之处是过于强硬,因此难以让受众接受。相比较,感性话语表达更加富有生活气息,容易引起广大受众的共鸣,例如,中国梦就是对马克思主义意识形态话语的通俗和直白表达,人民群众容易理解国家所传递的信息及其内在理念,有助于社会成员朝着共同的目标奋进,正如习近平指出:"中国梦是一种形象表达,是一个最大公约数,是一种为群众易于接受的表达。"③这表明在对意识形态传播的过程中,党和国家领导人在理论论证的同时注意感性的表达,做到了理性话语向感性话语的转换、感性话语和理性话语的统一。马克思主义意识形态作为一种哲学性、学理

---

① 侯惠勤:《马克思意识形态批判与当代中国》,中国社会科学出版社 2010 年版,第 175 页。
② 《马克思恩格斯全集》(第一卷),人民出版社 1995 年版,第 9 页。
③ 汪习根:《中国梦与人权发展》,人民出版社 2019 年版,第 7 页。

性和政治性的描述，因具有高度的抽象性，难以使广大的人民群众深刻理解其内在意蕴，现实中只是作为一种特定的符号表征机械地存在着，因此想让一种理想和理念能被广大的人民群众接受和认同，话语表达适当的转换是势在必行的。近年来，越来越多的感性话语出现在原本严肃而宏观的政府工作报告中，话语传播时感性表达和理性表达应相互转换并进，同时将思想和感情融为一体，马克思主义意识形态话语充满活力和生命力，中国特色社会主义文化发展就充满活力和生命力。

四、对内宣传话语与对外传播话语相互映衬

理念的传播是话语体系想要达到的基本目标，如果从工具理性和价值理念相统一的角度来看话语体系，话语不仅有价值理性的学理性张扬，更有工具理性的现实性追求。话语体系不是用来自我欣赏，而是彰显价值理念和传播价值观的知识体系，这就表明话语体系形成之后就有宣传理念、传播理念的功能。话语宣传包括对内宣传和对外宣传两部分，同时，内宣和外宣相互区别。话语宣传要理顺"内—外"关系，对内宣传和对外传播要相互映衬。诸如通过对国家的意识形态、体制特色和政策主张的深入宣传有效地影响国际舆论，兼顾其在国际上会引起什么反应，积极主动地应对国际舆论斗争，为马克思主义意识形态话语的发展和繁荣营造良好的国内外舆论环境。随着新时代中国的国际化程度进一步加深，国内舆论和国际舆论的影响也在不断加深，要增强新时代马克思主义意识形态话语权，就要着力解决对内说服力与对外影响力两方面的问题，切实提高中华文化影响力。①对内宣传要做到统一思想和凝聚人心，增强"四个意识"、坚定"四个自信"、做到"两个维护"，以马克思主义意识形态为指导，培养担当民族复兴大任的时代新人。对内宣传可以引导和管理同时抓，把握好宣传思想工作的时、度、效，引导人们客观认识当代中国；对外传播要注意话语表达问题（怎么说），要善于用国际化语言讲活、讲好和讲深中国故

---

① 杨雪冬：《构建内在一致外在多样的对话话语体系》，载于《青年记者》2017年第6期，第5页。

事，避免信息失真和信息误读，在国际话语场加强对中国制度文化、意识形态和价值理念入脑入心的传播，增强马克思主义意识形态话语的亲和力和感染力。

对内宣传话语要有全球视野，在中西比较中讲清楚马克思主义意识形态话语的独特优势，创新话语的宣传方式及手段，注重话语的逻辑性和深刻性，使广大社会成员能够更好理解和接受。社会主义初级阶段、发展是硬道理、"一国两制"、科学发展观、以人为本、中国梦等都是马克思主义基本原理和中国实际相结合的产物，话语背后有中华文明和许多与时俱进的传统基因，是中国元素和中国智慧的形象表达。哲学社会科学工作者要多编写适合不同群体的马克思主义读物，广泛利用多种渠道，尤其是借助媒体和互联网载体进行生动活泼的理论宣传，将马克思主义意识形态渗透到整个思想文化领域，用群众听得进和听得懂的语言进行大众化、对象化和互动化宣传。在这方面，有一些好做法、好经验值得借鉴，例如，《马克思为什么行》《马克思靠谱》等理论读物，《社会主义有点潮》《马克思是对的》《不朽的马克思》等电视理论节目，这些都将"有意义"的马克思主义变得"有意思"，讲学理的同时又接地气，容易被大众理解和接受，有很好的对内宣传效果。对外传播话语因为面对的是国际受众，因此要尽量贴近他们的思维方式和语言习惯，话语表达要做到实事求是和具体通俗，要"立足中国，面向世界"，话语表达既要坚持中国特色又要巧妙借鉴西方概念，灵活使用"他说"策略，尽量满足其他国家对中国信息的需求，讲究叙事及修辞策略，要学会运用隐喻策略，在对外报道中要淡化甚或抹去意识形态色彩，将意识形态和价值观念隐含在大量鲜活事实中，熟练运用英语，更好地拉近和国外听众的距离，提高向世界说明中国的能力。中国梦、经济新常态、"一带一路"、命运共同体和全人类共同价值等概念话语受到国际社会和国外民众的广泛认可及积极评价，以上话语既体现中国特色、中国风格，也表现出中国对人类共同命运的思考和担当，更多展现了中西意识形态话语的共同点，将对内宣传话语和对外传播话语更好地相互映衬，增强文化价值观和社会主义意识形态的对外传播效果，展现中国的文明、民主和开放，提高马克思主义意识形态话语的国际影响力。

第三节　新时代马克思主义意识形态话语体系构建的根本特征

　　特征是指事物质的内在规定性的突出表现，指事物在发展进程中展示其形象、呈现其面貌所显示的独特性表征，话语体系的根本特征可以呈现其思想体系、表达其精神诉求和传输其价值观念，是对文化密码的解读。新时代马克思主义意识形态话语体系构建的四大根本特征，即根本旨趣的实践性、价值取向的人民性、话语表达的创新性和话语体系的开放性，是在当下时代所进行的从具体到一般的思维过程，因此不是绝对性的。恩格斯指出："每一个时代的理论思维……它在不同的时代具有完全不同的形式，同时具有完全不同的内容。"①这也就证明意识形态话语体系构建的根本特征也会随社会实践的发展与时俱进和不断创新，这样就会使话语体系更具生机和活力，推动社会主义先进文化的进步和发展，更好维护文化安全。

一、根本旨趣的实践性

　　社会历史在本质上是实践的，实践观点是马克思主义认识论首要的及基本的观点。马克思指出："全部社会生活在本质上是实践的。"②人们的认识水平和社会思想达到何种程度及高度，话语体系呈现怎样的面貌，主要受制于社会历史条件，取决于社会实践的成果和所提供的资源，因此"我们只能在我们时代的条件下去认识"③，话语体系以知识体系呈现人们认识的成果，归根结底就是人们的社会实践的产物，话语体系即社会实践的反映，自然而然地表达着社会实践的水平，话语是在实践过程中孕育而成的。

---

① 《马克思恩格斯选集》（第一卷），人民出版社1995年版，第284页。
② 同①，第56页。
③ 同①，第337—338页。

根本旨趣的实践性，不仅是由马克思主义意识形态在新时代面临的时代课题和现实挑战决定，也是因为它具有能抓住事物根本的彻底性。正如列宁所说"理论由实践赋予活力"①，新时代马克思主义意识形态话语体系是用来指导和发展实践的，并且随实践的发展而发展，其话语表达和表达形式也是根据国情、党情和世情与时俱进地丰富发展及创新。新时代马克思主义意识形态话语体系产生于两个大局这样一种新的历史境遇及实践过程，如何更好运用马克思主义意识形态观察时代、解读时代和引领时代是我们面对的时代难题。尤其是当前国际国内意识形态斗争更加复杂激烈，中国特色社会主义制度自信、理论自信、道路自信和文化自信如果能够及时通过"中国故事"解读，就会极大地彰显马克思主义意识形态的优越性。

根本旨趣的实践性是立足当下随建设和改革的发展其内涵不断丰富的过程，改革之初的话语主要围绕欠发展的经济问题展开，"五位一体"总体布局、"八个明确"和"十四个坚持"都是围绕全面发展问题而展开，是对当下中国特色社会主义实践的研究和解答，不仅是马克思主义意识形态在中国新的实践结果，而且是在中国特色实践发展中产生的马克思主义意识形态。任何话语体系都是一个沿承、发展和丰富的过程，是"理论上前后一贯的形式上的反映"②，也是对现有理论的继承、丰富、创新和发展，是按照合规律性和合目的性的修正完善。当然，话语体系的实践性不等于客观事物本身的实践性，话语体系并不无条件地直接就是社会现实，而社会现实也不直接就是话语体系，但这也并不影响话语体系对社会实践本质要求的体现，整体上它仍受制于社会实践的水平，不能将话语体系和虚构相提并论。

二、价值取向的人民性

价值取向的人民性是新时代马克思主义意识形态话语体系构建的根本特征

---

① 《列宁全集》（第四十七卷），人民出版社1990年版，第477页。
② 秦德君：《习近平新时代中国特色社会主义思想实践性探析——兼论马克思主义科学理论的实践性》，载于《毛泽东邓小平理论研究》2020年第7期，第12—21页。

和逻辑起点,也是话语的出发点和归宿点。任何话语体系都有基本的政治立场,政治立场即阶级立场,阶级立场不仅指引着话语体系的前进方向,也体现着话语体系的价值取向。根据马克思群众史观原理,话语构建必须始终站在人民的基本立场,因为人民群众是历史的创造者和社会实践的动力源泉,既是历史的"剧中人"又是历史的"剧作者"。新时代马克思主义意识形态话语体系极具代表性的特征就是人民性原则,话语体系构建应坚持人民本位原则不动摇,最大程度地表达人民群众在社会生活中的种种诉求,倾听人民呼声,回应人民期待。

中国共产党之所以选择马克思主义意识形态话语作为国家主流意识形态话语,从根本上说,就在于马克思主义意识形态话语指导下的中国特色社会主义实践,尊重人民主体地位、保障人民民主权利和维护人民根本利益。人民性是新时代马克思主义意识形态话语之魂,马克思恩格斯指出无产阶级的运动是为绝大多数人谋利益的独立的运动①,人民利益是中国共产党自诞生以来奋斗和努力的出发点及归宿,人民性是中国共产党之根,是中国共产党人的本色和灵魂。毛泽东曾掷地有声地提出全心全意为人民服务,强调马克思主义的人民性是社会主义的本质;习近平更是将人民性作为党的行动指南,他指出:"人民是党执政的最大底气,也是党执政最深厚的根基。"②彰显了中国共产党的价值取向和行为标准。首先,话语体系尊重人民的主体地位,人民主体地位在新时代体现在中国特色社会主义政治、经济、文化等各方面制度之中。其次,话语体系保障人民的民主权利,话语体系内在包含的根本政治制度、基本制度和法律体系,其目的都是更好地保障人民群众的民主权利。再次,话语体系维护人民的根本利益。是否以广大人民根本利益作为自己的价值追求,是马克思主义意识形态话语和资本主义意识形态话语在价值取向上的根本区别,话语体系要凸显马克思主义意识形态的价值所在,树立话语权威,就必须做到人民至上。

---

① 《马克思恩格斯选集》(第一卷),人民出版社1995年版,第283页。
② 《习近平谈治国理政》(第三卷),外文出版社2020年版,第137页。

新时代马克思主义意识形态话语体系的构建、创新和转换，归根结底都直接或间接来源于人民群众的生活生产实践活动。话语体系构建需要理论支撑和学术积淀，需要研究者的创新精神和批判意识，但最根本最关键的仍是要扎根于人民群众社会实践的这个丰厚土壤。话语体系要体现人民性，一个重要的前提即要推进话语体系的大众化，话语表达要在思想上、感情上、语言上和文风上等方面，认同民众、爱戴民众、尊敬民众，要克服政界中比较浓厚的官本位意识及官僚作风，克服知识分子群体中存在的精英意识，还要克服社会中长期盛行的上下尊卑等级心理，这样才能真正以人民为中心，坚守人民的根本利益，坚信人民创造历史的伟大力量，并在话语内容的表达上全面系统地反映人民的心理、愿望和各方面的诉求。如果离开人民本位原则和以人民为中心的立场，话语体系就成了无源之水、无本之木，话语体系也不可能真正体现中国利益和世界情怀。

三、话语表达的创新性

只有创新马克思主义意识形态话语的表达方式，用融通中西的新概念、新范畴和新表述讲好中国故事，才能更好提升中华文化影响力，坚定文化自信，维护国家文化安全。用"三新"话语进行意识形态和价值理念的传播，可以增强话语的穿透力，实现话语认同，从而实现语言深处的革命，确立马克思主义意识形态的话语主导权。中国从站起来、富起来到强起来的伟大征程，也是马克思主义意识形态话语不断创新发展的过程，话语体系受历史进程及社会实践的影响，每个时代的话语体系都是社会实践的精神产物。马克思主义意识形态话语体系同样如此，它的发展和转换共经历了三个阶段：1949—1978年是话语发展的第一阶段，话语体系产生于战争与革命的时代背景下，因此革命性特征明显，话语表达以反帝反修为主基调；1978—2012年是话语发展的第二阶段，话语体系产生于和平与发展的时代背景下，话语表达以社会发展为主基调，话语体系呈现生活化、工程化特点，在这一时期也开始对西方意识形态话语进行新认识及解构；2012年以来是话语发展的第三阶段，话语表达以实现中华民族伟大复兴为主基调，话语体系表达的创新性特征明显，伴随着中华民族伟大复兴的步伐，新时代马克思主义意识形态话语体系将出现新特点。

新概念是新时代马克思主义意识形态话语内容的符号创新，概念是话语的符号载体，决定着话语的言说效果及能力。要打造融通中外的新概念，就需要有"中国梦""美好生活""亚投行""命运共同体"等一系列能够阐释中国特色的新概念。长期以来，在国际舆论场域，部分西方媒体戴着有色眼镜对中国形象进行宣传，导致对中国了解不全面甚或错误，因此，应构建能够被全世界理解的新概念就极为紧迫。中国梦这一概念的提出无疑有利于实现这个目标，它吸收了美国梦和欧洲梦的表达方式及语言逻辑，减弱了传统话语中体现的意识形态色彩等，更能让西方国家及人民接受。新范畴是意识形态话语结构的框架创新范畴，按照亚里士多德的范畴论来理解，语言实践的范畴意味着一定的认知框架，创新话语表达同时离不开对概念符号得以存在的认知框架的生产，范畴创新本质是框架创新，即用一种新的认知空间和意义结构认知事物。①语言符号导致的话语冲突本质是框架冲突，一直以来，我国的意识形态话语是在西方话语框架下进行表达的，这就不利于中国声音传播，威胁到国家文化安全，因此必须在话语表达上将我国发展优势及综合实力有效地转化为话语优势。②新范畴构建要求我们对政治民主、人权状况、民族宗教和官僚腐败等敏感议题进行话语框架创新并赋予意义体系。俞可平在《走向善治》中提出"善治"和"增量民主"等新话语范畴，它有助于超越单一的"民主—专制"的西方框架，可以为全世界提供一套理解评价社会主义政治体制的新认知框架。新表述是意识形态话语构建的形式创新，如何在文本形式上进行话语的创新表述？讲述中国故事提供了一种战略性和指导性的行动方案，马克思主义意识形态话语的文本形式创新理念就是讲述中国故事，故事是全球的一种通用语言，从修辞学的角度看，故事是意义的结构装置和"伪装"形式，具有生动、

---

① 刘涛：《新概念 新范畴 新表述：对外话语体系创新的修辞学观念与路径》，载于《新闻与传播研究》2017年第2期，第6—19页。

② 中共中央宣传部编：《习近平总书记系列重要讲话读本》，人民出版社2016年版，第211页。

直观和形象的特点，在戏剧结构中呈现出相对稳定的领悟模式，更容易被大众理解和接受。

话语表达的创新性有助于彰显马克思主义的鲜活生命力，话语创新和理论创新是紧密相连的，话语表达的创新可以更好讲述新时代中国特色社会主义实践，话语符号和语言艺术的创新可以很好克服意识形态宣传存在的一些空洞及僵化的学风、文风，更好地诠释话语语境和话语内容，增强意识形态话语的表现力和感召力，实现意识形态的"符号突围"。[1]此外，话语体系的实践性决定了它必然具有时代性和创新性，话语体系在和新时代特色及背景相融合时应进行具有时代价值的话语创新，新时代全球经济发展格局、政治局势及社会多元思潮的新变化，社会主要矛盾的转变，这些都要求马克思主义意识形态话语结合中国强起来的新时代背景，和当前流行话语相契合，展现话语风格的创新，实现话语魅力和话语自信。

四、话语体系的开放性

开放性是新时代马克思主义意识形态话语体系生命力和创造力的重要来源，"马克思主义是不断发展的开放的理论，始终站在时代前沿"[2]，马克思主义意识形态话语的强大生命力就源于它的开放性特征，始终处于一个开放的动态的发展过程，能够承认并包容其他多元意识形态话语，体现自身作为社会主流意识形态的话语自信及领导力。一方面，它不仅是无产阶级争取自身解放的革命话语，同时也从无产阶级新的实践中获得发展源泉；另一方面，它是向人类文明成果开放的话语体系，总是批判地汲取其他话语以更好地发展自身，不是一种故步自封和僵化不变的话语体系。话语体系只有坚持开放性才能紧跟时代，更好地观察时代、解读时代和引领时代，开放性和实践性是深刻把握世界历史

---

[1] 孙邦金：《创新理论与话语体系 讲好新时代中国故事》，载于《马克思主义理论学科研究》2019年第3期，第184—187页。
[2] 中共中央宣传部编：《习近平新时代中国特色社会主义思想学习问答》，人民出版社2021年版，第78页。

脉络的前提,新时代产生的新变化、新问题和新矛盾,都要求不断实现话语的时代转化及创新发展,同时也要注意处理好话语开放和话语安全的辩证关系,在话语开放中实现话语安全。

话语越开放,就越要重视话语安全意识,话语安全关乎文化安全,因此只有筑牢话语繁荣发展的安全屏障,才能更好维护文化安全。在近代,随着西方资本主义的兴起和殖民扩张,西方强势文化也进入了一个主动开拓和大力向外传播的时期,尤其是英语成为世界性语言后,资本主义文化在全球的蔓延更是加速了许多地方性文化的消失,许多其他文化的民族自主性受到侵蚀,这在一定程度上消解了人类多样化的文化生态,危害到其他国家文化安全。这种由资本逻辑推动的貌似"自然历史过程"的文化变迁,构造的西方化世界景观影响了人类文化的发展进程。如果说自发性是早期西方文化霸权的特点,那么主动进行议程设置则是后冷战时代西方文化的输出特点。我们可以从文明冲突论、意识形态终结论和颜色革命管窥到西方采用什么方法进行文化霸权的顶层设计,同时必须清醒地看到,推进话语开放和维护文化安全是辩证统一的,话语体系开放的同时应加强国家意识形态建设,以高度的文化自觉保障国家文化安全。要注意的是开放性特征是"辩证否定"的哲学表达,开放并非封闭,历史经验告诫我们闭门造车是不可能发展起来的,只有勇于自我否定才能在否定中不断发展和壮大,要想进一步提升话语软实力水平,平等进行文化对话和文化交流,维护国家文化安全,就要进一步在开放中吸收和借鉴其他优秀的思想文化成果,通过否定之否定实现话语的肯定,话语体系开放性特征的哲学基础来源于唯物辩证法的辩证否定观,辩证否定不是简单的和线性的否定,而是否定之否定,是矛盾的对立统一及内在规定的自我否定。马克思指出:"辩证法在对现存事物的肯定的理解中同时包含对现存事物的否定的理解……按其本质来说,它是批判的和革命的。"[①]开放性特征体现出马克思主义意识形态话语对包括自身在内的一切理论思想及主义都保持批判的革命的态度,这也是马克思主义意识形态

---

① 《马克思恩格斯选集》(第二卷),人民出版社 1995 年版,第 112 页。

能够始终站在时代前沿并引领时代发展潮流的原因所在,能够在回应时代难题的同时丰富和发展自身。

第四章　文化安全视域下马克思主义意识形态话语体系构建的战略价值及挑战

当今世界处于大变局中，可以从多方面和多角度进行解读①，经济是基础，世界经济重心开始从大西洋迁移至亚太地区，其覆盖范围和涉及人口都已远超以往，有数据显示到 2035 年，发展中国家 GDP 规模将超过发达经济体，占全球经济及投资比重接近 60%。②这表明世界经济重心东移，世界经济重心的变化会导致国际格局发生变化，国际力量对比会更趋均衡，全球治理格局也出现新变化，"东升西降"为马克思主义意识形态话语体系构建提供了重要机遇。令人遗憾的是，在国际话语场西强我弱的话语局面并未得到明显改变，尤其是全球化和信息科技的高速发展，导致思想文化的交融、交流和交锋更加激烈，社会思潮纷繁激荡，意识形态博弈愈加激烈，话语权争夺成为国际竞争的重要支撑因素。马克思主义意识形态是维护国家文化安全最重要的核心要素，维护文化安全首先就要增强马克思主义意识形态话语在多种社会思潮中的话语权，只有如此，才能从容应对外部文化威胁及西方文化霸权，维护国家文化安全，坚定文化自信，建设社会主义现代化文化强国。

---

① 参见唐世平：《国际秩序的变迁与中国的选项》，《中国社会科学》2019 年第 3 期；刘江永：《百年大变局的实质与当代特征》，《和平与发展》2019 年第 3 期；陈向阳：《百年未有之大变局，"变"在哪？》，《人民日报》海外网 2019 年 8 月 22 日；张宇燕：《理解百年未有之大变局》，《国际经济评论》2019 年第 5 期；等等。
② 国务院发展研究中心课题组：《未来国际经济格局十大变化趋势》，载《人民网》，http://theory.people.com.cn/n1/2019/0212/c40531-30623526.html，2022 年 2 月 22 日。

第四章 文化安全视域下马克思主义意识形态话语体系构建的战略价值及挑战

第一节 文化安全视域下马克思主义意识形态话语体系构建的战略价值

如果没有自己的话语体系，就没有话语权，即或创造了其他如政治体系、经济体系、文化体系、社会体系和生态体系，话语传播不出去就无法得到他人的认可。马克思指出："一定的意识形式解体足以使整个时代覆灭。"[1]长期以来，党和国家都非常重视意识形态建设，意识形态工作是党的一项极端重要的工作，关系国家的长治久安及社会主义建设事业的健康发展。马克思主义意识形态话语体系是当代中国社会精神生活领域研究的重点问题，话语安全从深层次上影响着文化安全，只有不断提升话语体系的吸引力及影响力，才能增强马克思主义意识形态的凝聚力和引领力，提高文化软实力，确保国家文化安全。

一、巩固马克思主义在意识形态领域的指导地位

百年未有之大变局的新时代新形势下，国际上各种思想文化交流交融交锋，国内价值观念多元化，历史虚无主义及民族虚无主义等各类错误思潮在一定程度上冲击了国家的意识形态安全，导致国家的宣传思想工作面临的任务更加复杂和艰巨，只有不断构建具有强大凝聚力、吸引力的马克思主义意识形态话语体系，才能做到"两个巩固"[2]，确保国家意识形态安全。

新时代马克思主义意识形态话语体系构建确保了意识形态领域主导思想的一元化。意识形态话语作为观念上层建筑，本质上属于集团性话语，在文明社会的任何一个国家都是非常重要且必需的社会领域或社会结构。任何一个国家都不但存在着占统治地位的意识形态话语，而且一个国家的意识形态话语只能

---

[1]《马克思恩格斯文集》（第八卷），人民出版社2009年版，第170页。
[2] 两个巩固：巩固马克思主义在意识形态领域的指导地位，巩固全党全国人民团结奋斗的共同思想基础。

是一元的，决不能搞多元化。在当下，意识形态话语是执政党价值观念和思想路线的表达，中国特色社会主义各项制度和中央、地方政权机构等，都是在马克思主义意识形态话语中构建和形成的，话语决定社会而非社会决定话语，话语是由差异逻辑支配的，承认事物的差别性，不同意识形态话语建构的国家不同。马克思主义意识形态话语是我国占主导地位的话语，是中国特色社会主义文化发展的高级形态，话语坚持没有民主就没有社会主义的原则，民主体现在民主执政和民主政治的实践中，社会主义民主制度是对西方国家民主制度的超越，是高起点的民主，高就高在公民选举的平等性、广泛性、全过程民主、民主主体的多数性和民主实现的真实性。马克思主义意识形态话语就是关于绝大多数人民群众的话语，话语出发点是坚持人民利益至上。习近平从历史唯物主义原理出发，强调必须把马克思主义立场、观点和方法贯穿到意识形态工作方方面面，"马克思主义是我们党的指导思想，共产主义是我们党的远大理想"①，意识形态主导话语的一元化，有利于坚定和发展中国特色社会主义文化的自觉性。

  要真懂真信马克思主义，必须精通掌握马克思主义意识形态话语。只有彻底的话语才最有说服力，才能和各种腐朽、错误话语进行斗争，也才能战胜和克服这些话语在意识形态领域的不良影响。马克思主义意识形态话语体系是读原著、学原文、悟原理的前提，也是真懂真信马克思主义的基础，话语体系中包含的立场、观点和方法，可以有效应对各种错误观点和思潮的挑战，揭示各类错误思潮的内在实质，更好识别各种唯心主义观点，抵御各种历史虚无主义的谬论，积极回应时代问题的同时把握时代主题，提升马克思主义意识形态话语吸引力，真正做到坚定意识形态自信，为建设社会主义现代化文化强国提供坚强的思想保证及强大的精神动力。

  新时代马克思主义意识形态话语体系是对马克思主义新闻观的坚守，也是对党的政策和主张的传播，巩固并壮大了主流思想舆论，引导新闻舆论工作者认清资本主义国家新闻自由的本质，增强抵制西方新闻观等错误观点，站稳政

---

① 习近平：《在全国党校工作会议上的讲话》，人民出版社2016年版，第7页。

治立场，确保正面宣传和正确舆论导向，确保思想舆论领域的红色地带，通过"四个讲清楚"①阐释中国特色，帮助人们更加全面认识当代中国和看待外部世界。马克思主义意识形态话语体系的构建有利于人们旗帜鲜明地运用马克思主义的立场、观点和方法，通过马克思主义意识形态话语，利用包括新媒体、互联网等手段方式有力批驳西方宪政民主、"普世价值"和民主社会主义等意识形态话语，巩固马克思主义在意识形态领域的指导地位。

二、确保党对意识形态工作的领导作用

党是领导一切的，是建设社会主义现代化文化强国的根本保证。"必须把意识形态工作的领导权、管理权、话语权牢牢掌握在手中"②，意识形态通过话语体系表达和反映出来，应坚持党对意识形态话语体系构建工作的领导，体现国家利益原则。党的初心使命就是为人民谋幸福和为民族谋复兴，意识形态话语体系的利益所在是客观的，在世界尚未实现大同的状况下，民族利益和国家利益是话语体系能得以存在的基础，任何一种意识形态话语体系都不会放弃国家利益和民族利益，去抽象地关注全人类利益。新时代马克思主义意识形态话语体系构建只有坚持党的领导，才能坚守中国利益的政治立场。聚焦中华民族的核心利益，不仅要坚决维护中国特色社会主义基本制度安全，而且要维护整体的文化安全、政治安全、国家主权和社会稳定等各方面，如果意识形态话语体系建构不能坚持党的领导，就不能有效维护国家利益和民族利益，这样话语体系不但会失去立足之地，也会成为无源之水，最终难以在社会上存在，确保党的领导和国家利益是新时代马克思主义意识形态话语体系的本质性规定。

---

① 四个讲清楚：讲清楚每个国家和民族的历史传统、文化积淀、基本国情不同，其发展道路必然有着自己的特色；讲清楚中华文化积淀着中华民族最深沉的精神追求，是中华民族生生不息、发展壮大的丰厚滋养；讲清楚中华优秀传统文化是中华民族的突出优势，是我们最深厚的文化软实力；讲清楚中国特色社会主义植根于中华文化沃土、反映中国人民意愿、适应中国和时代发展进步要求，有着深厚历史渊源和广泛现实基础。
② 中共中央文献研究室编：《习近平关于全面深化改革论述摘编》，中央文献出版社2014年版，第86页。

意识形态话语体系领导权是做好意识形态工作的根本保证。习近平强调："各级党委要自觉承担起政治责任和领导责任，主动谋划本地区本部门新闻舆论工作。"①意识形态话语领导权是指某一阶级或政治代表通过非暴力方式（如教育宣传），使马克思主义意识形态话语在同各种意识形态话语的竞争中脱颖而出，得到人民群众的最终认可，自觉转化为政治话语认同和政治信仰。只有加强政治意识，才能更好地对意识形态话语体系中出现的重大问题作出科学和正确判断，最终进行统筹指导，提高党对意识形态话语构建的能力和水平，确保党媒"姓党"，"党和政府主办的媒体是党和政府的宣传阵地，必须姓党"②，体现党的意志，反映党的主张，坚持党性和人民性相统一。当然，意识形态话语体系的领导权是一种软性规范，认知层面表现为广大民众自觉接受的意识形态话语，情感层面发自内心支持主流意识形态话语，实践层面主动将意识形态话语践行在社会生活的方方面面，与非主流意识形态话语说辞相比，它是非强制性的、隐性的软权力，是一种在认同话语基础上心安理得的权威，是对话语的认同和践行，以软性方式在社会现实中实现强制性效果，是党的理论及路线方针政策的鲜活反映，有助于更好传播中国共产党的执政理念。

阵地意识是意识形态话语构建的基本依托。意识形态话语体系管理权指阶级集团或政党组织采用组织、协调和控制等手段方法，有目的对各种社会资源进行整合，最大程度实现主流意识形态话语引领社会发展的过程。要确保党对意识形态话语体系的管理权，就要加强前沿阵地建设，党校、干部学校、社会科学院和高校都应成为马克思主义意识形态学习、研究及宣传的重要阵地。首先，管理意识形态话语的主体只能是统治阶级，也就是掌握政权的政党组织，中宣部在横向、纵向方面总揽意识形态话语工作全局。其次，意识形态话语管理不但强调过程管控，而且强调目标管理，要依据谁主管、谁负责和属地化管理原则，进一步明确意识形态话语管理。再次，意识形态话语管理最终要指向

---

① 《习近平总书记重要讲话文章选编》，中央文献出版社、党建读物出版社 2016 年版，第 439 页。

② 《习近平谈治国理政》（第二卷），外文出版社 2017 年版，第 332 页。

人民群众，要用一系列方法和手段做好意识形态话语的宣传工作，自觉抵制资本主义意识形态话语。当然马克思主义意识形态话语体系构建关键在人，要用马克思主义意识形态不断提升工作队伍的政治素养、理论水平、政策水平和业务能力，努力造就一支政治强、业务精、作风正和纪律严的专业队伍，这样才能增强广大人民群众对马克思主义意识形态话语的认同，坚定共产主义的理想信念，衷心拥护中国共产党，从而牢牢把握党对意识形态工作的管理权。

新时代马克思主义意识形态话语体系构建可以更好地强化主动意识，增强党在意识形态领域的话语权。意识形态话语体系构建目的就在于实现马克思主义意识形态话语权，是特定的阶级集团或社会组织凭借已构建的话语体系维护本集团利益，引领社会舆论和思潮，巩固在意识形态领域的主导权。话语体系建设有利于加快新型智库建设，"构建一个全方位、全领域、全要素的哲学社会科学体系"①，马克思主义意识形态话语的传播力决定着影响力，决定着主动权和话语权，失语就要"挨骂"，由于信息"逆差"，中国真实情况常被西方话语所裁量和定义，中国的文化软实力和硬实力之间还有很长的一段距离，存在"落差"，导致在国际话语场"还处于有理说不出、说了传不开的境地"②，这就会危害国家文化安全，话语的背后是思想是"道"，不但要启人入"道"，更要让人悟"道"，展现中国思想及中国主张，彰显中国特色社会主义文化的魅力。

三、维护国家意识形态安全

新时代马克思主义意识形态话语体系构建有利于讲好中国故事，传播好中国声音，提升国际传播能力。要创新对外宣传方式，以马克思主义意识形态为话语切入点，体现话语体系的人民本位、文化底蕴、中国利益、学理支撑和世界情怀原则，更好解码中国，传播中华优秀文化。讲好中国故事就是要讲好四个故事③，这些能提升马克思主义意识形态话语权，增强中国在国际

---

① 习近平：《在哲学社会科学工作座谈会上的讲话》，人民出版社2016年版，第15页。
② 同①，第24页。
③ 四个故事：中国特色社会主义的故事、中国共产党的故事、中国梦的故事、中国人民的故事。

话语场的地位，形成和中国经济以及社会发展相匹配的话语体系，有助于批判以及抵御西方敌对势力对社会主义的丑化和攻击，提升国家的道路自信、理论自信、制度自信和文化自信，从而在国内外意识形态斗争中固根本、强底气，维护国家意识形态安全。

中国日益走向世界舞台的中心，中国的故事也无疑是世界上最为重要的景观，解释中国景观的中国话语无疑是最引人注目的全球话语，当代中国历史性实践取得的成就必将成为滋养新时代马克思主义意识形态话语的深厚沃土。讲好中国故事、传播好中国声音是新时代赋予当代中国学人的历史性课题，中国物质上要崛起，精神上也要崛起；中国既要成为行动的巨人，也要成为话语的强者。话语的背后是软实力的较量，新时代马克思主义意识形态话语体系构建关系到国家文化软实力。

新时代马克思主义意识形态话语体系为解决人类问题提供了中国方案。马克思主义意识形态是党意识形态的独特优势，"马克思主义不仅深刻改变了世界，也深刻改变了中国"[①]。马克思主义中国化的第一次飞跃形成了"站起来"的指导思想，第二次飞跃形成了"富起来"的理论体系，第三次飞跃产生了"强起来"的行动指南。中国特色社会主义进入新时代，马克思主义意识形态话语体系中的道路话语、理论话语、制度话语和文化话语为解决人类问题贡献了中国方案，是"四个自信"在国际话语场的表达，中国方案象征了中国的国际话语权及文化软实力，中国方案有信心作为更好社会制度的探索，就在于引领及倡导实现全人类社会的健康、可持续、科学和共同发展，用全人类共同价值解决人类社会面临的时代难题。中国方案的背后要着力解决全球价值共识问题，是新时代马克思主义意识形态话语体系的重要组成，不仅为全球治理时代确立了新价值起点，同时也是人类全球化时代的价值共识系统。

四、构建巩固根本制度的话语体系

新时代马克思主义意识形态话语体系是巩固国家根本制度的话语体系。社

---

① 习近平：《在纪念马克思诞辰200周年大会上的讲话》，人民出版社2018年版，第11页。

会主义制度是我们国家的根本制度，具有深厚的中华文化根基，是具有强大生命力及巨大优越性的制度。马克思主义意识形态话语是坚持和完善中国特色社会主义制度的前提，能确保党始终保持思想统一、政治团结和行动一致，确保全体人民在理想信念、价值观念和道德观念上紧密团结。

新时代马克思主义意识形态话语体系是科学的话语体系，保证了中国特色社会主义制度的科学性。马克思主义同中国的命运、中国人民的命运、中国共产党的命运和中华民族的命运紧密联系在一起，马克思主义意识形态话语的科学性主要表现在两方面，一是认识工具致力于解释世界，二是思想武器致力于改变世界。中国共产党是新时代马克思主义意识形态话语体系构建的核心力量，一方面要落实意识形态工作责任制，坚持党管宣传、党管阵地、党管舆论和党管媒体；另一方面，党员领导干部要增强"四个意识"，坚定"四个自信"，不断增强马克思主义意识形态话语的辨别能力、解释能力、整合能力和传播能力，对马克思主义意识形态作出新解读和新阐述，创新话语表达，形成思想认同的"最大公约数"，确保意识形态安全和国家文化安全。

五、提升国家文化软实力及中华文化影响力

国家文化软实力是衡量国家文化安全的重要标志之一，是衡量一个国家综合国力的关键要素，拥有丰富文化软实力的国家，一般在国际话语场也会拥有强大的话语权，国际话语权就是国家文化软实力，体现着中华文化的影响力。话语体系构建影响话语权和文化安全，从一定意义上可以说，马克思主义意识形态话语体系构建和国家文化软实力相互促进、相互支撑。

软实力也称之为软权力，是美国著名学者约瑟夫·奈的创新性研究取得的成果。[1]他指出"软实力是一个国家的文化与意识形态的吸引力，它通过吸引

---

[1] 约瑟夫·奈是美国哈佛大学教授，最早明确提出了"软实力"的概念。1990年，他出版了《美国注定领导世界？——美国权力性质的变迁》，同年还发表了《软实力》一文。2004年又出版了《软实力》一书。

力而非强制力获得理想的结果"①,并论证了软实力的要素及重要影响力,批判了武力、军事和暴力等硬实力在构建世界新格局中的作用,主张通过文化、文明、生活方式和价值观念等软实力构建世界新格局。他说的文化软实力主要包括文化吸引力、政治价值观吸引力和外交政策能力,但文化软实力最重要的表现仍是国家话语权。他强调,真正的赢家不是看哪个国家拥有强大的军事力量,而是看哪个国家的故事讲得最动听和吸引人。应该看到,与国家硬实力相比,中国的文化软实力和西方发达国家仍有差距,马克思主义意识形态话语不能很好满足新形势发展的需要,话语权和中国国际地位不相匹配,仍面临被削弱的挑战,因此马克思主义意识形态话语体系构建关乎马克思主义意识形态话语权和国家文化软实力。首先,话语体系构建有利于提炼社会主义核心价值观。价值观是文化软实力的核心,共同的信念、信仰、道德目标和共同的文明准则等构成了一个民族文化的核心价值观,这种核心价值观的培育及传承都离不开意识形态话语的表达。其次,话语体系是中华文化和中国精神的时代表达。中华优秀传统文化是中国文化软实力的文化资源、价值底蕴,作为中华民族最深厚的文化软实力,是治国理政最重要的思想文化资源,从"亲仁善邻"到"人类命运共同体",从"天人合一"到"绿水青山就是金山银山"……新时代马克思主义意识形态话语以强大的历史穿透力、精神感召力和文化感染力,延续着中华文化和中国精神,通过坚持和发展马克思主义为其注入新活力。再次,话语体系构建有利于广大人民群众坚定马克思主义信仰。信仰是人们精神世界的支撑、寄托和追求。马克思主义信仰是我国社会的主导性信仰,是凝聚人心、坚守共同理想和团结奋斗的思想基石,是全国人民战胜各种挑战及困难,保证我国各项事业不断取得胜利的精神动力,是历史规律和主观确信的相统一。只有坚定马克思主义信仰,精神信仰才不会垮,文化话语权才能最终崛起。否则,精神垮了就会不战而败,就会危害到文化安全,不能确保中国文化事业和文化产业沿着正确道路前进。中国作为世界上存在的最大社会主义国家,在确立马克思主义信仰方面我们比其他国家人民更加需要和迫切。

---

① Joseph. S. Nye, "The Challenge of Soft Power", *Time*, 1999, February22:21.

第二节　马克思主义意识形态话语体系构建中存在的内在问题

话语体系是一个国家和民族特定的文化立场、政治立场及价值观念的重要表现，关系到国家的文化软实力和发展前景，关乎国家文化安全。习近平指出要"加强话语体系建设，着力打造融通中外的新概念新范畴新表述，讲好中国故事，传播好中国声音，增强在国际上的话语权"①。新时代马克思主义意识形态话语关系意识形态领域斗争和国际舆论斗争等重大时代课题，今天的中国日益站在世界舞台的中央，但话语体系仍存在诸多问题，例如，话语理论创新不足、媒体建构存在短板和国际传播有待加强等内在问题，这些都影响到马克思主义意识形态话语安全，危害到国家文化安全，这是我们必须重视和解决的问题。

一、意识形态话语理论创新不足

话语体系是话语权实现的基础，其产生的影响力、凝聚力和感召力有整合、统摄和引领其他社会思潮，为社会立言的特性。"统治阶级的思想在每一个时代都是占统治地位的思想"②，统治阶级在意识形态领域占据着主导地位，进而形成了自己强大的话语体系，依据马克思唯物史观原理，话语体系也应随时代的发展创新自身、回应现实问题，马克思主义意识形态话语只有不断创新和丰富理论内涵，才能克服"有理说不出"的窘境，才能具有强大的说服力，才能拥有更大的话语权。理论若想说服人，就要彻底。马克思主义和中国具体实际相结合，在中国革命中形成了毛泽东意识形态话语，最终站起来；在建设和改

---

① 中共中央文献研究室编：《习近平关于社会主义文化建设论述摘编》，中央文献出版社2017年版，第197页。
② 《马克思恩格斯选集》（第一卷），人民出版社1995年版，第98页。

革过程中话语得以丰富,最终形成中国特色社会主义意识形态话语,转向富起来;党的十八大以来,新时代马克思主义意识形态话语体系正在逐渐走向成熟,中国深化改革和发展的历史性任务转向强起来。话语体系的发展和中国特色社会主义的发展是一脉相承的,但应看到我们的话语体系仍有一些不足,要进而构建与经济大国相匹配的学术大国和思想大国。

(一)话语理论发展相对滞后

再厚重的思想和再伟大的理论,如果话语表达陈旧,就不可能深入人心,最终也会无人问津。只有不断创新和发展马克思主义意识形态话语理论,马克思主义才能永葆生机和活力,巩固和加强在意识形态领域的主导地位,最终实现话语权。"理论的生命力在于不断创新"[1],马克思主义意识形态话语理论为中国革命、建设和改革提供了强大思想武器,中华民族的发展取得了前所未有的奇迹,但由于中国在哲学社会科学发展中经历的是引进—复制—接轨的过程,因此意识形态话语发展的时间滞后。尤其是在全球化大变局和全面深化改革的新时代,面临许多新情况、新问题和新形势,当代中国建设实践存在一种"渴求"——对创新理论的渴求。中国特色社会主义实践,没有任何"模板""母版",也不是任何成例的"翻版""再版",需要以博大宽广胸怀吸收各种有益营养,也需要在此基础上形成引领和解释新实践的理论。马克思主义意识形态这个"望远镜"和"显微镜"如果不能与时俱进,不能很好进行观察和解读,就会导致非马克思主义的东西乘虚而入,解读中国实践、构建中国理论的发言权应属于我们,但现实情况是,在国际上我们还处于"有理说不清,说了传不开的境地"[2]。在一些具体的微观理论层面,马克思主义意识形态不能及时反映,特定领域的创新成果也较少,现有的马克思主义话语体系不能满足时代发展的需要,与现实结合也不够密切,呈现出固定的"教科书式"的理

---

[1]《习近平谈治国理政》(第三卷),外文出版社2020年版,第76页。
[2] 中共中央党史和文献研究院编:《习近平关于总体国家安全观论述摘编》,中央文献出版社2018年版,第105页。

论体系、话语体系和逻辑体系。尤其是话语体系在政治领域过于意识形态化，在大众领域显得空洞化，在学术领域显得抽象化和思辨化，这就要求创新和发展马克思主义哲学社会科学理论，推动学科、学术和话语体系的创新，只有在政治领域表现出厚重性和思想性，在学术领域表现出实践性和现实性，在大众领域表现出生动性和鲜活性，马克思主义意识形态话语才会更有吸引力。

（二）话语主体较为被动

文化领域如果社会主义文化不去占领，资本主义文化就必然会占领，这就必然会危害到国家文化安全。中西意识形态领域的斗争及较量将是长期复杂的，甚至是十分尖锐的，西方国家对我国实施西化和分化的图谋不会改变。与此同时，我们在话语权和影响力方面表现出信息流进流出的"逆差"，软实力和硬实力的"落差"，中国真实形象和西方主观印象的"反差"，反遏制、反分裂、反渗透和反恐怖斗争形势十分严峻和尖锐。因此，一方面要不断加强和完善话语的宣传教育，以此提高人们的思想觉悟；另一方面要不断创新和发展话语内容，增强战斗力和凝聚力。马克思主义意识形态话语权在国际舞台上常遭遇西方势力布下的"卡夫丁峡谷"，因此话语主体较为被动。主要表现在话语规则由西方制定、话语议题由西方设定、话语真伪由西方裁判，从"历史终结论"到"文明冲突论"，从"中国威胁论"到"国强必霸论"，从"大国责任论"到"中国崩溃论"，从"C型包围圈"到"价值观外交"，从"普世价值论"到"世界趋同论"，西方话语冲击下的中国形象并不真实，本来确定的中国模式也充满了不确定性。话语体系的研究主体处于被动地位，缺乏自觉性、主动性和创新性，这势必会影响到国家文化安全。

中国特色社会主义实践是对人类社会发展规律的进一步深化和认识，今天的中华民族日益强起来，需要系统化和理论化的马克思主义意识形态话语体系解读中国故事，这就要求对话语资源进行探索和创新整合。文化全球化的最直接表现就是意识形态的开放性，开放也意味着面临的风险和挑战更多。马克思主义意识形态已不再是局限于国内的封闭理论体系，全球局势复杂多变，国际环境稳定中存有诸多变数，科技高速发展下的虚拟世界应运而生，话语半径和话语影响力存在着不稳定性，话语权的去中心化趋势明显，这就要求马克思主义意识形态话语不仅能够反映国内热点，同时也能够科学解答国际问题。关于中国的崛起之"谜"，理论创新相较于实践创新的"中国经验"还较落后，"这是一个需要理论而且一定能够产生理论的时代，这是一个需要思想而且一定能够产生思想的时代"①。新时代马克思主义意识形态话语体系构建已成为学术共同体的集体自觉，我们应科学判断和全面把握国际形势的新变化，创新和发展马克思主义意识形态话语的理论空间，着力加强对各种非主流社会意识形态话语的引导及规范。

二、意识形态话语表达存在"假大空"的形式主义

新时代马克思主义意识形态话语体系彰显了中国共产党的价值立场，具有社会生活的解释功能、价值观的凝聚功能和文化的传承功能。②由此可见，话语体系不是虚空的，其和价值观密不可分，关乎国家文化安全。因为话语体系具有三种不同功能，所以马克思主义意识形态话语体系也由三种不同的话语类型构成，即政治话语、学术话语和日常生活话语。③随着时代的大转型和大变迁，马克思主义也日渐内化为人们的一种理论信服和政治认同，话语也因此得到丰富和发展。公共话语的空间领域因为利益主体复杂化和价值观念多元化进一步得到拓展，多种话语的较量与交锋日趋激烈，从"公共领域意味着依靠话语交往形成公共舆论，使公共理性成为具有约束力的、文明的影响力"这一观点出发，话语体系面临的重大挑战就是话语力量的分散和博弈。话语表达在社会生活领域中，仍存在"假大空"的形式主义，只注重意识形态和政治价值，话语与实践脱节、不接地气、讲道理不理直气壮、空洞乏味、缺乏吸引力和认

---

① 习近平：《在哲学社会科学工作座谈会上的讲话》，人民出版社 2016 年版，第 8 页。
② 陈锡喜：《马克思主义：意识形态和话语体系》，华东师范大学出版社 2011 年版，第 43 页。
③ 胡春阳：《话语整合与马克思主义意识形态主导地位的巩固》，载于《理论探索》2014 年第 1 期，第 15—19 页。

同感，存在从口号到口号、从概念到概念的教条主义、形式主义和本本主义等诸多问题，这就使得马克思主义意识形态话语缺乏竞争力。为此，一方面要善于挖掘和升华可以推广到全世界的价值观；另一方面要创新话语表达方式，用人们愿意听、听得懂和喜欢听的话语进行表达，戒除话语表达"假大空"的形式主义，戒除程序化话语。话语表达是国家软实力的重要表现，因此要不断提升政治话语的影响力和学术话语的解释力，增强其对现实生活的说服力。马克思主义意识形态话语表达"假大空"的形式主义主要表现在以下几方面。

（一）政治话语表达说教化和程序化

政治话语是新时代马克思主义意识形态话语体系的主要组成部分，美国政治传播学者丹·尼姆曾说"政治就是谈论"。范迪克建议将政治话语定义为"主要是政治性"的话语，具体包括议会辩论、议案、法律、政治广告、政治演讲等，政治话语是社会管理者进行政治交流、沟通和互动的重要载体，是国家政治生态及价值理念的体现。中国共产党把马克思主义基本原理同中国实际相结合，创立了"革命"政治话语和"建设"政治话语，从"革命"到"建设"政治话语的演化和发展体现了党领导下社会主义事业重心的转化，社会结构由政治主导型转向政治和社会共同主导型，作为代表各方利益的政治话语是社会结构变革中的真命题。新时代背景下政治话语面临诸多挑战，政治话语的建设远远落后于社会结构转型的需要，在国际舞台上，政治话语仍无法与西方话语平等对话，甚至有时离开西方概念和分析范式的中介，政治话语的自我表达都成为问题。

当下中国政治话语文风存在着八股化的现象，话语表达方式过于说教化和程序化，"在一些党政机关文件、一些领导干部讲话、一些理论文章中，文风上存在的问题仍然很突出，主要表现为长、空、假"[1]。一方面，政治话语注重说教，强调宏大叙事和崇高信念，话语没有亲和力容易让人产生距离感，单向

---

[1] 洪向华主编：《领导干部新文风》，人民出版社2017年版，第6页。

度的信息传递和某种程度上的强制灌输,容易激发大众的反感情绪;另一方面,由于政治话语更多的是在阐述国情、国策和国际新闻,因此使用的都是一些空泛的概念和范畴,对理论的解读较为抽象乏味和干瘪枯燥,再加上传播形式较为单一,主要停留在电视、报纸和期刊等传统媒体上,而对新兴媒体明显关注不够,难以满足新时代发展的需要,尤其网络上各种思想观念良莠不齐,一些庸俗化、低俗化话语时有出现并且以碎片化的形式冲击着人们的主流意识形态,严重影响了大众对核心价值观和国家政策的领会和学习,危害到国家文化安全。因此应善于利用新媒体打造易于被大众接受的政治话语,政治话语应体现政府的执政绩效,正如亨廷顿所说的"政绩的合法性在第三波新兴民主化国家扮演着一个重要角色"①,"一切空话都是无用的,必须给人民以看得见的物质福利"②,增强政治话语的解释力,同时要改进政治话语的文风,话语形式和话语内容应具有亲和力和感染力,将平凡叙事和宏大叙事相结合,用"小"话语体现"大"政治,增强政治话语的解释力。

(二) 学术话语"内生不足",研究"片面化"

学术话语具有规范性和学理性特点,由特定的概念、语言和范畴构成,话语内容会随实践发展和研究进步不断拓展深化。③学术话语是马克思主义意识形态话语体系的当然构成,学术话语要尽量消除中国学术同世界学术、中国特色社会主义实践和国人之间客观存在的"隔膜",不能向西方"鹦鹉学舌",满足于"从文本中讨生活",马克思主义意识形态话语权的确立,不仅需要国家政治权力高势位的保障,而且需要能够科学阐释社会问题及凝聚社会大众的理论"权威"。①所谓权威是指意识形态理论的学术话语,它有使人信从的力量及威

---

① [美] 塞缪尔·亨廷顿:《第三波——20世纪后期民主化浪潮》,刘军宁译,上海三联书店1998年版,第312页。
② 《毛泽东文集》(第二卷),人民出版社1993年版,第467页。
③ 胡春阳:《话语整合与马克思主义意识形态主导地位的巩固》,载于《理论探索》2014年第1期,第15—19页。

望，具体指意识形态话语对客观世界的解释力具有科学性和价值性。学术话语打通了政治话语和日常生活话语的逻辑通道，在话语体系中扮演着承上启下的角色，因此在三个话语层级中尤为关键，具有"黏合剂"的特性。但因时代发展和西方话语的强势渗透，马克思主义意识形态学术话语"内生不足"研究"片面化"的问题突出，这些都影响到话语安全。

第一，马克思主义意识形态学术话语内容脱离社会实践，"内生不足"创新滞后。恩格斯曾经指出，理论思维在不同时代的表现形式不同，内容也应不同。改革开放以来，我们的学术话语发展取得一定的成绩，但有关重要的学术期刊、学术组织和学术评价数据库，仍是由西方国家主导，学术话语在解读中国特色社会主义伟大实践时，内容脱离社会现实，不是群众关心的真问题，学术话语研究要以人民群众的社会实践为出发点，否则就不能为当下新问题的解答提供话语资源和理论支撑，不利于中国特色社会主义文化的大繁荣和大发展，正如毛泽东所言："我们需要本本，但一定要纠正脱离实际情况的本本主义。"②因此，应摒弃从文件的政策解读、经典著作的阐述和经典理论的阐发等单一路径生成学术话语，要立足社会实践进行学术话语的思维创造。

第二，学术话语研究"片面化"，主要表现在教条地对待马克思主义经典话语，一是用"中国实践"强加给"马克思"，企图达到"我注六经"的效果；二是用经典著作的相关概念为当前实践辩护，企图实现"六经注我"的目的，因此不能体现出马克思主义意识形态旺盛的生命力和时代特色。同时也有一些别有用心的人鼓吹"马克思主义无用论"和"马克思主义过时论"，以此"淡化马克思主义"，这些都不利于马克思主义意识形态话语权主导地位的确立，会危害到国家文化安全。

第三，马克思主义意识形态学术话语研究出现西化的倾向，有些学者大量使用西方学术话语，照搬西方话语谱系和叙事方式，运用西方理论成为学术时髦，

---

① 杨荣刚、俞良早：《马克思主义意识形态学术话语建设的学理、困境与建构》，载于《思想教育研究》2018年第4期，第43—47页。

② 《毛泽东选集》（第一卷），人民出版社1991年版，第112页。

用西方学术话语、学术观点述说中国实践,出现了"言必称希腊"的社会现象,学术话语的"削中国实践之足,适西方理论之履"削弱了中国叙事方法和价值理念,导致马克思主义意识形态话语缺乏吸引力、感染力和解释力,呈现出所谓的"概念漂浮"和"话语空转"现象。因此应加强学术话语生发能力训练,成立专门的学术话语创新研究机构,营造有利于学术话语创新的良好氛围,批判性地借鉴外来话语,对西方哲学社会科学主流的概念、思潮和理论应在分析批判的基础上借鉴吸收,话语创新要有问题意识和时代意识,问题是话语创新的起点和动力源,正如马克思所言:"主要的困难不是答案,而是问题。"①只有扎根现实问题的学术话语才有生命力和解释力,要避免将学术话语简化为政治口号。

(三)日常话语缺乏亲和力

日常生活话语是人们在日常生活中围绕衣、食、住、行等基本的生活逐渐形成的,话语形式和话语内容也会随生活方式和交往方式的变化而发展,由于话语内容更贴近生活实际,因此容易被大众接受、理解及应用。日常生活话语是马克思主义意识形态话语的滥觞之地,尤其是信息全球化的时代,日常生活话语力量暴涨已成为一个事实,话语内容因大众的社会责任感和层次性的差异,再加上网络的话语虚拟性强,导致话语内容缺乏社会伦理和法律规范的约束,因此具有理性不足的特点。除此之外,马克思主义因为是党和国家的主导意识形态,在现实生活中一味强调主导性,缺乏亲和性,话语力量苍白,这些都消解和冲击着马克思主义意识形态话语权,危害到国家文化安全。

第一,日常生活话语在全面深化改革和社会转型时期更加趋向务实化和利益化,话语取向以个人利益需求为出发点,和主流政治话语缺乏融通和沟通,话语合力较弱。日常生活话语具有非理性特点,是人们在社会实践中的世俗化体现,世俗化凸显了工具理性。德国社会学家马克斯·韦伯提出的工具理性是指人通过实践的途径确认工具的有效性以期达到某种功利,追求效果的最大化,对金钱和个人名利的无止境追求导致个体意识极度膨胀,冲击着马克思主义意

---

① 杨河:《马克思主义简明读本》,人民出版社 2018 年版,第 98 页。

识形态话语。

第二，信息化的全球时代，虚拟化和物化的日常交往改变了人们的传统日常交往模式，正如吉登斯指出现代性社会具有时空分离及在时空分离基础上的脱域特质。①这使得社会成员的交流方式也发生了变化，突破了时空的边界进入普遍交往，由"在场"改变为"缺场"，尤其是在网络上呈现出无边界性、去中心化的特点，为各种反马克思主义和非马克思主义挤压马克思主义意识形态话语的表达空间提供了便利条件。

第三，日常生活话语脱离群众的日常生活，强调主导性而忽视亲和性，只强调理论性而忽视了向中国化、时代化和大众化的转化。马克思主义意识形态话语不能仅仅沉迷于形而上的理论之中，应该嵌入大众的日常生活，直面现实生活中的现实问题，用现实生活中的鲜活案例、人民群众熟知的俗语和符合社会主导的思想观念来解释马克思主义意识形态理论。话语内容应贴近生活，深入浅出、生动形象又通俗易懂，只有这样话语才会有亲和力和吸引力，才能被中国大众接受和认同。

三、意识形态话语媒体建构存在短板

新时代是全媒体时代，媒体作为"第四种权力"②，既要发挥好"扩音器"的功能，也要履行好"理论家"和"监管者"的责任。媒体作为马克思主义大众化的重要传播工具，马克思主义意识形态话语权与媒体的舆论宣传密不可分。近年来我国媒体对马克思主义意识形态话语的舆论宣传工作取得了显著成效，但在一些方面如话语的建构和宣传方面仍存在短板，有待完善和提高。

（一）主流媒体对突发事件的评论能力有待加强

突发事件有时也称危机事件，事态发展表现出急剧的变化性，使人感到出乎意料而难以把握，一经引起受众的关注与讨论，容易发酵成群众关心的社会热点

---

① ［英］安东尼·吉登斯：《现代性的后果》，译林出版社2011年版，第18页。
② 第四种权力，即所谓的"监法"权力，其他三种权力分别是立法、司法和行政。

议题。突发事件和热点议题其本质是社会实践的产物,相较于地震、火灾等公共卫生事件的"天灾",突发事件和热点议题由于参与者的多元性和演变过程的不确定性,"人祸"表现性相对突出,一般指向社会、道德和政治问题等上层建筑,属于社会意识的范畴,因为"软杀性"较强,因此容易引起人民群众的关心和讨论,理应得到媒体的高度聚焦。突发事件和热点议题因发生的突然性和不确定性往往让民众无所适从,造成民众的一时紧张,谣言乘机传播。在现实生活中,主流媒体对热点议题的自觉发现和聚焦能力不足导致不能及时启动宣传舆论应急机制,这就导致公众对事实的真相不能有一个全面、理性和客观的认识,易于被一些别有用心的人利用,借机煽动不满情绪。主流媒体更愿意关注党和政府宏观层面的"权威议题",而缺乏对"街头议题"热点的关注,宣传工作较被动,只处理、不报道和先处理、后报道的现象时有发生,这样就不可避免地减弱了主流媒体对民众心理的引导作用,无法有效发挥监督功能。主流媒体的舆论宣传既要有高度又要有宽度,聚焦人民群众关心的社会热点议题,只有如此,才能借助主流媒体平台实现话语权。主流媒体应不断改进舆论宣传工作,使主流意识形态话语和人民群众的现实生活、利益需求相统一,通过科学有力的文化辐射和舆论导向,更好引导民众和服务民众,加强主流媒体对突发事件和热点议题的聚焦及评论能力,构建马克思主义意识形态话语传播的稳固基石。

(二)新媒体对马克思主义意识形态话语构建能力有待加强

联合国教科文组织认为新媒体即网络媒体,新媒体相比较于旧媒体,主要具有的特征有:非线性和交互性、信息海量和资源共享、即时性和开放性、超文本和个性化。新媒体中的马克思主义意识形态话语呈现出被边缘化和弱化的倾向,主流价值观遭受冲击,人们的社会价值判断、价值选择愈来愈倾向于世俗化、功利化,造成社会人文精神匮乏、道德滑坡,民族文化被不断消解,人民大众文化安全意识淡薄,话语传播呈现多向度特征,传播主体的多元化衍生出一套以自我为中心的自我封闭的话语体系,表现出明显的去权威化和去中心化特征。一些话语主体因受西方国家意识形态的影响,话语内容背离马克思主义。除此之外,传播模式的碎片化导致人们阅读时间的碎片化,造成人们对马克思主义意识形态话语片面化和碎片化的认知，正如卢卡奇指出的科学也同样卷入了这种直接性当中，因为它把现实世界撕成了碎片。马克思主义意识形态话语要有在错综复杂的社会思潮中占据理论制高点的勇气和信心，就必须加强专家型新媒体的建设，通过创新话语表达和传播马克思主义正能量，打击非法、消极和腐朽的网络话语，去除"非马"和"反马"杂音，还网络一片"净土"，彰显马克思主义意识形态科学性，增强民众对马克思主义指导思想的情感认同和政治认同，更好维护国家文化安全。

（三）全媒体对马克思主义意识形态话语的宣传有待完善

2021年8月27日中国互联网络信息中心（CNNIC）发布的第48次《中国互联网络发展状况统计报告》显示，截至2021年6月，我国网民达到10.11亿，互联网的普及率达71.6%[1]，中国由此进入了全媒体时代。全媒体时代出现了全程媒体、全员媒体和全效媒体，信息的无处不在导致舆论生态、传播方式和媒体格局发生深刻变化，因此必须加强马克思主义意识形态话语的巩固和宣传，同时使主流媒体产生强大的传播力和引导力，形成网上网下同心圆。然而全媒体的巩固和宣传情况仍不乐观，首先，媒体在构建马克思主义意识形态话语方面表现出能力不足，对于科学理性和价值层面的话语会出现错判、漏判的情况，对于一些消极负面的话语进行宣扬，对不合乎中国国情和中国实际的西方意识形态话语过度宣扬，而对符合中国国情和中国特色的马克思主义意识形态话语却视而不见。其次，媒体在巩固和宣传社会主义核心价值观话语时的使命意识和使命感亟须加强，须坚持"党媒姓党、坚定立场"的原则，增强非主流媒体和自媒体的使命感，不能任由西方话语无端怀疑和攻击马克思主义意识形态话语。再次，媒体对意识形态话语的宣传方式和方法不当，导致实际功效发生偏移，意识形态话语的宣传往往就科学谈科学、就价值谈价值，不善于联系实际，

---

[1] 第48次《中国互联网络发展状况统计报告》发布：《我国网民规模超十亿》，载《央视网》，https://news.cctv.com/2021/08/27/ARTIAQ8bIAmQ68Vs88OMHnRa210827.shtml，2022年2月26日。

形式主义严重，不接地气，使高大上的话语被束之高阁不能紧贴群众，这就导致马克思主义意识形态话语与大众化、中国化和时代化相割裂，严重危害社会安全、人民安全和国家文化安全。

四、意识形态话语国际传播有待加强

一个国家的国际传播能力反映着本国的文化软实力，各国会通过国际传播将本国的文化、艺术和政治价值观向其他国家进行传播，进而影响他国文化安全。依据马克思唯物史观原理，经济基础决定上层建筑，中国已是世界上第二大经济体，综合国力的快速增长要求在国际话语场提升马克思主义意识形态话语权，遗憾的是经济的迅速崛起没有与之相匹配的经济话语权的显现，更不用说实现在世界上的政治和文化话语权。马克思主义意识形态话语仍处在"说了传不开"的困境，国际上对中国经验的总结和宣传主要有两种情况：一是抹黑，借人权、涉疆、涉台、涉独等制造话语，混淆是非，挑拨离间，目的在于干扰中国的和平崛起；二是捧杀，用带有明显的意识形态偏见或形形色色的政治意图歪曲中国模式，中国模式陷入"没有标准，怎么说都行"的解释怪圈，这些都严重危害到国家文化安全。依武汉大学陈曙光教授统计，近几年来直接或间接涉及中国的西方话语五花八门，主要有历史终结论、文明冲突论、中国崩溃论、大国责任论、中国霸权论、中国威胁论、"普世价值论"等。由于中西意识形态的差异，中西之间在制度模式和文化价值观念上的话语落差非常大，只有增强马克思主义意识形态话语的国际认同感，聚焦中国价值观，才能勾勒出新时代马克思主义意识形态话语体系的丰满形象，提升中华文化软实力，同时提升中华文化的国际影响力，更好维护国家文化安全。

（一）中国故事的话语有待传播

中国故事是帮助世界了解中国和解读中国的一把钥匙，中国故事能否讲好，中国特色能否阐释好，关系到中国的文化软实力，以及中国与世界各国的对话交流。新时代马克思主义意识形态话语体系的对外传播应围绕中国故事，阐释中国制度、道路和实践，打破西方话语体系对价值观念的垄断，抓住机遇实现

"弯道超车"。目前中国故事的对外传播存在着重形式和平台，轻内容和价值的现象，能够让外国人乐意听，但可信服的通识性表达还不够。对中国道路的解读，中国最有发言权，应充分发挥马克思主义意识形态话语的作用，为对外介绍中国提供理论支撑，应对中外的知识结构、语言体系、立场观点进行比较分析，针对不同受众的需求，用马克思主义价值观话语进行良好有效的沟通，扩大马克思主义意识形态话语体系的民间发声，充分利用新媒体讲好中国故事。

（二）中国模式的话语亟须建立

中国现代化的飞速发展造就的物质上的强大令世界瞩目，中国模式的成功实践不同于19世纪以英美为代表的盎格鲁－萨克逊模式，不同于以欧洲大陆国家为代表的莱茵模式，也不同于20世纪以苏联为代表的传统社会主义模式和20世纪下半叶以日本为代表的东亚模式，中国历史性实践取得的成功需要用中国话语来解读。一直以来，中国在经济上处于有责无权的尴尬境地，一直通过"买单"和"开支票"等方式承担国际责任，文化上，孔子学院只限于语言的推广和教育，并没有转化成国际话语；经济上，西方学界和政界将中国模式定义为权威资本主义；军事上，对国际关系的零和思维正加深着西方对中国的疑虑和不安；外交上，中国的和平发展很难论证中国的"走出去"和"走出去"的过程中为什么会和西方的国家利益发生冲突。中西由于在价值观方面没有达成共识，文化交融的同时出现了文化冲突，不利于国家文化安全。中国的行为模式一直以来被西方意识形态话语定义，如新殖民主义和权威资本主义等，因此必须重视中国模式的马克思主义意识形态话语构建，必须用一整套能够解释自己的概念和理念与西方以及发展中国家平等对话。马克思主义意识形态话语体系的国际认同的前提是理论走向世界，"要通过运用和掌握国际话语权，把中国的逻辑、中国的立场、中国的必然、必须与可能、中国的愿望、意志与决心等向世界讲清楚、说明白，增进世界对中国的理解"[①]，面对现代化进程中出现

---

① 辛鸣:《让中国理论走向世界》，载《求是网》，http://www.qstheory.cn/llqikan/2019-02/22/c_1124151629.htm，2021年12月12日。

的一些现实问题，必须指向话语场域，奠定话语基石，彰显话语特征，用马克思主义意识形态话语解读中国模式，只有加强新时代马克思主义意识形态话语体系建设，才能打造出融通中外的新概念新表述新范畴，讲好中国故事，增强中国在国际话语场的话语地位，形成与中国经济和社会发展相匹配的话语体系，更好地抵御和批判西方敌对势力对社会主义和中国共产党的攻击和丑化，提升我国的国际话语权，更好维护国家文化安全。

（三）中国价值的话语尚未得到认同

中国价值的核心内容是社会主义核心价值观，它是凝聚中国力量的思想道德基础，是中国特色社会主义先进文化的集中体现。社会主义核心价值观作为马克思主义意识形态话语体系的重要组成部分，可以更好统领多元化、多样化的社会思潮，从而占领意识形态领域主阵地，对内服务于完成"两个一百年"的奋斗目标和实现中华民族伟大复兴的中国梦；对外旨在建立新的国际秩序，构建以人类命运共同体为目标的价值理念体系。马克思主义意识形态话语体系是包含有思想认同的人类社会发展的普遍规律，同时也有自身内在的独特性，"中国特色"是马克思主义意识形态话语体系的根本标志，如何让世界上更多的国家以及人民认同马克思主义意识形态话语体系，这就需要逐步增进世界各国人民对马克思主义意识形态话语的认同。马克思主义意识形态话语要懂得扬长避短，在基于人类共同价值普遍意义的基础上强调互补性，不能夸大和西方的冲突。例如，西方提出的民主、自由、人权和市场经济是西方的传统强项，而中国提出的和谐、发展的目的就是实现民主、自由和人权，可以看出这些基本价值观中西在本质上是一致的。任何一种文化尤其是文明都包含普世价值，中国的价值也可以是普世的。马克思主义意识形态话语不仅仅是对中国社会发展的理论总结，也是全人类集体智慧的理论表达，中国的改革开放既是普世价值在中国的体现，又为普世性价值增加了中国元素，应依靠中国价值在中西各国达成的共识，提升马克思主义意识形态话语体系的国际认同。

第三节　新时代马克思主义意识形态话语体系构建面临的外在挑战

一、西方主流意识形态话语的渗透

经济全球化的浪潮导致世界各国面临着文化全球化的冲击，文化全球化实质是指"西方价值体系在不同的、古老的价值体系中的扩展，是全球范围内的西化"①，西方文化尤其是美国文化正在同质化和侵蚀着非西方文化，这样就必然导致民族文化出现安全危机。文化全球化背景下的马克思主义意识形态话语也受到西方主流意识形态话语的冲击和挤压，危害到国家文化安全。

（一）文化全球化加速了西方主流意识形态话语传播

市场经济驱动下的经济全球化打破了地区封锁，各国文化相互交流交融，文化的全球化趋势明显加强，这就会给国家文化安全带来更多的挑战和隐患。经济实力的强弱决定和制约着一个国家的文化软实力水平，文化软实力具有的文化吸引力能产生很强的话语效应，当下一些西方大国凭借强大的经济实力、文化实力构建起世界话语霸权，这就导致一些发展中国家处于将要被西方文化吞噬的危险境地，法国学者英格哈德曾指出："全球化无疑是西方现代文明扩张的伟大结局。"②西方发达国家不断向发展中国家传播和渗透自己的价值观念，由经济主导转为文化主导，不断扩大思想文化的辐射力、影响力，进而在全球化进程中构建起无形的话语体系，加紧渗透和传播自己的主流意识形态话语，这就使得一些国家作为民族标志的话语符号逐渐从历史上消失，民族身份的认

---

① ［日］星野昭吉：《全球政治学——全球化进程中的变动、冲突、治理与和平》，刘小林、张胜军译，新华出版社 2000 年版，第 196 页。
② 刘海平主编：《文明对话：东亚现代化的涵义和全球中的文化多样性》，上海外语教育出版社 2006 年版，第 181 页。

同也处于失语状态,从而引发了民族文化的安全危机。

第一,西方大国借文化霸权构建起话语支配权,这对马克思主义意识形态话语的传播是一种无形冲击。西方一些发达国家在进行国际贸易时主动设置议题,采用适合自己利益的话语概念制造出一些热门的话语议题,如大肆宣扬的全球一体化、地球村和全球意识等,其目的是淡化民族意识,进一步淡化国家的主权意识,话语意图围绕意识形态的渗透,辐射西方的价值观、生活模式和制度模式。

第二,西方大国凭借文化交流加快传播自己的价值观,文化全球化最直接的表现就是文化之间的交流交融和交锋,其中就蕴含着意识形态的较量,西方优秀文化是有益的,可以借鉴和吸收,但大量腐朽的文化应引起我们的警惕,例如,政治思想方面的民主观、自由观和人权观,政治心理层面放纵颓废的生活方式和不良现象的存在,精神生活方面的黄色文化、利己主义思想,等等,这些都严重危害到国家文化安全,减弱人民群众对马克思主义意识形态话语的认同。

第三,一些西方国家把中国加入世界贸易组织视为实施西化、分化战略的良机,加紧西方价值观念的渗透,马克思主义意识形态话语面临着被消解与挤压的状况。在世贸组织规则的协议下,文化产品领域的政策和法律也一改严格的限制而逐步放开,文化市场的开放导致西方图书、音像制品等成为文化传播的重要媒介;相比之下,我国的文化竞争尚处于劣势,马克思主义意识形态话语的传播仍面临西方价值观的渗透,中西意识形态直接交锋对抗的形式隐含于经济、文化和社会的交往之中。随着中西交往的日益频繁,西方的各种理论观点也通过文化交流等形式扩大自己的影响,西方的话语概念、话语体系被用来阐释中国的现实问题,这就更进一步远离了马克思主义意识形态话语的表达方式。

第四,跨国公司在传播西方思想文化和行使西方话语权方面扮演着重要角色。一方面,跨国公司在中国市场上利用自己的产品和广告共同建构和传递着西方的意识形态,实践证明,广告是影响人们精神世界和现实生活的当代文化,具有强烈的意识形态属性,成为塑造人们世界观和价值观的重要媒介。西方广告话语推崇的个人主义、自由主义和我国重视的集体主义、团结和谐的价值理念相背离，试图对我国传统的以集体主义为核心的价值取向进行"去中心化"的解构，价值观的变化无疑是对马克思主义意识形态话语的冲击和腐蚀。另一方面，跨国公司背后的品牌有强大的品牌效应，从麦当劳到可口可乐到米老鼠，无一不是美国文化的全球普及，这种品牌化的文化渗透更具有潜移默化性，"人们勤勉为之，对此却一无所知"①，这恰恰是品牌文化内涵着意识形态的具体表现。因此在现实社会中，不仅应着眼国家和政府层面，还应积极关注非政府组织，这就为马克思主义意识形态理论话语的构建和传播提供了新的视角和领域。

（二）西方文化霸权和信息霸权的影响

文化霸权和信息霸权是话语霸权产生的前提，其对我国马克思主义意识形态话语的传播造成了巨大影响及冲击，也危害到国家文化安全。随着中国日益走近世界舞台的中心，西方一些资本主义国家感到了威胁，因此更加借助文化及信息的优势，施展他们的话语霸权。以美国为首的西方资本主义国家，不断兜售资产阶级的社会制度、思想文化和价值观念，大肆美化议会制、多党制和三权分立等资本主义制度，这些使得一些人对中国特色社会主义制度和道路产生怀疑，不利于人民对马克思主义意识形态话语的接受和认同，从而被西方资产阶级思想俘虏，危害国家文化安全。

1. 西方文化霸权主义下的文化扩张排挤着马克思主义意识形态话语

文化霸权是由意大利共产党创始人葛兰西提出的一种批判性理论，他指出，统治阶级要统治市民社会，就要借助文化人及文化机构，使自己的政治、伦理和文化价值观成为普遍接受的行为准则。后来有学者如汤姆森从帝国主义的角度对文化霸权进行研究，他指出文化帝国主义本质上就是霸权文化的一种表现，文化霸权主义和文化多样化是相互矛盾和相互冲突的，在现实中威胁着民族国

---

① ［斯洛文尼亚］斯拉沃热·齐泽克：《意识形态的崇高客体》，季广茂译，中央编译出版社2002年版，第24页。

家的文化生存、发展和繁荣。中国在历史上就曾深受帝国主义的文化之害，萨义德就曾指出，19世纪及20世纪东方传教士在中国的活动一开始就打上了帝国主义烙印，即使是"东方传教士也认为他们的使命并非是由一个普遍的上帝而是由他们的上帝、他们的文化和他们的命运所设定的"①，今天中国的国家文化安全依然面临着文化霸权主义的威胁。后来一些学者如摩根索、佩查斯、哈里森都指出文化帝国主义是一个国家文化的强势表现，西方发达国家借助自身文化的优势，采取文化入侵的强势手段，对落后国家进行文化侵略和文化渗透，以实现文化利益和控制他国思想文化的目的，最终将"西方大国的文化和价值观念强制推行到其他国家和地区，进而成为一种普世性的文化"②，目的是强调文化和文明的单一性，标榜本国的文化最优秀。赫姆林克提出"文化同步化"的主张，目的是用西方文化代替世界其他各民族文化，其他文明将被西方文明同化或逐步消失，这种文化的排他性实质是一种西方中心主义，标榜西方文化的优越性，宣扬西方文化中心论，构建西方价值观话语，把自己的价值观和制度模式强加于发展中国家，试图构建文化西方化的单一模式，利用文化扩张加紧意识形态的渗透，美国前总统克林顿指出："我们向中国出口的不仅仅是产品，还有我们的价值观念。"③进入21世纪以来，文化传播途径的多样性也使文化扩张的途径日益多样化。西方一些国家尤其是以美国为代表，通过文化传媒、图书印刷品、各种会展业、学术论坛讲座、文化产品以及社会交往等途径抓紧文化的传播和价值观的渗透，这就使得国家文化安全问题更加复杂多样。

西方文化霸权和文化扩张主要以经济手段通过文化产品的输入"植入"文化，一些西方国家之所以重视文化贸易，就是因为文化产品能体现出价值效应，文化产品的世俗性及消费性和人们的世界观、人生观、价值观密切相关，对文

---

① [美]爱德华·W.萨义德：《东方学》，王宇根译，生活·读书·新知三联书店1999年版，第377页。
② 张骥：《中国文化安全与意识形态战略》，人民出版社2009年版，第264页。
③ 同②，第60页。

第四章　文化安全视域下马克思主义意识形态话语体系构建的战略价值及挑战

化的消费之中就包含着文化商品的使用价值和价值。布热津斯基宣称，美国大众文化之所以对全世界的青年具有一种磁铁般的吸引力，就在于它所宣扬的生活方式的享乐主义的特征。①西方文化产品的大量消费冲击和挤压着马克思主义意识形态话语，相比较而言，我国的文化产业和文化产品在国际上的影响力并不强，这就会影响到国家文化安全。除此之外，西方还通过学术交流和文化节等从理性层面扭转人们的思想认知，文化交流使西方的一些腐朽思想和文化不可避免地传入我国，西方的享乐主义、个人主义和拜金主义对我国民众的理想信念和价值观念造成严重腐蚀，也从理性或理论层面对马克思主义意识形态话语造成了外在挤压，"美国政治制度之所以行得通，是因为文化适应与民主"②，文化霸权主义的"优越感"，成为一些西方国家文化扩张的内在驱动力，这些都为国家文化安全带来更多的隐患。

2. 西方信息霸权制约了马克思主义意识形态话语的传播

信息霸权是当下信息社会推行文化霸权的一种手段，信息霸权是指一些国家和组织利用自己的特殊地位和条件，控制信息的占有、发布、传播和使用，是西方文化扩张的重要形式。信息作为文化的特殊载体，具有价值观的传播和渗透功能，世界上 2/3 信息主要来源于只占世界人口 1/7 的发达国家，世界每天传播的国家新闻 80% 来自西方通讯社，政治、科技和文化的巨大差别造成发达国家和发展中国家出现"信息鸿沟"，导致信息流通的不对称。西方发达国家居于信息霸权主导地位，一般通过媒体、网络和先进的软硬件技术，将大量信息、文化和价值观传播到发展中国家，这就直接推动了政治文化的扩张，强化了以西方为中心的意识，文化全球化实际成为西方化，发展中国家由于经济技术方面的弱势，很难抵抗来自一些发达国家文化的冲击，这些最终都会诱发国家文化安全问题。

---

① [美] 兹·布热津斯基：《大棋局》，中国国际问题研究所译，上海人民出版社 1998 年版，第 34 页。
② [美] 塞缪尔·亨廷顿、劳伦斯·哈里森主编：《文化的重要作用——价值观如何影响人类进步》，新华出版社 2002 年版，第 7 页。

第一，信息作为文化和价值观的符号载体可以扩大话语的影响力。信息流动"扩大了心智的透视，使精神处于运动状态，经常展示出新的成果"①，信息传播本质上也是价值观传播，西方政要、政党的讲话，执政党发布的新政策，学者提出的新观点都隐含着一定的意识形态和价值观念，在国际话语场中彰显着该国的话语权诉求。

第二，信息为话语霸权构建提供了基础。信息霸权者掌握和控制着大量的信息，利用大量信息资源树立国家形象，宣扬本国制度文化和意识形态。

第三，大量信息的输出为话语霸权的形成提供了内在动力，"这种信息不断输出的过程就是政治文化不断扩张的过程"②，美国利用信息资源的优势，大肆兜售西方资本主义的价值观和政治文化，尽可能争取更多盟友的支持，最大程度地实现国家利益，扩大美国的影响力。

第四，信息霸权为话语霸权创造了条件。西方凭借丰富的信息资源设置新议题，引领话语内容，增强了话语魅力，"在全世界范围内带来了一种从属人性的认同感，无限扩大了正义，传播应该摧毁社会旧秩序，建立新秩序，使人们能够增加相互之间产生'好感'的接触"③，增强了人们对西方话语的认同，相比之下，发展中国家由于信息资源的匮乏，话语影响力较小，话语资源不丰富，说服力不强，这些都在一定程度上冲击了马克思主义意识形态话语的传播，危害到国家文化安全。

（三）"和平演变"政治图谋的发展及危害

1. 冷战时期"和平演变"战略的历史沿革

"和平演变"战略是政治上宣扬西方资产阶级民主、自由和人权价值观，迫使社会主义国家按照西方模式改变制度属性；经济上促使社会主义国家实行私有制，放弃公有制；意识形态上传播和渗透资产阶级政治文化、价值理念，削

---

①③ [法] 阿芒·马特拉：《世界传播与文化霸权——思想与战略的历史》，陈卫星译，中央编译出版社 2001 年版，第 32 页。

② 张骥：《中国文化安全与意识形态战略》，人民出版社 2009 年版，第 262 页。

弱或改变社会主义意识形态；外交上孤立、排挤、封锁和打击社会主义国家，最终目的是颠覆社会主义国家，战胜共产主义体系，消解马克思主义意识形态，危害国家文化安全。"和平演变"战略经历了五个阶段的历史发展过程。第一阶段是20世纪40年代后期至50年代初期，为"和平演变"战略的酝酿时期。当时美国国务卿艾奇逊在给杜鲁门总统的信中提出要制定一种新的政策，支持、鼓励共产党政权下的民主个人主义者从内部先开始"和平演变"，最终使中国和平地演变成为资本主义国家。第二阶段是20世纪50年代初至50年代末，为"和平演变"战略的形成时期。杜勒斯作为"和平演变"的狂热鼓吹者指出"遏制"是消极的，要用"更为有力"的"解放政策"来代替无效的"遏制政策"，并且在《战后国际关系原则》一书中提到了"和平演变"的具体手段，明确指出"中国共产主义是一个致命的危险"，要采用"和平的方法使全中国得到自由"。第三阶段是20世纪60年代，为"和平演变"战略进一步完善时期。当时美国第三十五任总统肯尼迪提出了"一手拿剑，一手拿橄榄枝"的和平战略。第四阶段是20世纪60年代末至70年代初，为"和平演变"战略的调整时期。"和平演变"被加入了新的内容，人权外交是卡特政府"和平演变"战略的最大特色，强调人权是美国外交的灵魂和核心，公开支持社会主义国家的"持不同政见者"的群体，人权因此成为攻击社会主义阵营的重要武器，人权外交也因此成为"和平演变"战略的重要表现。第五阶段是20世纪80年代初至90年代初，为"和平演变"战略全力实施的时期。里根总统被认为是"战后入主白宫的最讲意识形态斗争的总统"[①]。他开始对社会主义国家实施遏制战略和促进民主战略，极力支持社会主义国家发展"民主斗士"，促进社会主义国家民主运动的发展，宣称要通过和平方式将自由的希望带到苏联和东欧，最终目标是促进世界的民主革命。布什总统更是采用超越遏制战略对苏联和社会主义国家既打击、遏制，又渗透、融合，较以往孤立打击的战略模式转向打着支持改革的旗号，加紧对苏联和东欧社会主义国家实施"和平演变"，导致苏东国家主流意

---

① 石国亮：《西方国家意识形态渗透战略的历史逻辑与战略沉思》，载于《马克思主义研究》2007年第11期，第80—85页。

识形态僵化,对内不能产生引领力和凝聚力,对外不能抵抗西方意识形态渗透,最终在文化冷战中败北,国家也随之解体。

2. 冷战后期"和平演变"战略的新发展

"和平演变"战略并没有因冷战结束就此终结,西方国家在苏联解体、东欧剧变后乘胜追击,将民主化进一步推进到世界各个角落,美国安全战略开始重点东移,将中国作为西方国家"和平演变"的重点目标。克林顿特别强调民主外交的外交政策,除此,他还把人权外交作为外交工具,打击包括中国在内的发展中国家,污蔑和攻击中国广泛地存在违反人权、使用酷刑、任意拘押等问题,通过电台等新闻媒介制造舆论,恶意丑化和攻击中国共产党、社会主义制度,提出"人权高于主权",将民主和人权等价值理念和美国国家利益相结合,进而实现霸权主义。20 世纪 90 年代后期,克林顿政府极力奉行的"新干涉主义"就具有鲜明的意识形态因素和反共产主义意味,自此,人权高于主权的意识形态变成西方国家干涉别国的借口。

21 世纪新形势背景下,西方国家除了以民主、人权、民族和宗教等为借口攻击中国,还出现了一些新情况,"9·11"事件后,美国虽将打击恐怖主义作为外交政策的核心。然而,关于意识形态的战争并没有松懈,布什声称"我们正在为文明而战",并利用中国的矛盾凸显期和战略机遇期加紧意识形态渗透。在政治上进行攻击,利用一些政治人物施加政治压力干涉中国内政,高举"民主"及"人权"大旗标榜道德权威,妄图将美国价值观变成普世价值观;同时通过网络炒作社会热点问题,形成"围观效应",加紧制造思想混乱,增加了国家意识形态和价值观交锋的复杂性;不同于小布什,奥巴马主要借助"巧实力"对抗中国崛起,"两面下注"特征尤为突出,同时在新疆、西藏和人权等方面从舆论上攻击和抹黑中国,奥巴马以宗教文化自由为借口,在 2011 年、2014 年和 2016 年多次会见达赖,声称要支持西藏寻求"真正自治"。这些都严重危害到国家文化安全。特朗普一上台就延续了"美国优先"的理念,认为中国是战略竞争者,要重建以美国为核心的全球经贸秩序,同时在人文交流方面不断设置障碍,美国自 2018 年起开始关闭孔子学院,并在 2020 年 8 月将孔子学院认定为外国使团,呼吁美国各大学关闭孔子学院,尤其是新冠疫情时期,中美关系再次陷入胶着之际，美国政府颁布的《美国对华战略方针》，提出了中国对美国的挑战以及美国如何应对的策略，特朗普提出的"美国优先""让美国再次伟大"的口号，反映出美国的霸权焦虑，自此，中美关系已发生结构性转变。随着中美关系稳定性的急剧下降，拜登上台后，更是指出美国的民主价值观是美国对外政策的基础，认为中国政府是威权主义政府，美国和中国的竞争就是民主及专制的竞争，是民主价值和威权主义的对抗，并不断攻击中国的政治体制、制度模式及意识形态，打着价值观的外交幌子，将所谓价值观相同的国家相联合，并通过所谓"民主峰会"召集一些"民主国家"联合起来共同应对中国，这些都严重威胁着中国的国家文化安全。

3. "和平演变"战略的实施对马克思主义意识形态话语的危害

"和平演变"战略对马克思主义意识形态话语的冲击，对国家文化安全的威胁主要表现在以下几方面：（1）西方腐朽反动的思想文化和价值理念公开反对社会主义制度，丑化执政党和国家形象，赤裸裸地攻击马克思主义意识形态话语；（2）"和平演变"的实施诱发了思想文化领域的混乱，一些非马克思主义、反马克思主义话语有所滋长，思想领域中多元化社会思潮明显增强，噪音和杂音频频出现，"在我国青年中大肆宣扬西方的'新思想''新观念'，甚至听任一些腐朽、反动思想文化的泛滥"①，马克思主义"过时了""失败了""不灵了"等话语对马克思主义意识形态起到了一定的冲击和腐蚀作用；（3）"和平演变"战略实施的目的就是用资本主义意识形态取代社会主义意识形态，西方价值观、政治思潮在我国传播活跃时期和西方大国加紧对我国实施"和平演变"战略时期是一致的，这就大大增加了马克思主义意识形态话语在和西方社会思潮及各种错误思潮的交锋斗争中实现影响力的难度和复杂性；（4）"和平演变"战略损害着民众的价值观念，资产阶级自由化思潮在"和平演变"背景下一度泛滥，西方中心主义和历史虚无主义诋毁着我国的民族精神，损害国家的社会主义核心价值体系，"中国威胁论"和"中国崩溃论"歪曲了中国特色社会主义的价值

---

① 张骥：《中国文化安全与意识形态战略》，人民出版社2009年版，第84页。

属性;(5)"和平演变"战略实施手段和方式方法的多样化,导致马克思主义意识形态话语权的实现面临诸多困难,必须做到善于运用多种不同的手段,针对不同领域出现的新情况新问题,利用新手段巩固主流意识形态话语,维护国家文化安全。

二、"非意识形态化"理论话语的腐蚀

"非意识形态化"理论是资产阶级的反动思潮,是资产阶级自由化观点,它一方面为西方政治制度辩护,另一方面又否定和淡化马克思主义意识形态话语,究其实质也是一种意识形态理论。实际上,意识形态在现代资本主义社会中所起的作用越来越大,美国政治学者就认为,军队和警察有时所起的作用甚至不如一家电台和一份报纸。冷战结束后"非意识形态化"理论得到迅速发展,一些学者以学术观点为名提出新理论,同时散布一些诋毁、歪曲和否定马克思主义的观点,新理论在短时间内得到了广泛传播并形成了理论热点。其中,文明冲突论、普世价值论和意识形态终结论较为突出,这些话语对马克思主义意识形态话语的传播造成巨大冲击。一方面,"非意识形态化"理论话语以理论和学术的面目出现,抛弃了意识形态的口号,制造出意识形态和学术以及世界观方法论等之间的鸿沟,倡导政治性话语转变为学术性话语,进而取代马克思主义意识形态,使人们自觉进入"非意识形态化"的理论语境,潜移默化地使人们接受西方国家的自由和民主的意识形态话语;另一方面,"非意识形态化"理论话语通过论证马克思主义意识形态的不合理性来为西方政治制度进行辩护,实际上也是一种意识形态宣传。因为非意识形态话语有独立的理论和话语体系,话语影响力较强,因此增加了马克思主义意识形态话语权的实现难度,危害到国家文化安全。

(一)文明冲突论

美国著名政治学家塞缪尔·亨廷顿在《文明的冲突》《不是文明是什么——冷战后世界的范式》两篇论文中论证了未来国家间战争的根源就是不同文明的冲突,提出了文明冲突论的观点。之后他又在《文明的冲突与世界秩序的重建》

一书中强调"随着冷战的结束,意识形态不再重要",而实际上文明冲突论其本质仍是意识形态,只是不再根据政治意识形态和经济意识形态来界定①,而是依据"文明的意识形态"来界定,这一理论的最大贡献即是揭示了现在文明体系下国家文化安全问题产生的根源。

随着冷战结束特别是文化全球化趋势的进一步增强,一方面,国与国之间的依赖加深,文化矛盾和文化冲突在国际权力斗争中的表现愈加明显,文化和软权力的研究也开始受到国际社会的特别重视;另一方面,冷战结束伴随着新的民族主义浪潮的兴起,民族问题和文化命运息息相关,民族主义思潮的背后实质是文化或文明的较量,文化因素在国际关系中地位日益凸显的背景下,文明冲突论应运而生。亨廷顿指出:"世界上最重要的国家绝大多数来自不同的文明。最可能逐步升级为更大规模的战争的地区冲突是那些来自不同文明的集团和国家之间的冲突。"②并指出西方文明最大的威胁是伊斯兰文明和儒教文明,恐怖主义袭击美国就是最好的验证,而西方文明在未来历史发展的很长一段时间内仍是最强大的文明,处于权力的顶峰,他主张推进西方文明之间的合作,加强对西方文明的认同,一致对抗来自非西方文明的挑战。在此基础上他指出,因为文明的差异是根本性的存在,文明的互动反而加剧了文明的冲突,冷战结束后的世界冲突主要是文明或文化造成的,不同文明的民族以及集团将会产生全球性的政治冲突。"全球政治开始沿着文化线被重构"③,文明冲突是历史发展的必然。

文明冲突论为我们审视世界提供了一种独特的文化分析视角,但人类文明是多元化、多样化文明交流交融的发展结果,融合中有冲突,冲突中有融合。正如英国学者罗素指出,不同文明之间的交流是人类文明发展的里程碑。只是从冲突的视角解读文明,未免失之偏颇,此种论点的背后更多带有的是意识形

---

① [美]塞缪尔·亨廷顿:《文明的冲突与世界秩序的重建》,周琪等译,新华出版社2010年版,第5页。
② 同①,第7页。
③ 同①,第3页。

态色彩。首先,文明冲突论为资本主义意识形态渗透提供了学理论证基础,是对马克思主义意识形态话语的冲击和侵害。文明冲突论是为了迎合美国统治者构建新的霸权需要而提出的,为西方文化的进一步扩张提供了理论依据,冷战结束后,美国借助影视、网络、书籍等载体加快了文化扩张的步伐。其次,文明冲突论把西方文明和儒家文明相对立,进而把矛头指向我国的主流意识形态话语。亨廷顿认为"中国正在恢复其地区霸主的地位"①,并声称"强调权威、秩序、等级和集权高于个人的中国儒教传统,对民主化形成了障碍"②,因此他提出应淡化意识形态色彩实际是为新的意识形态宣传,其目的在于"以西方的文明取代东方的文明,以西方的资本主义意识形态取代社会主义意识形态"③,旨在用美国的文化文明同化中国文化,弱化中国主流政治文化,这些无疑会从深层次影响到马克思主义意识形态话语的主导权。再次,文明冲突论弱化了马克思主义意识形态话语的政治影响力。亨廷顿有意掩盖意识形态背后的经济根源和利益所在,实质上任何一种文明或文化都载有意识形态的因子,将文化和意识形态相分离,目的是更好传播美国价值观,这就危害了其他国家的文化安全。

(二)意识形态终结论

20 世纪初期,意大利社会学家帕雷托在《普通社会学》一书中用"派生物"这一概念否定了马克思主义阶级分析方法,企图寻求一种超阶级的永恒观念。同一时期法国社会学家爱弥尔·涂尔干认为理想只有具有科学性,价值判断的结果才会客观,阐述了终结意识形态的思想倾向。德国社会学家马克斯·韦伯在《"伦理的中立性"在社会学和经济学中的意义》一文中指出,社会科学的研究应本着尊重事实的态度进行科学研究,应抛开以个人为中心的价值观点,保

---

① [美]塞缪尔·亨廷顿:《文明的冲突与世界秩序的重建》,周琪等译,新华出版社 2010 年版,第 214 页。
② 同①,第 213 页。
③ 王永贵等:《经济全球化与社会主义意识形态建设研究》,人民出版社 2005 年版,第 115 页。

留一般意义上最有效最高的价值。德国社会学家卡尔·曼海姆在《意识形态与乌托邦》一书中强调："'意识形态'有两种不同的可以分开的意义——特殊的意义和总体的意义。"① 较之特殊意识形态，他更注重把一切知识看作意识形态的总体意识形态，在总体意识形态中去掉相关阶级和政党利益，实现价值中立。由此可以看出，大多数学者更多强调的是意识形态的知识性，忽略了意识形态的阶级性、政党性和价值性。20世纪五六十年代，资本主义阵营和社会主义阵营的形成导致国际政治经济格局发生新变化，这也带动意识形态终结论有了新发展。例如，法国的雷蒙·阿隆在《意识形态的终结？》一文中认为意识形态的社会基础已消失，马克思主义作为虚假的意识形态正在走向消亡，美国社会学家丹尼尔·贝尔在《意识形态的终结》一书中指出"意识形态已经变成了一个堕落到不可救药的地步的语汇"②，科学技术发展带动经济发展取得的巨大成绩，使人们开始厌倦意识形态斗争。20世纪80年代末90年代初，东欧剧变、苏联解体使得马克思主义一时失语，资产阶级意识形态的新自由主义成了霸权话语，意识形态终结论被西方的一些右翼学者和政界要人推向高潮，特别是福山在《历史的终结及最后之人》一书中对意识形态终结论进行了系统论证。他认为，冷战的结束意味着历史的终结，西方的自由民主制度解决了人们的物质需求和精神需求，是人类政治的最佳选择，西方的意识形态话语优胜于非西方的意识形态话语，自由民主的理念无可匹敌，其他意识形态或意识形态冲突将会终结。

从上面可以看到，意识形态终结论带有明显的反马克思主义和反共产主义倾向，实质上仍是一种意识形态，是西方国家推行文化霸权的一种理论手段。西方国家借助网络媒体通过时间层面和理论层面两方面推行自己的价值观念和意识形态，"理论层面的努力主要是向不发达国家灌输'意识形态终结'的理

---

① ［德］卡尔·曼海姆：《意识形态与乌托邦》，李步楼等译，商务印书馆出版社2014年版，第49页。
② ［美］丹尼尔·贝尔：《意识形态的终结》，张国清译，中国社会科学出版社2013年版，第430页。

论,试图让不发达国家放弃对自己国家意识形态的认同,进而实现对他们的文化入侵"①,确保本国文化霸权地位,这些无疑会危害到社会主义国家的文化安全。首先,意识形态终结论排挤着马克思主义意识形态话语。其结论有较为明显的西方中心论色彩,其目的就是论证西方意识形态的"优越性"和"永恒性",极力地鼓吹西方的政治制度和价值观念符合"人类本性""能够克服和解决一切矛盾和问题",极力地为资本主义进行政治、经济和文化的辩护。从实践来看,2008 年西方的金融危机、2011 年欧盟国家的政府信用危机和 2020 年新冠疫情都是对所谓完美性和优越性的西方自由民主制度的讽刺和反击。福山也不得不承认"历史终结论"存在缺陷,这一理论具有欺骗性和虚假性。其次,意识形态终结论实质是一个话语陷阱,旨在强化资本主义意识形态,终结马克思主义意识形态。西方国家通过极力向国内和国际宣传西方国家的政治价值观和制度模式进行意识形态扩张,就是想让社会主义国家自动终结本国的政治制度和意识形态。再次,意识形态终结论中的反马克思主义、非马克思主义话语钝化着马克思主义的批判力和说服力。我国理论界一些学者在对意识形态片面和狭隘的理解下,开始鼓吹"消解主流意识形态",甚至称马克思主义为"乌托邦主义",新自由主义思潮、民主社会主义思潮和历史虚无主义思潮对西方政治价值观的极力鼓吹,这些都严重威胁到国家文化安全。

(三)普世价值论

普世价值论作为一种典型的非意识形态思潮,其核心就是否认意识形态的阶级性。西方价值观被说成是全人类的"普世价值",主张中国的改革开放应回归到西方文明,将我党提出的以人为本和社会公正等一系列价值理念说成是"普世价值",认为只有实现民主、自由、人权和平等这些"普世价值"才能做到以人为本。普世价值论实质上是一种资产阶级自由化思潮。首先,从理论基础上看,"普世价值"是在抽象人性论基础上对价值的虚拟化,认为"普世价值"是

---

① 贾英健:《文化帝国主义与"意识形态的终结"批判》,载于《求实》2003 年第 1 期,第 20—23 页。

超越时空、阶级和历史的，违背了辩证唯物主义的基本观点。所谓具有普遍性的价值理念本质是资产阶级编造的一种"共同利益的幻想"，马克思恩格斯批判了"普遍性形式"的思想，同时也指出它的欺骗性和幻想性。其次，从方法论的视角看，它是对马克思主义阶级分析方法的否定，超阶级的普世的民主、自由、平等和人权是不存在的，是自欺欺人的。"或者是资产阶级的意识形态，或者是社会主义的意识形态"①，只要在阶级社会中，价值观就有鲜明的阶级属性。再次，普世价值论背离了历史分析法，只看到了价值观的继承性、延续性和超时空性，没有看到它的相对性和有条件性，是形而上学的观点。价值内容和判断不是永恒不变的，而是随社会经济关系的变化而不断发生改变。最后，普世价值论相悖于具体分析方法，是预先设定"普世"的价值观念，进而评判社会现实。"世界上只有具体的自由，具体的民主，没有抽象的自由，抽象的民主"②，普世价值论只是脱离实际的和空洞的资产阶级抽象价值观的"老调重弹"，是资本主义进行文化扩张的表现。

普世价值论危害着马克思主义意识形态话语，威胁国家文化安全。首先，普世价值论旨在用西方意识形态话语取代马克思主义意识形态话语，在抽象人性论基础上否认人的现实阶级性、历史性及社会性，强调西方的民主、自由、人权等价值观是人类共同的价值观及价值体系，将西方价值观视为圭臬，将"普世价值"作为公共话语，来宣扬资产阶级的民主、自由和人权思想，以达到社会制度的趋同。其次，普世价值论的政治目的是在我国经济领域和政治领域制造舆论和声势，进而危害国家的政治制度，不利于广大人民群众坚定"四个自信"。改革开放以来，中国取得的成绩证明了马克思主义意识形态的科学性和真理性，而鼓吹普世价值论的人实际上试图借西方政治理念和制度模式来否定中国政治制度，试图将中华文明引导到西方文明的方向，动摇党的执政地位，而社会主义制度如果在"普世价值"的喧嚣声中动摇，马克思主义意识形态话语主导权就无从谈起，国家文化安全就无从谈起。再次，普世价值论冲击着社会

---

① 《列宁选集》（第一卷），人民出版社2012年版，第326—327页。
② 《毛泽东文集》（第七卷），人民出版社1999年版，第208页。

主义核心价值观,威胁到国家文化安全。普世价值论的鼓吹者主张思想多元化,宣扬西方的价值理念和西方价值观,否定中国特色社会主义共同的理想信念、道德理念和价值观念,最终导致我国人民的价值观念出现紊乱,马克思主义意识形态话语被边缘化。

三、市场经济下价值观多元化话语的干扰

市场经济激发了市场主体的活力,在生产力进步和经济发展的前提下,国家的政治、文化、社会和生态文明也发生了翻天覆地的变化。市场经济是一把双刃剑,其效应是双面的,我们要看到市场经济促进了思想解放,各种社会思潮纷纷登上我国历史舞台,可谓"各路诸侯,欲争天下"。同时,一些消极颓废的思想也随之产生,思想文化领域的复杂态势给马克思主义意识形态话语权的实现提出了新要求,话语统一思想和凝聚力量的任务更加复杂和艰巨。

(一)社会多样化发展的新问题

市场经济促进了社会多样化发展,主要体现在以下几方面:一是经济成分的多样化,改变了传统的单一公有制格局,形成了以公有制为主体、多种所有制共同发展的新局面;二是城乡结构的重大变化引发了多重社会矛盾,使得城乡关系和工农关系更加复杂;三是经济体制改革导致社会阶层发生了深刻变化,社会逐步阶层化成为一个既定的事实;四是分配方式的多样化,社会利益结构从开始的平均化向多元化发展,平均主义分配制度被以劳动、资本、技术和管理等要素参与分配的新制度所代替;五是社会和经济组织多样化,就业方式更加灵活。社会多样化发展机遇期同时也是社会矛盾凸显期,经济成分和分配方式的多样化,体制的不完善导致政策的实施不能较好地处理公平与效率的关系,贫富差距现象的明显导致社会不稳定因素增加,因此需要有强有力的社会保障体系。此外,就业问题突出和腐败出现的新情况新问题都是亟须面对和解决的现实难题。

社会多样化发展导致民众思想观念的多样化,意识形态多元化和多样化特征明显。"分属于不同社会发展阶段的价值观念在我国的现阶段的同一时空的社

会生活中大量存在着"①，这些都对马克思主义意识形态整合价值观念提出了新挑战，主流意识形态被弱化，噪音杂音常常出现，新自由主义、文化保守主义和历史虚无主义等逆向社会思潮妄图通过各种途径挑战马克思主义意识形态话语，给国家文化安全带来一定程度的干扰和冲击，因此必须"加快建设社会主义文化强国、增强文化软实力，提高我国在国际上的话语权"②。除此之外，社会现实生活中医疗、就业、住房和上学等现实问题和矛盾的尖锐化导致社会不和谐、不稳定因素增加，一部分人民群众甚至对社会主义的政治体制、执政党和政府产生了怀疑和否定，对马克思主义信仰和中国特色社会主义产生了动摇，社会问题不仅仅体现的是利益问题，其背后反映的是政治文化和意识形态，这也助长了一部分人借由社会问题攻击中国共产党和中国特色社会主义制度，公开诋毁、歪曲和否定马克思主义，这都对马克思主义意识形态话语传播造成影响，使得国家文化安全工作更加复杂难控。

（二）市场经济下多元价值观的危害

社会主义市场经济的发展，多种经济成分并存和社会阶层的变化，导致人们的思想观念和价值取向多元化，尤其是随着文化全球化进程的深入发展，"一个世界，多种声音"的国际格局正逐步形成，孟子曾说："夫物之不齐，物之情也。"不同国家由于自然地理环境不同产生了不同的意识形态及价值观念，也必然产生不同的意识形态话语体系。马克思主义意识形态话语在我国主导地位的确立，是历史和人民选择的结果，更是由我国社会主义国家的性质决定的。市场经济下一些逆向社会思潮如新自由主义、文化保守主义和历史虚无主义，总是企图用各种手段、方式和途径挑战马克思主义主流意识形态话语，这些都给国家文化安全带来了干扰及冲击。

---

① 王永贵：《论我国现阶段社会主义意识形态建设的目标指向及实现机制》，载于《当代世界与社会主义》2009年第1期，第184—187页。
② 中共中央党史和文献研究院编：《习近平关于总体国家安全观论述摘编》，中央文献出版社2018年版，第124页。

第一，新自由主义思潮是对马克思主义意识形态话语的挑战。私有化、自由化、市场化的"三化"是新自由主义的本质表现。一是反对公有制，宣扬彻底私有化。指出公有制的顽疾是产权不明确和不可转让，导致经济运行效率低下、浪费惊人和腐败行为。二是反对贸易限制，宣扬绝对自由化。虽然是以自由市场和平等竞争的名义维护国际垄断资本和金融寡头的利益，但是却对因此造成的资本主义国家内部的贫富分化和世界范围内的贫富分化听之任之。三是反对政府干预和宏观调控，宣扬绝对市场化。主张"大市场，小政府"，甚至有学者大肆鼓吹私有制是经济发展的灵丹妙药，稍有推行，就有起死回生之效。综上可以看出，新自由主义思潮是社会主义的敌人，是一种极端个人主义，给维护国家文化安全带来了消极影响和极大挑战，因此必须高度警惕新自由主义对政府职能的弱化，同时坚决批判新自由主义的反社会主义立场，维护国家文化安全。

第二，文化保守主义思潮是对马克思主义意识形态话语的挑战。维护本国和本民族的文化地位是十分必要的，但超出必要限度的文化保守主义思潮就会给国家文化安全造成一定的威胁，文化保守主义表现出意识形态斗争倾向和强烈的政治企图，认为中国化马克思主义是儒化产物，人民代表大会制度不具备合理性和合法性，妄图用儒学替代马克思主义意识形态，体现出狭隘的民族主义文化心态，不利于中国文化发展。

第三，历史虚无主义思潮是对马克思主义意识形态话语的挑战。历史虚无主义是一种主观主义的唯心史观，歪曲和虚无历史，扰乱人们的价值判断。当下，历史虚无主义主要体现在两个领域：一是历史学领域，一些历史虚无主义者打着"反思历史"的旗号，否定中华民族的辉煌发展，提出"共产党游而不击""社会主义错误道路"等荒谬言论，颠倒党史、国史、改革开放史和社会主义发展史，引起人民群众的极度反感；二是文学领域，娱乐至上盛行，颓废低俗彰显，历史虚无主义者借助大众娱乐恶搞，借助微博、音频视频、内涵段子、朋友圈等文化载体，将历史人物庸俗化和离奇化，制造"看点"和"笑料"，引发人们对历史的错误认识，弱化了主流意识形态话语，颠覆了正确的历史观，给人民群众带来严重的精神污染。

当然，市场经济不但是一种经济形式，而且它必定能够产生一定的价值观和意识形态。市场经济下自主、竞争、平等和法治的运行准则，体现在思想观念上即平等意识、民主意识和法治意识，但市场经济也会不可避免地产生一些消极思想。

第一，市场经济的求利性、投机性和盲目性，容易诱发人的物欲和损人利己行为，滋长拜金主义，危害着马克思主义意识形态话语。一是拜金主义盛行的社会信仰缺失，没有精神追求，是一个物欲横流、人情冷漠和人人自危的社会，这就不能给马克思主义意识形态话语的实现营造一个风清气正的良好社会环境；二是拜金主义在政治生活中的盛行容易滋生贪污腐败现象，各种官僚主义、享乐主义和奢靡主义造成社会资产的浪费和社会风气的败坏，势必导致部分主体对党和政府失去信任及支持，削减执政党的凝聚力和向心力，危害马克思主义意识形态话语实现的政治基础；三是拜金主义对人的思想观念有极大的腐蚀性，容易引发人们的精神道德滑坡和价值危机，拜金主义是剥削阶级本性的体现，具有反马克思主义的特性，弱化了马克思主义意识形态话语的感召力，危害了国家文化安全。

第二，市场经济条件下生产经营者自负盈亏，受利益的驱动，容易诱发极端个人主义，以个人利益为标准衡量是非，将其作为思想行为准则的道德学说和道德原则。一是极端个人主义以自我为中心，个人私利高于国家和社会的集体利益，人们的国家意识、集体主义理想和观念淡漠，违背了社会主义核心价值观，危害了马克思主义意识形态话语传播的社会基础；二是极端个人主义以个人为中心，奉行个人利益至上的原则，和新自由主义、实用主义以及后现代主义的理论主张是一致的，不利于马克思主义意识形态话语实现的社会思想环境；三是极端个人主义导致人民群众精神松弛，民众普遍缺乏国家意识、责任意识和集体意识，不利于培育广大人民群众树立共同的价值观念，销蚀着国家和民族的精神凝聚力，不利于马克思主义意识形态话语的实现，危害国家文化安全。

第三，市场经济下消费主义的生活方式致使人们容易形成一种畸形的消费主义和享乐主义。享乐主义容易使人们陷入意志消沉和缺乏进取精神的状态之中，助长社会上的奢靡之风和腐败现象。马克思主义主张通过艰苦奋斗过上幸福的生活，消费取决于生产，脱离客观实际的高消费、奢侈享受与马克思主义的幸福观是相悖的，无产阶级的幸福观、享受观不同于苦行僧式的禁欲主义，也不同于剥削阶级的享乐主义，应自觉抵制贪图享乐和不思进取的不良风气，大力弘扬无私奉献和艰苦奋斗的精神。否则，社会风气日趋奢靡，不良陋习终会危害党和人民的事业，同时危害马克思主义意识形态话语和国家文化安全。

四、全媒体时代网络负面效应话语的冲击

互联网重构了一个人类世界以及人类社会空间——网络空间。①网络空间是全媒体时代意识形态话语建构的重要场域，网络空间是事关国家文化安全的"最大变量"，也是马克思主义意识形态话语权争夺的新场域，意识形态领域具有"不是占领就是被占领"的现实紧迫性和极端重要性。②正如马克思指出："现在极其重要的是使我们的党在一切可能的地方占领阵地，哪怕暂时只是为了不让别人占领地盘。"③因此，在网络空间构建马克思主义意识形态话语权至关重要。马克思主义网络意识形态话语权主要涵括以下三点：（1）网络空间能力说，主要指的是马克思主义意识形态话语在网络空间的引导力、影响力、权力和能力等；（2）网络空间安全说，主要是指马克思主义意识形态话语在网络空间中处于安全的态势；（3）网络载体领导说，指的是马克思主义意识形态通过网络这一话语载体和渠道，提升影响力、凝聚力和领导力，最终在互联网空间实现话语权。话语权建构的政治功能主要体现在，通过网络交往和对话掌握舆论的主导力，积极主动地回应西方网络意识形态话语的偏见和质疑，保障网络意识形态安全和提升国家文化软实力。因此可以说，马克思主义网络意识形态话语权是国家文化安全在网络空间的延伸及表现。

---

① 胡惠林、胡霁荣：《国家文化安全治理》，上海人民出版社2019年版，第468页。
② 王飞、张荣臣：《我国主流意识形态网络话语权的建构困境及破解进路》，载于《理论导刊》2020年第2期，第92—99页。
③ 《马克思恩格斯全集》（第二十九卷），人民出版社1972年版，第568页。

第四章　文化安全视域下马克思主义意识形态话语体系构建的战略价值及挑战

网络空间有信息多、隐秘高、传递快、互动强和覆盖广的特点，已成为各种思想文化交汇、交锋和交流的重要平台。人类在互联网空间建构了一种新文化形态——网络文化，网络文化是现实生活中社会文化在互联网空间的呈现和表达，是人类社会文化的一个延伸，因为网络交往空间的匿名性和虚拟性，使现实社会中的一整套刚性制度及价值观对人们行为的约束在这个空间完全释放，这样一来原本用于增强社会交往的科学技术手段就演变成一种价值工具。①反动信息、有害信息和腐朽反动思想文化在网络空间的盛行，对马克思主义意识形态网络话语权实现造成巨大冲击，增加了马克思主义意识形态话语整合非主流意识形态话语的难度。由于网络空间的准入门槛过低，开放性特征明显，尤其是随着文化互联网即"互联网+"时代的到来，导致大量非马克思主义、反马克思主义和资本主义意识形态话语充斥网络空间，网络信息的娱乐化、庸俗化及功利化导致社会价值观念的低俗化，以上这些都深刻影响和改变着国家文化关系，威胁和影响着主权国家的文化走向及形势。

（一）网络是西方国家意识形态话语渗透的工具

网络作为"超国家体"力量形态，是意识形态、舆论交锋和社会热点话语传播的最前沿，因此网络文化安全也成为国家文化安全的直接延伸、表现形态和新存在方式，尤其是在当下的全媒体时代，网络文化安全则是国家文化安全。不受内外威胁、没有危险和保障能力是网络文化安全的关键构成。互联网的开放性及虚拟性，一方面方便了马克思主义意识形态话语的传播，另一方面也为各种非马克思主义和反马克思主义话语的传播提供了新渠道，这就会在无形中冲击国家意识形态和文化安全。网络文化安全是现阶段最为严重的国家文化安全领域②，主要表现在意识形态的攻击性和非意识形态的审丑性两方面，前者主要体现在对党的领导、政治体制和马克思主义意识形态的颠覆和否定，后者主要体现在对中华优秀传统文化、革命文化和社会主义先进文化的否定和解

---

① 胡惠林、胡霁荣：《国家文化安全治理》，上海人民出版社 2019 年版，第 436 页。
② 同①，第 449 页。

构，这些都从不同层面消解着马克思主义意识形态话语的实现，威胁到国家文化安全。

资本主义和社会主义两种制度的存在，使得资本主义意识形态和社会主义意识形态的斗争将是长期复杂和曲折的，尤其借助网络媒体的宣传使得国际意识形态的斗争更加直接和激烈。首先，以美国为首的一些国家在互联网上加紧意识形态的渗透，不断向我国普通民众传播其价值理念，进行意识形态的网络宣传。例如，新保守主义"在互联网上建立了诸如'新闻学''左旋''黑板报''音乐大字报'等"网站，①赤裸裸攻击社会主义为集体主义和集权社会，还采用学术话语表达其价值理念和政治诉求。民主社会主义、新保守主义和新自由主义通过文字、音像和影视大力进行政治输出及政治宣传，将资本主义价值观和意识形态不断传向社会主义国家。因为打着民主、自由、平等的旗号而不易被警惕及发觉，这样就使民众对西方资本主义文化产生信任感和亲近感，而对自身传统优秀文化和民族文化产生疏离，形形色色的非主流话语冲击着马克思主义意识形态话语。其次，互联网上由于西方国家话语霸权使西方新闻媒体和学术界的观点占压倒优势，导致网络空间出现了语言失衡的现象，国际互联网81%的网页是英文的，大概3000个世界性大型数据库的70%设在美国，网上的中文信息内容只占1%。语言不仅是文化的载体，也是文化的重要组成部分，语言霸权是信息和文化霸权的体现，用英语注册的网址和编写的软件，使得人们只能消费以英语为主的文化产品，这样人们也就潜移默化地接受了英语国家特别是美国的意识形态和价值观念。正如亨廷顿指出，未来世界政治的魔方将控制在拥有信息强权者的手里，他们利用英语的文化语言优势，达到了金钱和暴力无法征服的目的。②再次，西方国家借助互联网进行文化产品的推销，通过语言、明星和故事等元素使影视作品成为大众文化的重要组成，旨在推行文

---

① 郭明飞：《互联网时代我国意识形态工作面临的挑战与对策》，载于《马克思主义与现实》2009年第6期，第197—199页。
② 塞缪尔·亨廷顿：《全球化的文化动力——当今世界的文化多样性》，新华出版社2004年版，第3页。

化霸权，互联网使西方国家的文化产品，如迪士尼动画片、好莱坞电影和欧洲五大联赛等传播得更为迅速，美国电影生产总量仅仅占世界电影产量的6%～7%，却在世界总放映的时间超过一半。影视作品所蕴含的价值观念、社会政治理念、生活方式和意识形态对观众的影响力是无法估量的，它不仅会造成后发国家社会价值体系的紊乱，也会造成后发国家民族文化发展的空心化，以上这些都对马克思主义意识形态话语造成直接挑战，严重危害到国家文化安全。

（二）网络上有害信息和垃圾信息的危害

网络自身具有的开放性和离散性特征，导致有害信息和垃圾信息充斥网络空间，直接危害到马克思主义意识形态网络文化安全。互联网的自由性特征为虚假信息、错误信息、反动信息、腐朽文化和污秽信息在网络上传播提供了契机，一些媒体如微信、微博和抖音等新兴网络直播平台，都凭借各自优势聚集了各具特色的社交群体，可以为个体诉求的充分表达提供平台，但同时也带来了不可避免的十大消极影响：网络欺诈、色情内容、虚假信息、病毒和恶意软件、数据丢失、网瘾泛滥、网络迷因、过于商业化、过于阴谋论。[1]一些别有用心的个人或者团伙利用网络平台散播危害社会稳定和国家文化安全的淫秽色情低俗内容、颓废腐朽价值观、有害信息和垃圾信息。其目的是聚集有共同想法的网络用户，进而形成舆论攻势，对网络话语权的重塑带来内外两方面的冲击。一方面影响了马克思主义意识形态话语权得以实现的外部环境，垃圾信息和有害信息下的互联网空间畸形发展，错误价值观也侵蚀和腐蚀着人们的心灵，导致人们理想信念缺失，价值选择迷茫；另一方面，冲击着马克思主义意识形态话语的传播力和影响力，使其话语生命力和影响力难以彰显。同时，由于马克思主义意识形态话语的内容网络化创新不足，话语主体使用新媒介能力不强，导致其存在"失声"和"失语"，甚至出现了"失踪"的惯性难题。实践证明，

---

[1] 翟贤军、杨燕南、李大光：《网络空间安全战略问题研究》，人民出版社2018年版，第53页。

不仅普通民众甚至一些马克思主义理论研究人员,不能主动自觉地使用马克思立场、观点和方法分析及解决生活中出现的难题,出现了言必称"西方如何",这些都导致马克思主义意识形态话语体系在网络空间的阐释力不够。因此,要"加强互联网内容建设,做大做强网上正面宣传……凝聚共识,更好构筑网上网下同心圆"①。

(三)网络语言碎片化的危害

语言碎片化是网络时代最明显的传播特征,表示语言整体不复存在,指完好完整的事物被拆分成零碎的、散乱的碎片,是对当前社会传播语境的形象描述。美国传播专家约翰·拉文曾指出,碎片化是遍及所有媒体平台最重要趋势②;美国未来学家阿尔稳·托夫勒指出,媒体碎片化、信息碎片化和受众碎片化是碎片化时代的具体表现,网络语言以碎片化形式进行快速传播。在中国,"两微一抖"(微信、微博和抖音)、今日头条、小红书、西瓜视频以及各类网络直播新媒体为碎片化语言的传播提供了便利条件。资料显示,微信日活跃用户已突破10亿!抖音在2019年日活跃用户突破2.5亿,短视频在2020年日活跃用户将达10亿。③"人就是媒体"得到了充分演绎,每个人既是受众又是媒介,人们可以利用碎片化时间进行信息交流、沟通和共享,信息流瀑现象和人们对信息的偏颇吸收都会强化舆论形成中"沉默的螺旋",导致人们更容易相信虚假信息,影响主观价值判断。

后现代主义重视发展语言的符号及代码方面的功能,旨在用语言创造一个新世界,这种探索直接导致了语言的碎片化。语言碎片化在互联网空间的具体表现是文字杂乱、零碎及无规律的堆积,以及大杂烩式的复制及拼凑,这样就

---

① 《党的十九大报告辅导读本》,人民出版社2017年版,第318页。
② 曾亚军、曾益、李泽娟:《传播视域中网络语言的碎片化及应对策略》,载于《编辑之友》2013年第12期,第59—61页。
③ 朱海松:《碎片化传播——网络舆论背后的传播规律与认知方法》,机械工业出版社2020年版,序言。

会导致网民在网络话语的生产和接收过程中存在片面性。一方面，部分话语内容在生成过程中被碎片化，话语的生产就是有意选择、加工某种霸权意识形态和价值观念的话语产物，有目的地影响受众群体；另一方面，话语在接收过程中也无形中发生碎片化，浅层阅读和表层阅读成为网民的话语接收方式。网络新媒体"去中心化"的后现代主义特征明显，话语表达碎片化、游戏化和简单化。"这种表达方式与注重规范、严肃性的传统政治话语、文件话语之间产生巨大反差，影响人们的思维方式。"①以 2018—2019 年网络新词为例，锦鲤、C 位、燃烧我的卡路里、996、大猪蹄子、官宣和雨女无瓜等网红话语，经常会让 50 后甚至 60 后群体不知所云，造成新旧网民出现话语鸿沟而不利于交流。网络中大量符号、新词和字母的交互出现，网民对词语和句式的随意使用，导致许多民众不规范使用网络语言，出现了语言污染及语言暴力的现象，如将"恐龙"意指"丑女"，台湾作家李敖就曾把网络文学视为"厕所文学"，虽失之偏颇，但也从侧面说明了网络语言存在的负面影响。网络话语的碎片化、随意性和内容的无逻辑性、无系统性颠覆了元叙事语言，并且对传统政治语言形成较大冲击，语言的碎片化会引起思维的碎片化和认知的碎片化，导致网民不能很好理解主流意识形态话语的价值内蕴，话语鸿沟的存在削弱了马克思主义意识形态话语的吸引力和阐释力。碎片化的网络话语也意味着传统媒体话语的萎缩和退化，网络文化的日益繁荣兴盛和马克思主义意识形态网络话语的缺失，成为意识形态领域的极大反差，如果我们不能在网络文化空间实现马克思主义意识形态话语权，影响的不仅仅是今天的中国国家文化安全，还会影响到未来中国的文化安全。

---

① 黄丹：《牢牢掌握新媒体时代马克思主义意识形态话语权》，载于《军队政工理论研究》2012 年第 1 期，第 56—58 页。

第五章　新时代马克思主义意识形态话语体系构建的实现机制

"话语权,是国之重器"①,新时代马克思主义意识形态话语体系凝聚了全党和全国人民的价值共识,为开启建设社会主义现代化文化强国提供了舆论支持和精神动力,是维护我国文化安全的核心所在。只有积极探索实现马克思主义意识形态话语体系的构建机制,才能更好应对文化安全视域下马克思主义意识形态话语体系面临的挑战,否则错误意识形态话语就会乘虚而入,正如列宁所说:"对社会主义思想体系的任何轻视和任何脱离,都意味着资产阶级思想体系的加强。"②新时代马克思主义意识形态话语体系实现的构建机制,即要在国家、社会生活的各层面、各领域坚持马克思主义意识形态为指导,提升马克思主义意识形态话语权,这对于抵御资本主义意识形态的攻击,坚持社会主义文化的正确方向,更好维护国家文化安全具有非常重要的理论意义和现实意义。本章从话语体系的思想引领、社会认同、法治保障和国际传播等方面,探讨新时代马克思主义意识形态话语体系构建的实现机制。

第一节　坚持马克思主义意识形态话语的思想引领

社会主义现代化文化强国的建设需要马克思主义意识形态话语的思想引领。从短时间来看,物质诱惑和外在强制可以形成瞬间物理聚合效应,而思想引领

---

① 陈曙光:《中国话语——说什么?怎么说》,湖北人民出版社2017年版,第1页。
② 《列宁选集》(第一卷),人民出版社1995年版,第326—327页。

是执政党文化软实力的体现,建立在共同的理念认知和目标追求上,是人们内心自觉、自愿和自主趋向的表现。十月革命后,马克思主义意识形态话语在和各种思潮的争鸣交锋中,因其科学性、革命性、真理性而走在社会思想潮流的前列,最终指导中国共产党取得了百年奋斗的重大成就。两个大局相交织的时代背景和新冠疫情全球大流行导致的众多不确定性,致使意识形态话语斗争更趋复杂激烈,防范化解重大风险位于中国共产党三大攻坚战的首位,意识形态安全较之以往其内涵和外延更丰富,时空领域更宽广,内外因素更复杂,坚持马克思主义意识形态话语的思想引领正是对这一时代境遇的积极回应。习近平指出:"建设具有强大凝聚力和引领力的社会主义意识形态,是全党特别是宣传思想战线必须担负起的一个战略任务。"[1]普世价值论和新自由主义等思想文化影响了人们的价值判断和价值选择,社会结构及利益关系的深刻调整滋生了一系列非理性情绪,出现了认同危机和信仰危机,思潮激荡方显本色。因此,新时代必须坚持马克思主义意识形态话语的思想引领。

一、思想引领是马克思意识形态话语构建的核心战略

坚持推进马克思主义意识形态话语中国化,是党和国家文化建设的根本立场。依据马克思唯物史观原理,在不同的经济和社会环境中,人们会产生不同的意识形态话语,先进的意识形态话语被人民群众所掌握,就会变为强大的物质力量。中国共产党始终明白马克思主义意识形态话语引领的重要性,在党的百年奋斗征程中,始终将马克思主义意识形态话语建设作为核心战略,践行民族复兴和人民幸福的初心使命,同时将先进的意识形态话语转化为凝聚人心的物质力量。早在大革命时期,毛泽东就高度重视马克思主义意识形态话语的思想引领,将民族的、科学的、大众的文化推向历史新高度;改革开放后,邓小平强调文化领域一定要解放思想和实事求是,之后"三个代表"重要思想和科学发展观将意识形态话语的思想引领推进到一个新高度;党的十八大后,习近

---

[1]《习近平谈治国理政》(第三卷),外文出版社2020年版,第312页。

平高度重视意识形态话语的思想引领,从制度层面铸牢意识形态话语建设,提出要加强意识形态话语体系建设,马克思主义意识形态话语建设要将中华优秀传统文化和马克思主义基本原理相结合,实现话语自觉以及话语自信,为建设社会主义现代化文化强国奠定精神基础。百年初心始终如一,无论在哪个历史阶段,党始终推进马克思主义意识形态话语思想引领,从开始尝试到最终确立,从模糊到清晰,从散乱到系统,马克思主义意识形态话语思想引领愈发自觉和自信,为中国特色社会主义文化发展注入了新活力,筑造了人类文明新形态的话语场景,打破了西方资本主义意识形态话语霸权,促进了马克思主义意识形态话语和资本主义意识形态话语的交流沟通,体现了中国在世界文明版图重构中的自觉和担当。

话语创新、话语统摄和话语感召力是马克思主义意识形态话语思想引领的基本内容,具体是指话语要有时代适应性、主导性和激励性,以上三方面相对独立又内在贯通,构成马克思主义意识形态话语的思想引领这一整体。首先,要不断推进话语的理论创新,要根据客观实际科学把握社会发展规律,指导社会实践,统一思想,抵御其他不良社会思潮和错误意识形态话语,作为一种实践理性,是在实践中经过不断试错而积累的智识,是经过实践检验正确的、科学的意识形态话语,实践没有止境,话语的理论创新也就永无止境;其次,要坚持马克思主义意识形态话语主导性,思想引领表现在对多元意识形态话语的统摄和整合,要在话语生态中构建"一主多元、兼容并蓄"的关系结构,坚定话语自信;再次,思想引领表现在话语感召力,要发挥话语的情感激励作用,通过精神信念和情感道义去引领社会成员,否则,意识形态话语的思想引领就会失去活力和动力。要坚持马克思主义意识形态话语在新时代的思想引领就要做到以下三方面。一要坚持以习近平新时代中国特色社会主义思想为指导。这一思想是系统完备的思想体系,具有实践伟力的强大武器,话语要被人信服,就要既能回答时代问题又能指导社会实践,能够体现话语真理和魅力。二要坚定马克思主义信仰。思想引领力要求我们在认识、分析和解决问题时必须做到具体分析,坚持马克思主义基本原理和方法,用科学理论武装党,同时将党的思想建设放在首位,用马克思主义意识形态统一全党的思想。三要坚定文化自信的理念。新时代增强马克思主义意识形态话语思想引领力可以说是文化自信的具体表现,文化自信体现了中国共产党高度的文化自觉和文化担当。意识形态话语自信是文化自信的前提,它是中国近代文化发展的必然选择和经验总结,历史和现实表明,国家和民族只有对自身的意识形态话语充满信心,对自身话语的创造力和生命力充满信心,才会有奋发前进的精神动力。

二、思想引领要强化马克思主义意识形态话语的舆论宣传

舆论宣传的广度、深度和力度是马克思主义意识形态话语思想引领的重要表现。话语的传播力和影响力越强,意识形态话语的思想引领力就越强,话语就越自觉和自信,话语自信关乎文化自信和文化安全。马克思和恩格斯高度关注舆论,根据陈力丹先生考证,马恩著作中舆论一词的出现频率高达300多次①,足见这一概念在马克思主义理论学说中分量之重。舆论宣传氛围在现实社会无处不在,无时不有,它是"一般关系的实际的体现和鲜明的表现"和"批判的法庭"②,主要以报纸、电视、广播、网络等媒介为载体进行宣传。习近平用"一项重要工作""一件大事"以及"五个事关"等论点强调新闻舆论是"治国理政、定国安邦的大事"③,宣传舆论工作的重要性决定了其在实现新时代马克思主义意识形态话语体系过程中具有重要作用。

(一)舆论监督和正面引导相结合

马克思主义意识形态话语作为国家主流意识形态话语,不是群众自发形成的,是结合社会现实对中国特色社会主义实践经验的高度概括和总结,是深邃的抽象的理论话语,需要通过灌输方式对马克思主义意识形态话语进行舆论宣

---

① 陈力丹:《精神交往论——马克思恩格斯的传播观》,开明出版社1993年版,第165页。
② 沈正赋:《舆论宣传·舆论监督·舆论引导——中国共产党舆论思想发展进路研究》,载于《新闻与传播评论》2019年第2期,第11—23页。
③ 《习近平新闻思想讲义》,人民出版社、学习出版社2018年版,第25页。

传,向社会公众提供大量准确及时的信息,用科学理论武装和指导人们的社会实践活动,正如恩格斯所说:"我们党有个很大的优点,就是有一个新的科学的世界观作为理论的基础。"①考察党的舆论宣传思想发展进路,就会发现舆论宣传、舆论监督和舆论引导是贯穿舆论思想发展自始至终的一条主线,是其中最核心的三个概念,也是舆论宣传实践中最有效的三种手段。舆论宣传的核心理念是指包含着真理认识、理想追求和行动指向等内涵的观念和体系,有学者站在核心理念的视角将党的百年舆论宣传工作分为四个阶段:1921—1942年是第一阶段,主要以宣传统领话语传播,这就使党的新闻舆论宣传增强了独具特色的工具理念,是党、政府及人民的喉舌;1942—1978年是第二阶段,强调党性、群众性、战斗性和组织性为特点的党性原则是新闻工作的行动指南;1978—2002年是第三阶段,强调要加强舆论监督、导向和正面宣传的理念;2002—2021年是第四阶段,此时则更加注重推进媒体融合和现代传播体系建设。②从以上可以看出,喉舌、党性、舆论监督和导向、媒体融合等系列核心理念推进了马克思主义意识形态话语的舆论宣传工作。

舆论监督思想是从"批评与自我批评"演变而来的,在中国共产党第十三次全国代表大会时首次被写入报告中,此后一直沿用。舆论监督主要围绕以下三方面进行:一是舆论监督要坚持正面宣传的原则,出发点应是积极的,应成为正面宣传的补充力量;二是将宣传监督和其他监督相贯通形成监督合力,要将宣传监督和党内监督相结合形成监督合力;三是加强互联网的宣传监督作用,"要把权力关进制度的笼子里,一个重要手段就是发挥舆论监督包括互联网监督作用"③,应把新媒体作为广泛收集社情民意的信息窗口,互联网不再是"虚拟空间"和"舆论飞地",要通过舆论监督及时排除其他错误意识形态话语,舆论宣传不仅要重视舆论监督,也要注重舆论导向,将两者相结合,最终实现舆

---

① 《马克思恩格斯文集》(第二卷),人民出版社2009年版,第599页。
② 董天策:《建党百年来新闻舆论宣传工作的核心理念创新》,载于《传媒》2022年第6期,第80—83页。
③ 《习近平谈治国理政》,外文出版社2017年版,第337页。

论监督和正面引导相统一。导向是舆论宣传天然的客观自然属性,它是舆论引导方向的隐性或显性存在,正确舆论导向要将合目的性和合规律性相统一,否则就会发生错误。中国共产党在1998年政治风波后特别重视舆论导向,江泽民在谈到政治风波教训时强调,不少单位在舆论导向上发生了严重的错误是其中最大问题之一①,习近平也强调:"高度重视传播手段建设和创新,提高新闻舆论传播力、引导力、影响力、公信力。"②舆论引导力建构是实现新时代马克思主义意识形态话语体系建设的根本遵循和行动指南。宣传舆论媒体常常以公众代言人的姿态出现,通过直接或间接的意见表达以此影响民众的思想倾向,因意见传播具有公开、广泛、权威、持续时间长和声势大的特点,因此更容易成为国家主流意识形态话语,民众对媒体意见的遵从背后是舆论宣传媒体对民众思想的有意引导结果。正面引导是促进马克思主义意识形态话语发展的重要因素,要唱响主旋律,弘扬社会正气,抵制歪风邪气,及时有效地宣传社会热点问题,为建设文化强国营造良好的思想舆论氛围,维护国家文化安全。

(二)舆论宣传要坚持党性和人民性相统一

坚持党性原则是舆论宣传工作的一条红线。习近平指出:"坚持党性,核心就是坚持正确政治方向,站稳政治立场",同时提出"三个坚定"和"两个坚决"。③坚持党性的核心在于意识形态话语宣传要坚持正确政治方向,站稳政治立场,对于意识形态话语宣传中出现的重大问题要敢于亮剑、敢抓敢管,话语宣传要坚持党的理论,维护党的话语权威。各级党委及政府要密切关注意识形态话语领域出现的新情况,坚持马克思主义意识形态话语引领,牢牢掌握意识形态话语权,始终将新闻媒体作为党和人民喉舌,面对错综复杂的社会环境

---

① 《中国新闻年鉴》(1989),中国社会科学出版社1990年版,第3页。
② 《党的十九大报告辅导读本》,人民出版社2017年版,第41页。
③ 《习近平谈治国理政》(第一卷),外文出版社2018年版,第154页。"三个坚定"和"两个坚决"是指坚定宣传党的理论和路线方针政策,坚定宣传中央重大工作部署,坚定宣传中央关于形势的重大分析判断;坚决同党中央保持高度一致,坚决维护中央权威。

和传播方式的深刻变化,各级党委在处理一些政治性和敏感性很强的理论问题时,要服从党中央和上级党委领导,只有坚持党性原则才能为实现新时代马克思主义意识形态话语体系提供根本思想保障。除此之外,话语传播时必须将党的主张和人民心声相统一,以民为本,解决好人民群众的根本利益,多宣传人民群众的先进模范;激励人民群众创造美好生活,宣传舆论只有坚持人民性,才能扩大马克思主义意识形态话语在人民群众中的影响力。综上所述,党性和人民性是一致的、统一的。中国共产党是坚持人民至上的马克思主义执政党,从这个角度来说,党性就是人民性,人民性是党性的基础,两者不能分开而独立存在,应"把党的理论和路线方针政策变成人民群众的自觉行动"①。

  当然,新时代马克思主义意识形态话语的实现,离不开健全的舆论宣传工作制度和机制,以制度实现话语的影响力。一是完善舆论引导机制。针对不同社会舆论和多样化的表达意见,要充分发挥党管报刊和电台、电视台等主流媒体的导向作用。二是健全突发事件、重大事件的新闻报道机制。突发事件和重大事件发生后,应第一时间召集媒体相关部门研判舆情,分析舆论态势,占领舆论制高点,掌握舆论引导权。三是建立健全宣传舆论管理制度。宣传舆论部门面临的新问题和新情况不断出现,因此必须建立起多方面的管理制度,特别是加强视听节目管理。四是建立舆情分析机制。通过舆情分析会和形势报告会等方式及时研判意识形态话语领域的新情况,建立一支政治坚定、反应快捷和思维活跃的舆情收集研判队伍。五是加强宣传舆论协同机制。意识形态话语的有效传播并非仅靠宣传部门,而是需要建构大宣传工作格局,进行统筹谋划和强化协作。因为制度具有长期性、根本性和全局性的作用,通过建立健全宣传舆论制度,可以更好地发挥舆论宣传在新时代马克思主义意识形态话语体系实现过程中的作用。

---

① 《习近平谈治国理政》(第二卷),外文出版社2017年版,第332页。

三、用马克思主义意识形态话语引领多样化社会思潮

社会思潮多元化多样性是当代中国重要的文化特征。改革开放以来，人们的观念日新月异，社会思想出现多元、多样和多变的特点，各种社会思潮复杂多变，呈现出"乱花渐欲迷人眼"现象，正确科学的观念和偏颇谬误的言论相互交织，积极向上的思想和消极落后的意识相互激荡，高尚文明的行为和低级庸俗的现象相互并存，所以说"正确的东西总是在同错误的东西做斗争的过程中发展起来的"①，真善美总是同假恶丑相比较、相斗争而发展。社会思潮主要分为主流意识形态和非主流意识形态，马克思主义是国家的主流意识形态，是维护国家文化安全的核心。新自由主义、普世价值、民族主义等非主流意识形态呈现多元化倾向，虽带来了人民思想活跃、生产发展活力增强和社会氛围宽松等积极效用，但其存在也弱化了主流意识形态，导致人们的意识形态迷茫和意识形态疲软等问题出现，这些都严重威胁到国家文化安全。因此，应以斗争为手段引领多样化社会思潮，引领重在引导和疏导，应以一种战斗姿态直面各种社会思潮，坚持辩证唯物史观原理，以批判扬弃方式进行深入研究，丰富马克思主义意识形态话语的实践性和科学性，抵制错误思潮的侵扰，维护我国意识形态及文化安全。

（一）抵制错误社会思潮，正确处理"一元"和"多元"的关系

社会思潮指特定社会存在下的某一阶级、社会集团为了自身利益，积极传播对社会现实生活产生一定影响的思想潮流。社会思潮作为一种特殊的社会意识形式，一般建立在一定社会心理基础之上，是对现实社会关系的一种思想反映。"意识在任何时候都只能是被意识到了的存在"②，社会思潮作为重要的社会意识现象，是一定时代的社会环境产物，是社会矛盾的"指示器"、社会生活

---

① 中共中央文献研究室编：《建国以来重要文献选编》（第十册），中央文献出版社1994年版，第90页。
② 马克思、恩格斯：《德意志意识形态》，人民出版社2003年版，第16页。

的"晴雨表"和社会心态的"风向标",是社会快速转型过程中各种利益的矛盾冲突,各种梦想和价值的激烈碰撞。社会思潮都有其硬核,一般代表某种学术流派或思想体系,错误社会思潮会对主流意识形态造成冲击,如极"左"思潮否定改革开放和市场经济,带有强烈的理想主义色彩;而极右的自由主义思潮带有浓烈的西方化色彩,主张将权力逐出市场,实现完全市场化和私有化。因此,邓小平明确指出:"中国要警惕右,但主要是防止'左'。"由此可见,社会思潮代表不同阶级的利益诉求,具有鲜明阶级性特征,并不是简单的社会热点或无价值的学术观点,是阶级性话语表达,有价值、群众、行动和时代的导向性等显著特征。[1]社会思潮因基于一定政治立场和评价准则,代表的是一定阶级和阶层的利益,正如列宁指出的"任何时候也不可能有非阶级的或超阶级的思想体系"[2],价值导向性只有强弱之分,不存在有无。马克思主义意识形态话语体现了以人民为中心的价值立场,资本主义意识形态话语宣扬利己主义及剥削的合理性,资产者和工人之间关系体现得更多的是经济关系、剥削关系,而非人和人的关系;群众导向性是指社会思潮的产生发展要有一定的群众基础,要被群众认可、接受和传播,社会思潮只有代表人民群众的利益,被民众所接受,才能成为推动社会实践发展的物质力量;行动导向性指的是社会思潮企图按照自己对社会利益、社会矛盾和社会政策的认知进行实践,从而建构一个"合意"的社会制度,例如,新自由主义思潮旨在按照资产阶级意图建立西式的民主宪政制度;时代导向性是指社会思潮是对时代重大问题的理论反映,是基于那个时代生产力和生产关系、经济基础和上层建筑根本矛盾的反映,同时随时代变迁不断变化和发展。

错误社会思潮从消极层面对马克思主义意识形态话语有解构作用,危害到国家文化安全。首先,消解了政治治理的合法性。马克思主义理论为国家治理提供了合法性依据,例如,社会主义的人民民主是社会全员参与的民主,是民

---

[1] 刘振江:《意识形态视域下社会思潮的多维解析》,载于《马克思主义与中华文化研究》2020年第1期,第37—49页。
[2] 《列宁选集》(第一卷),人民出版社1995年版,第327页。

主的新形态，丰富了人类政治文明，是民主从形式到实质的飞跃，它和西方民主相比具有独特优势，而西方宪政民主打着民主、自由和人权的旗号，企图以三权分立政治制度代替人民代表大会制度，目的是推翻中国共产党的领导和社会主义制度，因此应警惕资本主义意识形态幻想的迷惑。其次，质疑社会主义经济体制的合理性。社会思潮代表着不同阶级和集团的利益诉求，因此经济主张也迥异。例如，新自由主义思潮以"经济人假设"作为理论依据，拼命鼓吹"三化"，强调市场万能论，抨击公有制违反人的自私本性，私有制符合人的本性，否定公有制经济和政府的积极经济政策，实质是为垄断资本主义服务的。再次，危害马克思主义意识形态安全。社会思潮经过传播形成社会舆论，而社会舆论的效果是渐进和累积的，"思想演化是个长期过程，思想防线被攻破了，其他防线就很难守住"[1]。21世纪以来，历史虚无主义、新自由主义和普世价值等各种社会思潮纷纷登场，它们运用各自话语体系宣扬自身价值观和理念体系，冲击和挤压着社会主义核心价值观，其目的就是企图修正、重释和解构主流马克思主义意识形态话语，最终抢夺话语权。因此，应正确处理"一元"和"多元"、斗争和包容的关系，马克思主义意识形态话语应辩证汲取不同思潮的积极观点，有针对性地整合和引导各种非主流价值，提高主流社会思潮和其他社会思潮的和谐性及一致性，建设具有强大凝聚力和吸引力的马克思主义意识形态话语。

（二）将理性"祛魅"和思想"引领"相结合

社会思潮多元多样化势必会影响主流意识形态安全。面对各种社会思潮的冲击，应将理性"祛魅"和思想"引领"相结合，做到古为今用和洋为中用。理性"祛魅"应从以下三个方面做起：一是基于思想史追溯不良社会思潮产生的根源，祛除其神秘的虚伪面纱，同时具体直观地展现思想发展的过程；二是立足马克思主义意识形态揭露不良社会思潮背后的文化主张和政治企图，让人们进行批判分析和鉴别，警惕陷入其圈套；三是对资本主义意识形态要敢于"亮剑"、敢于斗争，坚定自己的政治立场，坚持正确政治方向。思想引领途径有以

---

[1]《十八大以来重要文献选编》（上），中央文献出版社2014年版，第465页。

下几个方面：首先，加强理论武装，不断推进理论创新。马克思主义意识形态话语是克服错误思潮的"药方"，应彰显马克思主义占据道义和真理制高点的思想魅力，马克思主义意识形态话语是行动指南，必须随实践发展而不断发展，应坚持解放思想和实事求是。习近平指出："当代中国的伟大社会变革，不是简单延续我国历史文化的母版，不是简单套用马克思主义经典作家设想的模板，不是其他国家社会主义实践的再版，也不是国外现代化发展的翻版。"①因此要与时俱进创新意识形态话语指导新的伟大实践，让马克思主义意识形态话语展现出更具说服力的真理力量。其次，不断巩固全党和全国人民团结奋斗的精神基础。团结奋斗的思想基础可以为国家、民族和政党的稳定安全及发展提供精神保障，是建设社会主义现代化文化强国的基础，而各种不良社会思潮不同程度存在着否定社会主义制度和执政党领导的思想倾向，因此要坚定马克思主义指导和党的领导，坚持走中国特色社会主义发展道路，坚定"四个自信"，坚决抵制和反对不良社会思潮对人们思想造成的消极影响。再次，要强化舆论的正面引导。好舆论和不好舆论会有两种截然相反的社会效果，前者可以成为发展的"推进器"、民意的"晴雨表"和道德的"风向标"，后者则会成为民众的"迷魂汤"、杀人的"软刀子"、社会的"分离器"和动乱的"催化剂"。②不良社会思潮是对社会现实问题的真实反映，意识形态工作者应该关注社会现实生活中的热点问题和难点问题，用马克思主义意识形态话语解疑释惑，凝聚社会共识，警惕不良社会思潮侵蚀人们的精神和心理。最后，要增强马克思主义意识形态话语权。话语权是一种文化软实力，也是软权力，是被接受和认同的结果，话语权不是讲出来的也不是争夺来的，是通过科学理性的解释和表述被人们内心认同的结果。新时代马克思主义意识形态话语是中国共产党在实践中总结、归纳和提炼出来的，要深入人民群众生活与社会现实相结合，要接地气和通俗易懂，同时根据时代变化及实践发展进行话语创新。正如罗常培在《语言与文化》

---

① 《党的十九届六中全会〈决议〉学习辅导百问》，学习出版社、党建读物出版社 2021 年版，第 63 页。

② 《习近平新时代中国特色社会主义思想学习问答》，学习出版社 2021 年版，第 313 页。

一书中所说的"一个时代的客观社会生活,决定了那个时代的语言内容",意识形态话语权是衡量国家意识形态安全和意识形态工作成败的关键因素,然而在国际话语场,马克思主义意识形态话语仍处于西强我弱的不利局势,导致资本主义意识形态话语显示出扩大化趋势。因此,马克思主义意识形态话语要在国际话语场取得权利和权力,话语建设应结合世界范围内的反恐、疫情和生态等热点问题展开,将国家利益和外交活动植根于国际现实环境,改变传统的政治性、公式化和口语化的表达方式,提升马克思主义意识形态话语的感召力、创造力和公信力,让党的声音在"众声喧哗"中最响亮和最吸引人心,更好地维护国家文化安全。

第二节 提升马克思主义意识形态话语的社会认同

如果说冷战结束导致了文化安全的诞生,那么,文化全球化就使世界文化的安全联系为一个整体,一国文化不能离开他国文化而独立发展,国家间文化既相互独立又彼此联系,文化全球化影响着话语全球化,也导致马克思主义意识形态话语认同在各层面受到不同的挑战,马克思主义意识形态话语社会认同的缺失和出现的深层危机,对国家文化安全造成了很大影响。要实现建成社会主义现代化文化强国的奋斗目标,就要用马克思主义意识形态话语解答中国特色社会主义现代化实践发展过程中面临的时代难题,将解决问题的经验升华为理论概括及总结,从理论理性转向实践理性,向全世界展示中国特色社会主义文化的独特魅力,坚定文化自信,更好地维护国家文化安全。

在一个以人为主体的多元自由社会中,没有一种全社会认同的意识形态话语,就没有统一的规范和规则,社会成员各行其是,最终就会导致整个社会失去秩序,陷入混乱之中。正如美国社会学家帕森斯指出:一些共有的价值体系是"保证最低限度的秩序"的必需,"如果这种共识瓦解得太彻底,所得到的惩罚是社会的灭亡"[1],由此可见意识形态话语和价值观的社会认同是确保一个

---

[1] 帕森斯:《社会行动的结构》,译林出版社2003年版,第436—440页。

国家文化安全的核心问题。认同不仅仅是独立个体的赞同和认可，而且是指所有独立个体对所处共同体中具有公共属性的价值的赞同和认可。改革开放以来，中国日益站在世界舞台的中央，但马克思主义的科学性和真理性并没有得到所有人的认同，一些国外学者甚或将中国的成功原因归结于中国照搬西方标准及西方模式，这些不同声音的存在，表现了中国理论界面临着失语，理论对社会现实实践没有强有力的解答，一些国家和一些人不了解、听不懂马克思主义意识形态话语，自然而然就不会产生对话语的认同。因此，应结合中国的现代化新道路和人类文明新形态不断创新意识形态话语。新时代马克思主义意识形态话语体系不是单纯的思想政治教育和观念引导，而是思想观念和社会实践双向互动过程的产物，表现为制度、政治、经济、文化和价值等总体形态。要想最大程度地取得马克思主义意识形态话语的社会认同，关键在于如何能够更好地将理论化、抽象化的思想观念和人们的社会心理、生活理想、价值期待和精神生活相统一，并最终内化为人们的现实需要，实现话语自觉和行动自觉，这样才能实现广大民众对马克思主义意识形态话语体系的心理认同、情感认同、政治认同及思想认同。

一、意识形态话语社会认同主体

认同是社会科学领域中的热门话题，本义是反映一个人支持某人、某事的赞成态度，由认同主体（涉及谁）、认同对象（什么事物）、认同内容（什么东西）三个方面组成。社会认同理论的创立者塔杰菲尔将社会认同定义为"个体从他感知到的自身所属群体那里得来的自我形象，以及作为群体成员所拥有的情感和价值体验"[1]，从概念可以得出，社会认同包括个体和群体两个面向。马克思主义意识形态话语的社会认同是指社会认同主体对话语所表达的基本概念、

---

[1] Tajfel H.,Turner J. C.：An Intergrative Theory of Intergroup Conflict［M］. W. G. Austin, S. Worchel Eds. The Social Psychology of Intergroup Relations［M］. Monterey CA: Brooks-Cole, 1979.

范畴、原则、内容,以及运用的手段及方式的接受与认可。①同样包括个体主体和群体主体对马克思主义意识形态话语的认可和信服,并从理论理性转向实践理性,话语社会认同效果只有在具体的社会实践活动中才能得以呈现,社会认同是形成社会共识的前提,社会共识可以将人们更好地凝聚起来,形成强大的社会实践力量。马克思主义意识形态话语体系的社会认同主体主要包括社会精英认同、普通民众认同及国际社会认同三个方面。

(一)社会精英认同

社会精英一般是指受过高等教育,有一定社会声望和社会地位的人,主要包括知识精英、政治精英及经济精英。社会精英作为社会发展的重要力量,从我国改革开放40多年的发展历程看,精英群体是中国现代化发展过程中受益最多和最有影响力的群体,精英群体的行为方式、价值追求、家国情怀以及对以马克思主义意识形态话语为核心内容的中国精神的认同,直接关系国家的发展速度和发展质量。精英群体一般集中在国有企事业单位、党政系统、高校和私有及外资企业等社会组织中,主要由政务人员、党政机关干部、高校教师、企业白领和行业精英等社会骨干群体组成。由于他们在知识储备和社会现实关系中具有独特优势,因此对于马克思主义意识形态话语在社会生活中的实际运用和传播更为彻底、全面,也使其拥有话语权、解释权及影响力。社会精英在政治参与、职业活动和社会关系中对马克思主义意识形态话语的社会引领,保持了新时代马克思主义意识形态话语体系的鲜活生命力。

(二)普通民众认同

"历史活动是群众的事业"②,同样,马克思主义意识形态话语体系社会认同的主要组成也应是广大人民群众。要建成社会主义文化强国,就要以人民群

---

① 王卫兵:《文化视阈下中国特色社会主义话语体系认同研究》,载于《大连干部学刊》2016年第2期,第49—53页。
② 《列宁全集》(第十卷),人民出版社1987年版,第338页。

众的精神文化需求为出发点,不断推进文化事业和文化体制改革,尤其是要坚持马克思主义意识形态的指导地位。意识形态方向是意识形态工作的核心,中国共产党深知人民群众是历史的创造者,党的指导思想虽然不断创新,但以人民性为中心的导向一直体现在马克思主义意识形态话语体系中,国家法律、制度和政策的制定也立足人民性,要推进科学立法和民主立法,一切为了人民。马克思主义意识形态话语作为国家主流意识形态话语,理应得到人民群众广泛的社会认同。从狭义角度来讲,人民群众是指除了社会精英之外的广大人民大众,如农民、小生产者和普通工人等社会群体。但由于多元文化会通过不同方式对人们产生影响,本书涉及的普通民众在社会阅历、职业等级和知识容量等方面处于明显劣势地位,对意识形态话语的社会认同比较肤浅,他们将话语的社会认同和自身权利、利益及自身生活相结合,因此形成了独特的话语习惯和话语表达方式。中国传统的文化习俗、生活方式和价值观多元化也影响着普通民众对意识形态话语的社会认同,因此要强化社会主义核心价值观的正面引导。令人欣慰的是,《中国社会主义核心价值观公众认可度调研报告》显示,自党的十八大以来,各社会群体对社会主义核心价值观的认同度显著提高,认可的共识面也在逐渐扩大,这是普通民众对新时代马克思主义意识形态话语体系社会认同显著提高的具体表现。[①]

(三)国际社会认同

马克思主义意识形态话语的社会认同主体,不仅包括民族主体的社会认同,也就是国家中个体及群体的社会认同,还包括"自我"之外的"他者"对马克思主义意识形态话语的认同。新时代马克思主义意识形态话语体系是经过实践证明的科学真理,是人类新文明话语,体现了社会主义制度的生机和活力,对世界上其他发展中国家的意识形态话语选择具有重要借鉴意义。马克思主义意识形态话语的国际传播和国际社会认同,可以帮助中国更好地参与世界规则的

[①] 杨秀香、王斌:《中国社会主义意识形态认同的现状与展望》,载于《辽宁师范大学学报》(社会科学版)2022年第1期,第29—36页。

制定和全球治理，关系到中国在国际话语场的形象和话语权，有助于提升文化软实力，维护国家文化安全。今天的中国已成为世界第二大经济体，中国由大向强，中国现代文明该走向何处，国际社会应科学理性看待中国的迅速崛起，然而奉行"强国必霸"逻辑的一些霸权主义强国或者宣扬"中国威胁论"，或者宣扬"中国崩溃论"，将一些细小问题夸大化、表象问题本质化、具体问题普遍化、局部问题全局化和社会问题政治化，从经济、政治、文化及社会等各领域全方位抨击中国政治体制及意识形态，贬低马克思主义意识形态的时代价值，企图通过污化中国共产党阻止中国和平崛起，最终实现"和平演变"的目的。

二、意识形态话语社会认同的形成逻辑和形成过程

多元文化场域下，传媒帝国、话语霸权、消费文化盛行和英语语言文化的强制介入等都对马克思主义意识形态话语的社会认同造成了挑战，话语的社会认同危机导致国家文化安全问题日益凸显，它在全球文化场域中对中国文化安全提出新的考验，只有通过了这些考验，话语才会安全，中国特色社会主义文化才能安全发展。新时代马克思主义意识形态话语体系是中国文化的最新理论表达，也是中国共产党话语体系的表达，党由革命党发展成为秉持社会主义信念的执政党，主导着中国在国际上的话语权，将国家意志及思想传递到全世界，讲好中国故事，传播好中国声音，是党面临的重大课题。马克思主义意识形态话语和世界各国文化相互交流、相互沟通，一方面会增进世界对中国的认识，另一方面也有利于国际社会对马克思主义意识形态话语的接受及认同，提升中国文化软实力，更好地维护中国文化安全。

（一）话语社会认同的形成逻辑

认同是自我和对象互动关系的体系，"认同是一种集体现象，而绝不仅是个别现象"①，美国心理学家米勒将认同看作自我的延伸，将自我视为一个群体

---

① ［英］吉姆·麦盖克根：《文化民粹主义》，桂万先译，南京大学出版社2001年版，第228页。

的一部分，其本质不但是"心理"的，也包含着"群体"的概念。心理学家贝特·汉莱密指出认同会经过三个发展阶段，即群体认同—社会认同—自我认同。①意识形态话语体系的社会认同是指主体对意识形态在社会现实中呈现的价值观念的赞许和肯定，个体因此确立自己在社会中的阶级或群体归属和地位。社会认同的结果是取得社会共识，最终转化为思想自觉和行为自觉的过程。从心理学角度来看，话语社会认同要经过四个发展阶段，分别是话语认知、情感认同、意志认同和实践认同。首先是话语认知，这是话语社会认同的前提基础，指人们在加工收集和处理信息后，最终学到知识并进行应用的过程，包括感觉、记忆、直觉、想象和思维等。②它反映的是人们对特定话语内容其中蕴含的价值理念的认知力，包括感性认识和理性认识两个阶段，从不知道到知道，从不熟悉到熟悉。认知主体在刚接触一些思想价值观念时会有简单、粗糙和表面的认识，主要解决的是"是什么"的问题，具有直接现实性和表面性特征，这属于感性认识阶段。认识总是发展前进的，随着主体对认识对象进行判断、分析和推理，认识也就会更加深化和理性，主要解决的是"为什么"的问题，具有全面性和稳定性特征，是人的理性认识、理性思维和价值选择的结果。其次是情感认同，认知主体经过话语认知后对所选择的思想观念产生满意、肯定和喜欢的主观情绪体验，是基于人们发自内心、自觉自愿的亲切接纳和深刻认识，相对稳定性更强。再次是意志认同，意志认同也称内化认同，是指经过话语认知和情感认同，最终将外部关系、客体表象转化为内部精神世界结构的一部分，外转为内的过程是精神结构要素的运动，来自现实中的资源和精神结构中的被视作内部身份的自我进行整合。③意志认同意味着认知主体以自身社会化需要为内在驱动力，能动地将所接受的思想体系或价值观念内化为自己内心信念的过程，是认知、情感及意志的统一，具有高度的自主性、自觉性及持久性，意

---

① 梁丽萍：《中国人的宗教心理——宗教认同的理论分析与实证研究》，社会科学文献出版社 2004 年版，第 17 页。
② 聂立清：《我国当代主流意识形态认同研究》，人民出版社 2010 年版，第 54 页。
③ [美] 柯纳斯、詹姆斯：《内化》，王丽颖译，北京大学医学出版社、北京大学出版社 2007 年版，第 7 页。

志认同一旦形成认知主体就有相对稳定的心理及精神状态，具有坚定的思想自觉，会排除和克服外在的任何干扰和困扰，坚定地实践该思想观念的价值要求。最后是实践认同也叫行为认同，认同主体接受一种思想观念后将其尊崇转化为自觉行动的过程，在付诸社会实践过程中表达对所选择的思想观念的认同和支持，话语认同最终目的就是要实现行为认同，应用在具体的社会实践生活中，因为"全部社会生活在本质上是实践的"①，以上四个方面是相互渗透和相互作用的。

（二）话语社会认同的形成过程

美国学者安东尼·奥罗姆指出："国家建设的核心正是确立和维持一套共同信仰。"②这就充分说明，意识形态话语的社会认同对一个国家的重要性。一个阶级或政党要巩固自己的政权，维护统治地位，就要确保自己的意识形态话语被大多数社会成员认同和支持，即要取得文化领导权。新民主主义革命的胜利和社会主义制度的建立为毛泽东思想的社会认同奠定了根本政治前提和制度保障，中国特色社会主义意识形态话语社会认同和习近平新时代中国特色社会主义思想社会认同推进了中国式现代化新道路和人类文明新形态。需要注意的是，自发发生和强力推动是社会认同形成的两种基本情形，自发发生（自发形成）一般是人们通过一些特定渠道或途径（微信、微博、自媒体等）对认同内容形成共识；强力推动与此相反，指的是统治者借助政治权力以获取大多数社会成员的普遍共识，优点是可以快速有效地让社会成员达成共识，缺点是容易引起社会成员的反感，不能得到长期效果。③当然无论以上哪种情形，只有认同内容能得到民心，符合历史发展的客观规律，才能最终赢得全社会的普遍共识。

---

① 《马克思恩格斯选集》（第一卷），人民出版社2012年版，第135页。
② ［美］安东尼·奥罗姆：《政治社会学》，张华青、孙嘉明等译，上海人民出版社1989年版，第343页。
③ 江畅、李历：《社会共识及其与社会认同的关系》，载于《中南民族大学学报》（人文社会科学版）2020年第5期，第96—103页。

新时代马克思主义意识形态话语体系是中国精神和中国文化的形象表达，既具有一般思想认同的普遍规律，也有自身内在的独特性，要让大多数社会成员接受和认同，需要遵循思想认同的一般规律。一是在认知层面上，中国崛起对于世界来说依然是一个未解之"谜"，和实践创新相比，现有的学术话语没能很好总结中国经验，尚未生产出与实践成果相匹配的话语体系①，要想使意识形态话语得到大多数民众的社会认同，就要尽量用通俗的话语表达深刻的道理，习近平在这方面做了很好的示范引领，他能够用深入浅出、幽默睿智和富有诗意的语言表达马克思主义意识形态的内容，例如，用"穿衣服扣扣子"阐释青年价值观的养成，用"把权力关进制度的笼子"阐释必须健全权力制约和监督机制；二是在情感层面，用"唤醒沉默的大多数"弘扬正能量，增强人们对马克思主义意识形态话语的情感认同，注重话语宣传、话语监督和话语引导，一些别有用心的人甚或设置"党大还是法大""爱国不等于爱政府"等挑衅性话题主导公共舆论，塑造反主流的言论阻挠主流意识形态话语的传播，因此应依法治网，唤醒"沉默的大多数"，扩大"红色地带"，辐射"灰色地带"，同时挤压"黑色地带"，将社会情绪积极引导到对社会主义意识形态的认同；三是在内化方面，要关照认同者的内心需要，凝聚利益认同，"今天之中国，同新中国成立以前中国相比，同鸦片战争以后中国相比，有天壤之别啊！"②，"人民对美好生活的向往就是我们的奋斗目标"③，国富民强及社会安定是广大人民群众最基本最首要的利益需要，只有以人民为中心，话语的社会认同才能赢得最广泛的群众基础；四是在行为层面，认同主体要坚持培育和践行社会主义核心价值观，坚定政治立场，高度重视中国梦凝聚价值观认同的"最大公约数"，否则就反映了对马克思主义意识形态话语并未形成真正的社会认同，需要校正和纠偏。当然，新时代马克思主义意识形态话语体系是中国实践的精神产物，具有民族性和地域性特征，是人类文明新形态的创新表达，如何才能赢得世界上更多人

---

① 陈曙光：《中国话语》，湖北人民出版社2017年版，第3页。
② 《习近平总书记系列重要讲话读本》，人民出版社2014年版，第14页。
③ 《习近平重要讲话单行本》（2020年合订本），人民出版社2021年版，第130页。

民及国家认同,这就需要更深入地研究马克思主义意识形态话语的特殊性和普适性,找到中国式现代化和资本主义现代化的共通点,最大程度地促进世界各国对马克思主义意识形态话语的认同,实现国家文化安全。

三、意识形态话语的国际认同现状和路径选择

新时代马克思主义意识形态话语体系是国家文化软实力的体现,其在国外的影响对象主要有国外学者或者国家精英,由于个体的研究方法及所处立场的差别导致研究结果不尽相同,体现出国外学者对中国话语的认同水平存在差异,有些学者对马克思主义意识形态话语持否定的态度,不认同中国取得的成就或对世界的贡献,提出"中国威胁论"或"中国崩溃论"极力唱衰中国;有些学者虽然认同中国经验或中国模式,但对马克思主义意识形态话语态度含糊,不愿意将中国成就的取得归功于社会主义意识形态。因此,必须增进国际社会对马克思主义意识形态话语的认同,增强社会主义意识形态的话语自信,维护国家文化安全。

(一)话语的国际认同现状

马克思主义意识形态话语的社会认同,就是要稳定、建构和维护基本价值观。基本价值观的社会认同必须解决自我认同和他者认同的问题,在前文中,可以看到国内的个体主体及群体主体对马克思主义意识形态话语的社会认同度显著提高,这些都有利于更好维护国家文化安全。然而正如亨廷顿指出:"对一个传统社会的稳定来说,构成主要威胁的并非来自外国军队的侵略,而是来自外国观念的输入。"[1]新时代马克思主义意识形态话语体系的国际认同现状直接关系到马克思主义意识形态话语权的实现和国家文化安全。一方面,国际社会对新时代马克思主义意识形态话语体系的评价主要有三种,即政府主导下的市场经济、权威型的政治体制和渐进式的政治改革、一元导向型的多元文化。[2]

---

[1] [美]亨廷顿:《变化社会中的政治秩序》,生活·读书·新知三联书店1989年版,第38页。
[2] 王卫兵:《国际视野下中国特色社会主义话语体系认同研究》,载于《中共福建省委党校学报》2016年第9期,第26—32页。

政府主导下的市场经济观点认为"政府在整个国家经济体系的运行中居于核心地位"①，这和西方自由主义经济发展模式不同。政府和市场是国家经济发展的两个制约因素，而中国政府在经济发展中的主要作用是"中国特色"所在，改革开放以来中国取得的显著成就就是实现了经济的快速发展，国际普遍认为中国经济发展取得的成就主要得益于国家强有力的宏观调控措施。权威型的政治体制观点认为中国模式的独特优势在于一个政党的领导，即一党执政，例如，美国学者福山就将中国成功的原因归于实行权威型政党领导的社会主义道路，党是领导一切的，党能依据国情制定适合中国的发展政策及规划，并大大提高政策出台和执行的效率。渐进式的政治体制改革观点认为，中国正以自上而下的渐进方式实现政治体制的变革，是具有中国特色的渐进民主化道路，是中国实现现代化的重要环节，关系到党执政合法性及长久性。一元导向型的多元文化观点认为在国家思想文化层面，执政党在政治领域只能以马克思主义一元思想为指导，而社会领域呈现出思想多元化的趋势，尤其是全面深化改革的今天，人们思想观念的多元化、多变性、差异性都会给执政党一元化的意识形态带来挑战和压力，未来中国在思想文化领域应"向民众展示一个理想社会的图景、一个判断社会分配好坏的标准和一套适应当代世界的价值体系"②。

另一方面，国外对新时代马克思主义意识形态话语的态度也主要有三种类型：积极乐观、消极悲观和相对中立。积极乐观的态度主要体现在高度评价中国特色社会主义意识形态和政治体制，主要有下列观点：一是中国经验具有全球意义，北京共识和中国模式的背后是对中国经验的赞赏和推崇，从文化的视域来看，新时代马克思主义意识形态话语是对中华优秀传统文化、马克思主义和西方先进文化的融合与超越，具有创新性和普适性，这就给不同文化传统、意识形态的国家提供了可以借鉴的价值理念；二是中国改革创新的巨大成功为中国共产党的执政合法性奠定基础，和平发展的国内环境、灵活高效的政策部署及人民生活水平的改善是执政党的执政绩效体现；三是中国未来发展的活力

---

① 郑云天：《国外中国特色社会主义研究话语体系探析》，清华大学博士学位论文（2014年）。
② 姚洋：《中国道路的世界意义》，北京大学出版社2011年版，第134页。

和张力，对新时代马克思主义意识形态话语的认同，既是对中国现状的极大肯定，也表现出对中国未来发展前景充满信心。消极悲观的态度认为中国正面临着严重的政治、经济和社会危机，不可能实现可持续发展，主要有下列观点：一是认为马克思主义意识形态话语不能散发魅力，难以解释现实的中国发展模式，中国在社会主义制度下发展市场经济，这混淆了社会主义和资本主义的区别；二是权威型的官僚体制容易导致执政党的腐败，贫富两极分化、公权力对市场的干预和社会阶层的固化致使社会危机进一步加深而陷入了恶性循环；三是中国综合国力的增强对以美国为主导的世界秩序产生了威胁，如中国在海洋及军事领域的国家部署被美国媒体称为"红色风暴正向我们的海岸袭来"，甚或有的学者用"红星照耀太平洋"暗喻中国对他国海洋权益的威胁。也有一些学者持相对中立的态度，认为中国有深厚的历史传统和复杂国情，中国是一个多民族国家，政治体制强调"统一"而非"多元"，当下中国正处于从传统到现代的社会转型期，多种矛盾和利益相互作用、相互冲突，统一与多元的平衡是对执政党政治智慧的考量，中国的未来走向充满未知。中国一方面取得了巨大的发展成就，但因发展造成的问题也比较突出，如何从危难中寻找机遇，提升自身合法性及执政领导能力，应对发展困境和危机，是新时代马克思主义意识形态话语能否继续保持认同的关键所在。综上可知，虽然国外学者对中国模式、中国道路和中国经验等话题较为关注，但对新时代马克思主义意识形态话语的认同度较弱甚至较为排斥，这一方面是由于西方学者长期坚持西方中心论而对自身之外的意识形态话语都持否定和怀疑态度，另一方面也与中国在国际上的对外传播不足有关。

（二）话语国际认同的路径选择

只有积极探索马克思主义意识形态话语国际认同的路径，才能在全球范围内实现对话语的认同，增强马克思主义意识形态话语在国际话语场的主导权，更好地维护国家文化安全。

新时代马克思主义意识形态话语体系要想走出国门争取他国民众的认可，就要从以下三方面做起。首先，必须加强马克思主义意识形态话语的对外宣传工作。马克思主义意识形态话语是对中国革命、建设和改革发展的理论总结，不是一蹴而就而是动态的发展完善过程，因此就会出现解释不到位、阐释不清晰和总结不完善等现实问题，这就要求哲学社会科学工作者在构建马克思主义意识形态话语体系时，增强话语对现实问题的解释力和说服力，改变传统外宣工作偏重政治性和说教性，将马克思主义意识形态话语融入外国本土化，增强话语的对外宣传，要利用好国外的社交媒体展开全方位的宣传报道。其次，要将新时代马克思主义意识形态话语的国际认同提升到理性高度，话语认同才会更具有普遍性。马克思主义意识形态话语是经过实践证明的科学理论，也是对全人类文明的理论表达，具有一定程度的人类共同价值的普遍意义，具有自我辩护和批判功能，因此在坚持话语自信的同时要不断提升话语解释现实的能力，积极和其他国家进行学术的辩论批判、沟通交流，更好引领国际社会思潮，让国外在了解新时代马克思主义意识形态话语的同时自觉把中国话语内化于心。再次，马克思主义意识形态话语并非仅仅是对中国治国理政的经验总结，也是中国影响全球治理能力和治理体系的重要工具。因此，要加强马克思主义意识形态话语的实践外化，官方层面要主动进行意识形态话语传播，利用马克思主义意识形态话语思考和分析国际重大问题；在学术层面应展开有理有据的学术批判和学术争鸣，利用马克思主义意识形态话语应对西方话语霸权；在民间层面要广泛利用多种宣传平台及载体加强话语的宣传和舆论引导，积极争取和赢得国外民众对新时代马克思主义意识形态话语体系的认同，实现国家文化安全。

第三节 完善马克思主义意识形态话语的法治保障

法治是化解社会矛盾的重要方法，是现代政治的运行方式。马克思主义意识形态话语法治化是意识形态建设的一个重要抓手，完善意识形态话语法治化是维护文化安全的必由之路，是推进全面依法治国的表现，是实现法治中国的必然选择。法治建设也是国家意志的表达，资本主义国家的制度化一般以"法权"形式体现，并把法治作为调节经济利益的手段，进而完善制度文化水平。

制度是指约束行动的规范体系或一种规则,体现了"特定社会生活共同体的实际发展样态"①。反观我国意识形态话语存在立法数量还偏少、立法领域不平衡,导致马克思主义意识形态话语在维护国家文化安全方面出现短板和不足。因此必须从实际出发,以法治刚性引领社会主义核心价值观和意识形态话语建设,完善意识形态话语法治保障,推进国家凝聚及社会整合,同时为制度变迁保驾护航,只有如此才能和"极端重要的工作"地位相匹配。完善意识形态话语的法治保障就是要以科学、系统、有效的法律法规和规章制度来规范推进马克思主义意识形态话语权建设,以法治力量巩固马克思主义意识形态话语的主导地位,更好地维护国家文化安全。

党的十八大以来,习近平多次强调要克服意识形态领域存在的"散、松、软"问题,将"坚持马克思主义在意识形态领域的指导地位"作为重要制度的创新,意味着要超越以往意识形态话语的外在性和抽象性,是党"一刻也不放松意识形态工作"的法治保障体现。②要重视法治这个上层建筑对马克思主义意识形态话语的积极和刚性反作用,只有借助法律法规及规章制度所具有的规范性、强制性力量,才能避免使马克思主义意识形态话语沦为抽象的价值理念,只有将话语内化于心,践行于外,才能使理论化的价值理念和实际的价值创造相适应,形成公序良俗和公平正义的社会秩序,让人们切实感受到法治背后所蕴含的核心价值,在法治的约束与规范中实现话语认同,坚定话语自信。

一、意识形态话语法治化取向的逻辑依据

"制度问题更带有根本性、全局性、稳定性和长期性。"③制度形成离不开

---

① 万光侠、韩升:《新时代社会主义核心价值观制度化的马克思主义政治学阐释》,载于《马克思主义研究》2020年第4期,第35—43页。
② 侯惠勤:《中国共产党百年意识形态建设之道》,载于《马克思主义理论学科研究》2021年第5期,第83—96页。
③ 《邓小平文选》(第二卷),人民出版社1994年版,第327页。

法治，只有加强马克思主义意识形态话语法治保障，才能更好应对意识形态领域中错综复杂的各项工作。党的十八大以来，陆续出台的党内法规、法律法规及规章制度，构建了对马克思主义意识形态话语的法治保障，刚性约束逐步显现，意识形态话语法治建设的统筹性及协调性显著增强，意识形态话语建构成效不断显现。党、国家和社会生活建设的方方面面，人民日益增长的美好生活需要的满足，都离不开马克思主义意识形态话语的指导。完善马克思主义意识形态话语的法治保障标志着意识形态工作向顶层设计、整体性和有序性转变，推动了意识形态工作的制度化、法治化和规范化。

（一）法治化是意识形态话语建设的重要保障

意识形态话语不但属于思想范畴而且是一种政治范畴。依唯物史观原理，意识形态话语是社会存在的反映，因而具有物质属性，其建设要由社会现实生活决定，并且借助现存物质文化资源，正如马克思指出的"社会上占统治地位的那部分人的利益，总是要把现状作为法律加以神圣化……用法律固定下来"[①]，当然党对意识形态话语权的法治建构从根本上受制于一定历史条件下的社会现实。改革开放以来，党不断推进意识形态话语的法治化进程，凸显了法治理念对于推进国家治理体系和治理能力现代化的重要性。法治和德治是现代国家建设不可缺少的两个重要理念，根据韦伯的合法性类型划分，魅力型（传统型）是传统社会政权合法性所在，法理型是现代政权的合法性所在。1982年宪法的颁布，标志着我国从"人治"到"法治"的重大转变，党的十五大将"依法治国"作为治国理政的基本方略，"法治"话语的提出是党在法治层面对马克思主义意识形态话语的建构，之后党在十七大提出的"法治理念"和"法治精神"等都是法治话语的时代表达，从"法制"上升到"法治"也证明法治实践的与时俱进。法治作为一种外部强制性力量，在社会主义现代化建设实践中发挥着引导、激励、调节和约束等重要作用，为党牢牢掌握和巩固意识形态话语

---

① 《马克思恩格斯文集》（第七卷），人民出版社2009年版，第896页。

权提供了重要载体,诺斯曾指出,意识形态固然重要,但决定它们能起多大重要性的仍然是制度。①例如,美国作为全球最大的意识形态输出国,尤其注重意识形态法律体系的完善,宪法序言就明确规定自由主义是国家的根本意识形态,通过制定专门立法维护国家意识形态话语和文化安全,主要表现在以下四方面:一是通过制定《国内安全法》《共产主义控制法》《外国代理人登记法》等打击和遏制敌对意识形态话语在本国的传播,维护文化安全;二是通过制定《伊朗和利比亚制裁法》《以制裁反击美国敌人法》,尤其是用《强迫维吾尔人劳动披露法(草案)》炮制"种族灭绝"和"集中营"等罪名来抹黑他国意识形态话语;三是通过颁布大量的爱国单行法,例如《中华人民共和国国家安全法》《尊重阵亡英雄法案》和《中华人民共和国国防教育法》等弘扬本国主流意识形态话语;四是在国内意识形态工作和意识形态输出方面颁布了一系列法律法规,例如《广播法》《和平队法案》和《国际广播法》等,利用商业资本优势掌握话语主导权,成功将资本主义意识形态话语转化为商业符号,扩大其影响力。②从以上可以看出,虽然意识形态话语的实现有多种途径,但法治建设是不可缺少的依赖条件,意识形态话语建设的法治化影响着国家意识形态安全,马克思主义意识形态在"理论创新、话语生产和思想传播方面具有压倒性的制度优势"③,法治保障是新时代马克思主义意识形态话语实现的重要优势。

(二)意识形态话语法治化建设的时代逻辑

法治的核心是良法善治,法一方面可以限制公权力的滥用,另一方面通过法律法规保障公民的权利、自由,维护社会的公平和正义。法的固有价值是意识形态话语建设的追求目标,意识形态话语建设法治化是践行依法治国的内在要求,可以更好应对思想领域的新挑战。当下,世界范围内思想文化相互激荡

---

① 诺斯:《制度、制度变迁与经济绩效》,刘守英译,上海三联书店1994年版,第149页。
② 莫纪宏、诸悦:《论完善我国意识形态安全的法治保障》,载于《甘肃社会科学》2021年第6期,133—143页。
③ 张平、赵昊杰:《新时代意识形态领域安全的三重向度研究》,载于《长白学刊》2019年第2期,第26—31页。

导致意识形态话语交锋和冲突，资本主义意识形态话语加强渗透和输出，严重威胁到中国文化安全，对此习近平提到"5个"绝不答应，要想做到"5个"绝不答应，就迫切需要推进马克思主义意识形态话语建设的法治化。主要原因在于以下四方面。首先，新时代社会主要矛盾的变化，亟待推进国家政治、经济、文化和社会等各领域的治理能力，保障制度变迁的行稳致远，实现中华民族伟大复兴的历史任务更加迫切，以上这些都对马克思主义意识形态话语建设法治化提出了新要求和新期待。其次，利益主体多元化导致人们的话语取向多样化，主流和非主流话语共存，先进和落后话语交织，各类不良和消极话语冲击着马克思主义意识形态话语，娱乐至上的思想使人们的理想信念进一步弱化，因此应通过马克思主义意识形态话语引领和整合多元社会思潮，从法治层面更好应对多元化价值诉求。再次，随着信息技术裂变以及媒介融合智能化的发展，互联网已成为意识形态话语传播的最前沿阵地，恐怖主义和极端主义等反华势力，在网络上大肆鼓吹西方意识形态话语，给国家文化安全造成极大挑战。因此，党在网络空间要取得意识形态话语权，就要推进网络意识形态话语治理的法治化。最后，随着中国日益走向世界舞台中央，意识形态话语也日益显现出"东升西降"的趋势，但国际社会的舆论格局依然是"西强我弱"，尤其是西方意识形态话语渗透不断拓展，表现形式日益多样且更趋隐蔽，这些都使新时代马克思主义意识形态话语建设面临更严峻的外部挑战。因此，必须以法治保障提升国家的对外传播能力及其话语权。

（三）意识形态话语法治化建设的价值逻辑

意识形态话语在塑造政治合法性时至关重要，意识形态安全相比较于其他安全更具基础性和优越性，它对社会整合、信仰整合和价值整合具有强基固本的根本功能，意识形态阵地如若被攻陷，民族也会失去精神独立性，是国家制度变迁中的重要变量。人民立场是马克思主义意识形态话语建设法治化之根，要做到人民至上，制定和完善法律法规及相关规章制度，解决意识形态话语建设中存在的现实问题。党的领导是马克思主义意识形态话语建设法治化之魂，要把党的领导体现在意识形态话语立法、执法、司法、守法的全过程中。制度优势是一个政党和国家的最大优势①,自建党以来,中国共产党就围绕不同历史时期的中心任务推进了意识形态话语建设的法治化。早在新民主主义革命时期,党就开启了对意识形态话语建设法治化的探索,《中国共产党第一个纲领》和《中国共产党第一个决议》两个文件中就设立了宣传机构,主要传播马克思主义意识形态话语。之后党依据革命形势的新变化,相继制定了《宣传工作的目前任务》《中央关于宣传教育工作的指示》《中共中央关于宣传工作中请示和报告制度》等一系列文件,这些都为马克思主义意识形态话语建设法治化奠定了基础。新中国成立后,党不断完善马克思主义意识形态话语的制度化建设,陆续颁布了《关于加强党的宣传教育工作的决议(草案)》(1951年)、《关于党在过渡时期总路线的学习和宣传提纲》(1953年)、《中共中央转批中央宣传部关于设立社会主义教育课程的报告》(1957年)等一系列文件,这些都从制度层面体现了党的意识形态话语建设,同时不断健全完善各级宣传部门的机构配置和队伍配备,优化组织架构来巩固马克思主义意识形态话语。改革开放后,面对意识形态领域的错综复杂形势,党进一步推进了马克思主义意识形态话语制度化建设。例如,党和国家先后出台《中共中央关于社会主义精神文明建设指导方针的决议》《爱国主义教育实施纲要》《公民道德建设实施纲要》《中共中央关于深化文化体制改革推动社会主义文化大发展大繁荣若干重大问题的决定》等一系列文件,全方位拓宽了马克思主义意识形态话语建设制度化的要求和内涵。党的十八大以来,习近平指出"要把制度建设摆在突出位置"②,推进马克思主义意识形态话语法治建设,是推进国家治理现代化的重要举措。

二、意识形态话语法治保障的现状和不足之处

目前,国家已建立起由宪法和数十部法律法规组成的意识形态话语法治体系,涉及国家安全、网络、文化等领域。尤其是中国特色社会主义进入新时代,马克思主义意识形态话语制度化不断定型和完善,彰显出中国特色社会主义的

---

① 《习近平谈治国理政》(第三卷),外文出版社2020年版,第543页。
② 《习近平谈治国理政》(第一卷),外文出版社2018年版,第10页。

制度优势。党中央先后制定和修改了一系列基础性、关键性的法规制度，探索出一条以根本制度为统领，其中主要包括责任制度、问责和监督制度、学习制度和规范制度在内的意识形态工作制度体系的基本框架，都是对新时代马克思主义意识形态话语法治保障的实践探索。新时代马克思主义意识形态话语建设的突出亮点就是以制度为抓手，全面部署和推进意识形态工作，将坚持马克思主义在意识形态领域指导地位上升为根本制度，是重大的制度创新，有效统领了意识形态话语制度体系的建构。

（一）意识形态话语法治保障的现状

宪法作为国家的根本大法，尽管全篇并未出现意识形态相关话语，但明确提出要坚持马克思主义的指导，倡导社会主义核心价值观，维护国家安全和利益等，这显然包括对马克思主义意识形态话语的要求。在具体的法律层面主要表现在以下方面：一是许多法律如《中华人民共和国监察法》《中华人民共和国教育法》都明确规定要将马克思主义意识形态话语作为本法的指导思想，加强意识形态教育；二是《中华人民共和国网络安全法》明确规定不能宣扬恐怖主义和极端主义，危害社会主义制度和马克思主义意识形态话语；三是针对政治谣言和历史虚无主义对马克思主义意识形态话语的危害，通过《中华人民共和国英雄烈士保护法》等进行规制；四是通过《中华人民共和国国旗法》《中华人民共和国国歌法》等维护国家标志，强化马克思主义意识形态话语的宣传；五是通过爱国教育，如《中华人民共和国国家勋章和国家荣誉称号法》以及国家宪法日、国家安全教育日等凝聚对马克思主义意识形态话语的社会认同；六是通过文化立法，如《中华人民共和国公共图书馆法》《中华人民共和国电影产业促进法》等巩固马克思主义意识形态话语，提升文化软实力水平；七是通过《中华人民共和国境外非政府组织境内活动管理法》防范境外 NGO 组织颠覆马克思主义意识形态话语，危害国家文化安全。

中国特色社会主义进入新时代，党探索出一条以根本制度为统领，包括责任制度、问责和监督制度、学习制度和规范制度在内的意识形态工作制度体系的基本框架，推进了马克思主义意识形态话语法治保障。首先，意识形态工作责任制度明确了意识形态话语建设主体责任。只有"守土有责、守土负责、守土尽责"①，才能做好马克思主义意识形态话语建设工作，然而长期以来，这个领域处于"三无"状态②，因此助长了错误意识形态话语的扩散。党的十八大以来，党中央在责任制度层面从点到面明确了各级党委主要负责同志、宣传思想工作者在话语建设中的位置和责任。一方面，以党内法规形式明确党委对意识形态工作负有主体责任。③特别是2015年的《党委（党组）意识形态工作责任制实施办法》是党历史上首次关于意识形态工作的专项党内法规，清晰界定了各级党委（党组）领导班子要对意识形态工作负主体责任，从全面从严治党战略高度强调意识形态工作责任制的重要性，是意识形态工作强大法治保障的扎实推进，确保了意识形态工作制度的严肃性、权威性及执行力，将意识形态建设水平及治理能力提升到新的高度，为新时代马克思主义意识形态话语的传播提供了法治保障。另一方面，意识形态工作的问责及监督制度更好地推动了马克思主义意识形态话语的贯彻落实。制度建设的永无止境是不断开创意识形态工作新局面的重要保障，一系列相继出台的党内法规及制度④，形成了意识形态问责监督制度体系，推进党管意识形态话语的原则发挥实效。其次，党中央立足中国实践，不断推进意识形态的内容供给制度，为意识形态话语建设夯实了理论根基。一是马克思主义指导地位的制度化是推进意识形态话语建设的最大亮点，也标志着党对马克思主义意识形态的认识达到新高度；二是社会主义核心价值观的入法入规，其法治化进程是新时代马克思主义意识形态话语

---

① 《习近平关于社会主义文化建设论述摘编》，中央文献出版社2017年版，第32页。

② "三无"状态是指意识形态工作长期空转和虚置，处于无明确工作职责、无清晰工作范围和无显著工作任务状态。

③ 主要指《中央党内法规制定工作五年规划纲要（2013—2017年）》（2013年）、《党委（党组）意识形态工作责任制实施办法》（2015年）、《党委（党组）网络意识形态工作责任制实施办法》（2016年）、《中共中央关于加强党内法规制度建设的意见》（2016年）、《中国共产党支部工作条例（试行）》（2018年）、《中国共产党宣传工作条例》（2019年）、《党委（党组）落实全面从严治党主体责任规定》（2020年）等一系列法规。

④ 主要指《中国共产党巡视工作条例》（2015年制定，2017年修订）、《中国共产党问责条例》（2016年制定，2019年修订）、《中国共产党党内监督条例》（2016年制定）。

法治化的具体表现，党和国家先后出台了《社会主义核心价值观融入法治建设立法修法规划》（2018年）等一系列规范性文件①，为新时代马克思主义意识形态话语法治建设提供了价值指引；三是中国特色社会主义文化的繁荣发展和法治化丰富了新时代马克思主义意识形态话语体系法治化建设的文化内涵②；四是思想道德建设的制度化是推进新时代马克思主义意识形态话语体系法治建设的一项重要内容。③再次，党的十八大以来，习近平围绕文艺、新闻舆论、网络和教育等重点领域统筹意识形态工作全局，颁布相关政策法规文件④，推进了马克思主义意识形态话语建设的阵地管理。

（二）意识形态话语法治保障的不足之处

从上面可以看到，我国意识形态话语法治体系已初步成形，但与新时代"极端重要的工作"地位仍不匹配，还存在一定差距，主要体现在以下几方面。首先，没有保障意识形态话语的综合性和基础性立法。反观世界其他国家及地区，

---

① 党和国家着力推进社会主义核心价值观入法入规，先后出台了《关于培育和践行社会主义核心价值观的意见》（2013年）、《培育和践行社会主义核心价值观行动方案》（2015年）、《关于进一步把社会主义核心价值观融入法治建设的指导意见》（2016年）、《社会主义核心价值观融入法治建设立法修法规划》（2018年）、《关于在司法解释中全面贯彻社会主义核心价值观的工作规划（2018—2023）》（2018年）等一系列规范性文件。

② 习近平对中国特色社会主义文化的体系化建设作出重要部署，颁布了《深化文化体制改革实施方案》（2014年）、《关于加快构建现代公共文化服务体系的意见》（2015年）、《国家"十三五"时期文化发展改革规划纲要》（2017年）、《中华人民共和国公共文化服务保障法》（2017年）、《关于实施中华优秀传统文化传承发展工程的意见》（2019年）等一系列政策文件全面深化了文化体制改革。

③ 党中央陆续颁布了《关于深化群众性精神文明创建活动的指导意见》（2017年）、《关于做好村规民约和居民公约工作的指导意见》（2018年）、《新时代公民道德建设实施纲要》（2019年）和《新时代爱国主义教育实施纲要》（2019年）等政策性文件。

④ 主要有《中共中央关于繁荣发展社会主义文艺的意见》《关于加强新闻采编人员网络活动管理的通知》《关于进一步加快广播电视媒体与新兴媒体融合发展的意见》《中华人民共和国网络安全法》《关于新时代加强和改进思想政治工作的意见》《关于加强新时代马克思主义学院建设的意见》等相关政策法规文件。

美国有《共产主义控制法》，俄罗斯有《爱国教育示范法》，基础法律的缺失会导致意识形态话语的法治保障面临挑战，意识形态话语法治保障缺乏主心骨和总纲指导，过度依赖政策文件和命令指示，法治特征不明显。其次，意识形态话语缺乏可操作性。涉及的相关条款内容抽象、过于原则，号召语气较为突出，而美国对自由主义的意识形态话语除有过宪法修正案的明确保障外，更是有数千条联邦及州的立法保障。因为无法可依，马克思主义意识形态话语的法治保障主要依赖领导人的各类讲话、党内法规以及规范性文件，运作体系的法治化程度较低。再次，在有的具体重点领域仍存在立法空白。一方面，对意识形态话语攻击没有有效的遏制手段。与此形成对比，东欧国家的去共产化立法和德国去纳粹化立法，如波兰的《去共产主义法》就明确禁止宣传前政权主导的意识形态话语，要推倒象征前政权的所有符号。另一方面，没能明确规范以及促进商业资本参与意识形态话语建设的途径，因此无法将马克思主义意识形态话语很好融入电影、娱乐以及游戏等文化产业，不利于马克思主义意识形态话语的传播，也不利于国家文化软实力的提升。反观美国就擅于通过先进的文化立法，推动意识形态话语和文化市场的深度融合，鼓励企业及商业资本家宣传自由民主的意识形态话语，这些都会危害其他国家文化安全。

三、完善意识形态话语法治保障的建议

马克思主义意识形态话语法治保障要在动态发展过程中不断创新和深化，只有正视意识形态话语法治保障的不足之处，并在实践过程中不断创新和完善，才能深化认识，完善法治保障，推进国家治理体系和治理能力现代化，维护国家文化安全。

（一）健全意识形态话语的法律法规体系

健全的法律法规体系是加强对马克思主义意识形态话语法治化管理的基础保障。国家和各地方立法机关要始终关注意识形态话语管理方面的法律欠缺，话语立法要从实际出发，具体分析现阶段我国国情和特色，将坚持马克思主义在意识形态领域指导地位上升为法律原则，加强党的全面领导。由于意识形态

话语是一项全面系统的工程，因此要用激励机制争取民营企业、娱乐、宗教和社会组织参与进来，增强马克思主义意识形态话语的传播力。当然立法方式要以教育宣传为主，让大众能够科学洞察社会主义意识形态话语和资本主义意识形态话语的对立，认识西方国家凭借文化霸权、信息霸权大肆鼓吹新自由主义、历史虚无主义和普世价值，这些都严重冲击和挤压着马克思主义意识形态话语，增强法律法规的针对性、实效性，规制其他不良和错误社会思潮，为维护马克思主义意识形态话语安全提供可靠的法律保障。

除此之外，立法在维护主流意识形态话语主导地位的同时，要尊重差异，包容多元化思想，要平衡好言论自由和国家安全的关系，立法不宜用"一元化"策略，除文化和互联网等少数领域外，一般情况下不宜将意识形态话语列入外商投资国家安全审查口径，防止"割资本主义尾巴"死灰复燃。①要特别重视重点领域的意识形态话语立法工作，一是要重视文化产业立法，利用民间资本通过市场机制传播马克思主义意识形态话语。美国能取得全球意识形态话语权就在于庞大的市场资本支撑的电视、电影和游戏等文化产业的影响，在立法中应通过税收、补贴和融资等方式和手段激励市场主体自觉将马克思主义意识形态话语融入商业 IP，让资本如同"蜜蜂"在争取利润的同时自动为意识形态话语"授粉"，扩大其传播力。二是要重视制定红色文化和红色遗产的法律，要重视特殊纪念日和重大节日的教育功能，如烈士纪念日、抗日战争胜利纪念日和国家安全日等。俄罗斯的《俄罗斯军人荣誉日和纪念日》就通过规范公祭和祭扫等仪式，更好地弘扬国家主流价值。三是要加强依法管网，要确保国家网络和信息安全，尤其要注意智能算法对意识形态话语的干预，任何算法都内含着一定意识形态，智能推荐是对个体偏好的迎合，因此容易导致公民受困于"信息茧房"。倘若算法预设立场，与主流意识形态话语相背离，就可能导致马克思主义意识形态话语说服力下降和影响力不强，因此要在网络信息立法中加强对算法规制，提升算法透明度。同时提高主流意识形态话语在算法把关因子中的

---

① 莫纪宏、诸悦：《论完善我国意识形态安全的法治保障》，载于《甘肃社会科学》2021 年第 6 期，第 133—143 页。

比重，通过人工编辑确保算法不会对马克思主义意识形态话语造成影响，维护网络空间文化安全。

（二）以爱国教育综合性立法作为意识形态话语的法律载体

爱国教育是马克思主义意识形态话语的重要载体，美俄等许多国家通过爱国主义教育，德国通过立法去纳粹化、去东德化，以弘扬国家主流意识形态话语。我国可借鉴美俄等国的爱国教育立法策略，制定一部综合性法律，更好地维护马克思主义意识形态话语的主导地位。爱国主义的本质是要坚持爱党、爱国和爱社会主义，这就意味着如果爱国和马克思主义意识形态话语建设相结合，就必然产生"1+1＞2"的效果，有助于巩固人民群众的思想基础和马克思主义意识形态话语，可以更好地维护国家文化安全。建议立法机构研究制定一部爱国教育的法律，以此推进马克思主义意识形态话语传播。首先，要坚持爱党、爱国和爱社会主义，把坚持马克思主义在意识形态领域的指导地位明确上升为法律。其次，要明确规定对爱国主义话语进行宣传教育，同时支持鼓励其他社会组织和民营资本参与意识形态话语的宣传工作，弘扬社会主义核心价值观，大力支持国家的正能量文化产业。再次，要明确监督主体及责任机制，对危害爱国主义和马克思主义意识形态话语安全的行为进行打击和相应的处罚，用法律的强制力量进行规制和引导。

推进新时代马克思主义意识形态话语的实现，是中国建设社会主义现代化文化强国的现实保障，回顾社会主义国家发展史，东欧剧变和苏联解体均是没能坚持马克思主义意识形态话语所致，中国特色社会主义是马克思主义的实际践行，二者实现了理论逻辑和现实逻辑相统一。"一个国家实行什么样的主义，关键要看这个主义能否解决这个国家面临的历史性课题"①，进入新时代必须从制度上建构马克思主义意识形态话语的主导地位，世界上其他国家的实践证明，通过立法手段维护意识形态话语权，能够更为有效地巩固政权的合法性基础。中国的和平发展被一些西方政客和学者污名化并主观臆断贴上"国家资本

---

① 《习近平谈治国理政》（第一卷），外文出版社2018年版，第22页。

主义"和"新官僚资本主义"等标签,目的是进行价值观渗透,颠覆社会主义制度。一些和主流意识形态话语相对立的异质性社会思潮,以人性温暖和自由表达为借口,活跃在意识形态领域,如新自由思想、政治领域的宪政民主思想等这些都对马克思主义意识形态话语的社会认同有一定的消解。因此,要完善意识形态话语的法治保障,法治保障是筑牢主流意识形态话语安全屏障的前提,更好地维护国家文化安全。

第四节 加强马克思主义意识形态话语的国际传播

在文化全球化的今天,各国之间的话语交往和国际传播伴随新媒体发展日益深入,信息霸权和文化霸权国家的话语传播、渗透实际上就是意识形态和价值观的渗透,这就会影响一些主权国家内部的文化安全。2010年,中东乱局中叙利亚、埃及和利比亚等国的动荡就和域外国家的话语及文化渗透有关,一些国家为了实现自身的国家利益,依靠强大的国际传播能力等软手段对他国的安全和主权造成威胁。在新时代提升马克思主义意识形态领导权与话语权,就需要积极关注马克思主义意识形态话语的国际传播和推广。中国特色社会主义进入新时代,社会思潮和价值观多元化斗争激烈,马克思主义意识形态话语受到挑战,话语处于"有理说不清,说了传不开"的尴尬境地[1],因此要"推进国际传播能力建设……提高国家文化软实力和中华文化影响力"[2]。只有加强马克思主义意识形态话语体系的国际传播,才能在世界舞台上掌握舆论主动权,更好地维护国家文化安全。

一、加强意识形态话语国际传播的根本原因

只有话语复兴,才能从真正意义上实现中华文明复兴。这个话语不同于资

---

[1] 中共中央党史和文献研究院编:《习近平关于总体国家安全观论述摘编》,中央文献出版社2018年版,第105页。

[2]《习近平谈治国理政》(第三卷),外文出版社2020年版,第312页。

本主义意识形态话语，反观现状，资本主义国家把中国崛起纳入资本主义意识形态话语里言说。例如，西方话语创造了"修昔底德陷阱""塔西佗陷阱"等无数个所谓陷阱，前者指如果一个新兴力量对现存统治力量造成挑战时，两者必然会引起防范和猜忌，最终会以战争手段解决，现在主要用于中美战略关系上；后者是指当政府失去了公信力，无论说真话抑或假话、做好事抑或坏事，都会被民众给予否定。以上这些话语叙述符合西方 2000 多年的思维习惯，从古希腊开始一直到宗教战争，最终在欧洲形成的威斯特伐利亚体系一直延续到现在世界格局，这个体系表面言说主权国家平等实则内部有很大矛盾和冲突，中国能否用自己的话语对世界格局重新进行表达是个新问题。中国提出的"一带一路""结伴不结盟""平等互利，合作共赢"等新概念就是以文化自信应对西方话语体系，为世界格局带来更合理的中国方案。诚然，中华文明复兴的物质力量已开始显现，但关于文明复兴的话语重建仍十分困难，某种程度上，我们一直用西方的话语来言说中国经验，正如有的学者把这种话语困境概括为："如果没有西方的话语，我们已经无法表述；但是有了西方的话语，我们就胡乱地表述。"①因此，必须加强马克思主义意识形态话语体系的国际传播，国际传播背后是以"内容为王"的传播力的较量，体现一个国家的文化软实力②，增强新时代马克思主义意识形态话语体系的国际传播力，既是世界了解中国的客观要求，也是中国日益走向世界舞台中央的主观诉求，更是提升中国国际话语权的必然需求。

（一）客观要求：世界需要了解真实的中国

中国人口众多，领土面积广阔，中华文明能追溯到至少 5000 年前，中国问题专家马丁·雅克认为在人类历史上没有任何文明可以和中华文明比肩。但是在西方有一个非常严重的问题，那就是不理解、不了解中国，用西方自己的方式、心态理解中国是不科学的，这也是造成对中国误会和不了解的真正原因，西方国

---

① 曹锦清：《以制度研究推进话语体系重建——简论文明复兴与 21 世纪问题》，载于《文化纵横》2017 年第 4 期，第 92—97 页。
② 段鹏：《传播学基础——历史、框架与外延》（第 2 版），中国传媒大学出版社 2013 年版，第 99 页。

家的传统思维逻辑是强者必霸和零和博弈。最近一段时间,西方媒体充斥着没有任何事实根据的所谓"真相",致使中国政党形象和意识形态受到严重攻击,影响到国家形象和利益。中西双方之间需要更好了解,尤其是西方国家要客观科学地去了解一个真实的中国,中国的迅速发展追求的是共同繁荣的"满园春色",并不是要对西方资本主义国家造成恐慌的称王称霸。中国的快速发展对其他国家造成了很大压力,合作和共赢的大好局面能否取代竞争局面,这就需要在国际传播中站在人类道义高度更好阐释全人类共同价值、命运共同体等理念,让国际社会全方位立体了解中国,让中国作为一个和平竞争对手参与到全球事务中,为更好解决人类问题提供中国方案,让马克思主义意识形态话语真正唱响世界。

世界各国要真正了解中国,必须从内部即从中国的历史文化、发展现状、指导思想和发展战略来看中国,新时代马克思主义意识形态话语体系的国际传播,可以更好地推动中华文化"走出去",有利于国际社会全面深入了解中国特色社会主义道路、制度和理念,提升中华文化的亲和力。马克思主义意识形态话语不同于资本主义意识形态话语,话语体系中的新发展理念和新发展战略是中国共产党执政规律、社会主义建设规律和人类历史发展规律的科学总结,是马克思主义走向21世纪的理论探索和发展。中国成功经验可以被其他发展中国家所借鉴,中国道路的成功需要其他国家的支持和理解,"中国如何进一步拥抱全球市场将决定全球经济的命运"[1],一个开放包容、繁荣发展、和平合作和勇担国际责任的中国,一定能为开创人类美好未来作出更多贡献。

(二)主观诉求:中国需要走向世界

"现在的世界是开放的世界"[2],中国只有和世界积极互动,以开放包容的心态投身全球治理,才能实现中华民族的伟大复兴,闭关自守只会导致贫穷落后。近年来,随着中国经济的腾飞和利益的拓展,中国在全球治理中从参与者转向引领者,从保守遵循者转向开放改革者,身份地位的变化要求优化马克思

---

[1] 新华社中央新闻采访中心:《执政中国》,人民出版社2012年版,第231页。
[2] 《邓小平文选》(第三卷),人民出版社1993年版,第64页。

主义意识形态话语的国际传播，用创新发展的马克思主义意识形态话语解答世界发展面临的时代难题，提供中国方案，便于中国更好地推动和构建新型国际关系，实现中国和世界更好的交流互鉴。

在建设社会主义现代化强国的伟大征程中，中国要在政治、军事和文化等领域加强同世界各国的合作交流，意识形态的国际认同是合作交流的基础。当代世界矛盾和人类向何处去的时代难题，需要马克思主义意识形态话语解答，然而国外许多民众都没听说过社会主义核心价值观和全人类共同价值，发达经济体（以美国、英国、澳大利亚和新加坡为代表）和新兴经济体（以韩国、印度、俄罗斯、菲律宾为代表）对"中国方案"的认知也存在严重差异。相比较而言，新兴经济体的理解更趋同于中国想要表达的意识形态和全球治理理念，而发达经济体以美国为例：首先，在国家关系议题方面，尤其是2008年金融危机后，面对中国模式日益扩大的影响力，美国明显表现出受到威胁及加紧遏制的心态，特别是2016年特朗普获得美国大选胜利后，美国舆论将中国全球治理参与者的身份定位为国际竞争中的利益争夺者，为之后的"中美贸易战""华为打击战"等制造舆论，由合作转向对抗，释放出逆全球化信号，引导舆论抵制中国，建构中国"要冲突不要和平"的强硬形象；其次，在改革及发展议题方面，美国媒体不断曲解中国方案，目的是通过经济手段，拉拢发展中国家，以此和西方国家形成对抗；再次，在中国角色的议题方面，虽然客观上中国是全球治理的倡导者和贡献者，但现实是境外媒体以挑战者的框定方式定位中国，常以"挑战""对抗""领导"等词语构建中国的挑战者形象，"代价是牺牲了美国寻求维护的国际制度、标准和义务。它越来越多地将美国视为竞争对手或潜在对手"①。《澳大利亚金融评论》甚或在G20杭州峰会召开前夕，以一篇名为《中国的空气干净了，网络开放了》的正面消息，呈现一直被西方国家诟病的网络安全治理问题。②以上这些都严重影响马克思主义意识形态话语的国际传播，

---

① Clark W. Getting About China [N]. NYT, 2014-10-11.
② 郭璇：《全球治理中国话语体系的建构与国际传播》，中国传媒大学出版社2021年版，第125页。

影响向世界讲述中国制度的优越性及中国道路的成功经验。因此，中国想要走向世界，和世界更好地交流互鉴，马克思主义意识形态话语的国际传播是当务之急，"鼓天下之动者存乎辞"①，言辞即话语，意识形态话语的有效传播沟通及交流，可以减少与西方国家的摩擦冲突，更好地提升中国国际形象。

（三）必然需求：提高中国国际话语权

国际话语权是指一个国家在国际话语场上就国家事务有发表意见的权力，体现说话的影响威力和有效性程度，是国际政治权力关系的现实反映，是国家文化软实力的重要构成及体现。②冷战结束后，国际话语权象征文化软实力，成为国际政治权力关系调整的重点问题，国际政治演变为"话语权政治"。然而，在话语的国际传播场域，国际舆论格局仍是"西强东弱"，"西方"对"东方"的斗争日益扩大化，欧美等西方国家凭借传播优势及实力，通过设置议程，甚或生成"邪恶中心""新殖民主义"等话语误导国际舆论，路透社和法新社等大的西方通讯社是国际新闻传播的源头，落后国家甚至处于失语的状态；中国传媒业整体实力及竞争力不强，中国在实力较强的近80个世界级传媒集团中仅占3个，当然这也与汉语的国际普及和应用有关，目前英语的 k 值（测量语言影响力的指标）是汉语的 140 倍。因此要加强马克思主义意识形态话语对外建设，对外话语能力是增强文化软实力的有效举措，有助于减少话语理解偏差与误解，马克思主义意识形态话语可以促进中国理论和中国方案更好地走向国际，提升中国国际话语权。

如何用中国声音讲好中国故事，这就依赖于中国国际话语权的提升。中国话语软实力和经济硬实力相比仍有很大差距，福柯讲"话语即权力"，他指出："一切事物都可以归结为两样东西：权力和话语（知识）。"③在国际话语场，话

---

① 金景芳：《〈周易·系辞传〉新编详解》，辽海出版社1998年版，第93页。
② 陈正良：《软实力发展战略视阈下的中国国际话语权研究》，人民出版社2017年版，第24页。
③ [法]米歇尔·福柯：《规训与惩罚》，刘北成、杨远婴译，生活·读书·新知三联书店2020年版，第29—30页。

语失声意味着失去话语权,只有形成一套完整严密的话语体系,在话语上强力发声,才能更好地推进对外话语的传播,有效提升话语权。毛泽东意识形态话语解决了"挨打"问题,中国特色社会主义意识形态话语解决了"挨饿"问题,新时代马克思主义意识形态话语要解决"挨骂"问题,要推翻西方话语霸权和信息霸权,更好地维护国家文化安全。话语安全直接关系到国家文化安全,要避免出现"耕了西方话语的地,荒了中国话语的田",强调马克思主义意识形态的国际话语权,不是抛弃民主、自由、平等等国际社会公认的概念,而是对"少数民主、虚假自由、形式平等"等资本主义意识形态话语的积极扬弃,体现了人类共同追求的"多数民主、真实自由、实质平等"的全人类共同价值观。

二、加强意识形态话语国际传播应遵循的原则

社会存在决定社会意识,话语体系是社会实践的反映,新时代马克思主义意识形态话语体系立足于中国特色社会主义伟大实践,是建立在社会实践基础上的话语,自然也就本然地体现了社会实践所达到的水平。加强新时代马克思主义意识形态话语的国际传播不能搞"盲人摸象",而要找出其中的规律并遵循相应的原则。

(一)源头:坚持理论自信的原则

理论是政党的生命,理论自信是一个政党能否发展壮大的基础。理论自信是指认识主体对用以指导实践的知识体系的真理性、科学性和价值性的高度肯定和评价,并对坚持这种理论指导下的社会实践发展前途充满信心,是对理论真理性和价值性的肯定评价。①理论自信不是凭空形成的,要经过一个认识、选择和实践的过程,在实践过程中不断推进理论创新,完善理论最终实现理论自信。在中国近现代史上,思想文化领域由于受西方强势文化的入侵,国人对自己的民族文化和话语产生怀疑和否定,甚至出现理论自卑的现象。在以下两个时期体现得尤为明显:一是20世纪初期,落后挨打的中国受西方文化渗透,国

---

① 钟小武:《中国特色社会主义理论自信的内在逻辑研究》,人民出版社2020年版,第12页。

人对西方价值观念充满好奇和好感,"打倒孔家店""废除汉字""全盘西化"等口号的提出,表明社会上产生了民族文化自卑心理,正如熊十力指出:"欧美学风,渐以东被,三尺学童皆有菲薄儒术、图弃经传之思。"①二是20世纪80—90年代,改革开放的深入发展导致西方价值观念大量传入我国,东西文化交流开始增多,在国内学界大量引进西方理论书籍的同时,知识界对苏联模式进行了深刻反思并大量贬斥"苏联范式",唯西方马首是瞻,出现以上文化自卑的现象正是缘于当时中国经济社会发展落后,导致被别的国家看不起,最终产生了文化自卑心理。中国共产党反对本本主义和教条主义,坚持理论创新最终铸就了理论自信,经过40多年改革开放的快速发展,中国特色社会主义取得的巨大成就是中国模式和中国方案的鲜活证明,对发展中国家具有借鉴作用,习近平指出:"中国共产党人和中国人民完全有信心为人类对更好社会制度的探索提供中国方案。"②马克思主义意识形态话语的优越性随着中国道路的发展日益凸显,将会得到更多外国友人和国际社会的关注支持,"四个自信"作为一个整体,归根结底是文化自信,是对马克思主义意识形态话语的自信,话语自信是国家文化安全的前提和基础,全民族树立的话语自信、文化自信和理论自信,可以更好地提升国家文化软实力,维护国家文化安全。

理论自信需要源于共同语言体系基础上的价值观念的凝聚。语言作为文化的载体,可以更好凝聚价值观和意识形态,马克思曾用路德的宗教论纲来说明共同语言可以凝聚共同价值观。只有致力打造融通国际共同价值观的新时代马克思主义意识形态话语,国际上讲人人都听得懂的反映人类共同追求的"价值观概念"的中国话,才能真正达到理论自信。新时代马克思主义意识形态话语体系只有凝聚成最大的价值共识,才能被世界上大多数人相信、接受和认可,理论自信才能真正坚定而彻底,才能真正形成一种良好的精神动态。

---

① 钟小武:《中国特色社会主义理论自信的内在逻辑研究》,人民出版社2020年版,第11页。
② 《习近平谈治国理政》(第二卷),外文出版社2017年版,第37页。

(二)过程:坚持平等交流的原则

新时代马克思主义意识形态话语体系的国际传播应坚持平等交流的原则,而不是推行恃强凌弱的话语霸权。"物之不齐,物之情也。"①文明平等性是人类文明交流互鉴的前提,文明没有高低和优劣之分。②世界多样性、发展模式多样化需要不同文明的和谐共存,体现在话语的国际传播中,就要求不同文明的对话主体处于平等地位,不能存在明显的主导方,要围绕议题客观公正地进行对等传播,这样更有助于对话者之间的理解及信任。然而,在国际传播场域影响我国话语平等交流的因素主要有以下几点:一是话语的国际传播主要以官方强势传播为主,因为宣传的政治意图明显,反而容易让外国民众产生负面态度,反观西方国家,更擅长于民间传播和隐性传播,多用无压迫感和内敛的话语呈现方式,最终达到了输出意识形态的隐性效果;二是技巧运用和内容思维不完善,第七次"中国国家形象全球调查"显示,外国民众普遍认为中国话语传播重宣传轻传播,话语不地道、不吸引人、不新颖等,相较而言,美国在线影片和自制剧却深受全球用户的追捧;三是话语交流出现答题和设问的不对等,西方国家在国际舆论场频频抛出"中国掠夺论""债务陷阱论"等负面言论,例如,大肆抹黑所谓"新疆棉"事件,攻击中国人权,这就需要我们不仅要讲好中国故事,更要善于评价别人的故事;四是议程设置不均衡,中西方话语权失衡表现在国际传播场,议程设置一般由西方主导,要促进对话平等交流,必须积极提出中国方案,主动设置和推进议程,寻求基于全人类共同价值的话语优势。

新时代马克思主义意识形态话语体系在国际传播时要承认各国文化传统、社会制度和价值观念的差异,坚持平等对话和交流,倡导开放和兼容并蓄的文明观,促使不同文明在竞争中取长补短,进行对话和交流,文明之间不能排斥

---

① 习近平:《在庆祝全国人民代表大会成立60周年大会上的讲话》,人民出版社2014年版,第16页。
② 《习近平谈治国理政》(第一卷),外文出版社2018年版,第259页。

和取代，要致力于世界文明的繁荣发展。提升国际话语权并非意味着用新话语霸权取代旧话语霸权，而是要用平等对话的新话语体系取代冲突对立的旧话语体系，是对资本主义意识形态话语体系的辩证扬弃和创新发展，在这个过程中，不能简单地把他者有而我们没有的就全部照搬过来，也不能简单地摒弃我们已有的文明成果。平等对话交流既要充分借鉴国外优秀成果，也要"以我为主，为我所用"，在话语交流中丰富和创新话语的科学内涵，最终可以使对话双方进行平等的交流。

（三）结果：坚持求同存异的原则

价值观多元化的时代，话语传播只能寻求求同存异，它不同于巴赫金"强调差异"对话模式，也不同于哈贝马斯"寻求共识"的对话模式，要在承认差异的同时致力缩小分歧，以期达到相互理解和相互信任。①求同存异是指要超越民族、理念、信仰、文化、地域等方面的差异及分歧，努力寻求最大公约数。②存异是话语体系影响力的前提，巴赫金的对话模式强调话语双方的差异，他认为对话目的在于反思和完善自身，并非寻求理解或共识，话语的基本形态是"杂语共生"。求同存异是新时代马克思主义意识形态话语在国际话语场展现生命力的内在要求，要在话语场实现和而不同，话语体系的国际传播旨在追求和谐共生的和谐文化，而非不合时宜的斗争文化，因此必须抛弃强者必霸的逻辑思维，否则只会导致国和国、文明和文明之间的巨大冲突，进一步损害国际社会的和平发展。在中国人的思想观念中，人们相信"和实生物，同则不继"，强调"和而不同"和"求同存异"，主张"万物并育而不相害，道并行而不相悖"。③"文明因交流而多彩，文明因互鉴而丰富"④，话语体系国际影响力的提高不是要把其他话语体系"赶尽杀绝"，话语权取得不能依赖"你亡我

---

① 许鑫：《存异而求同：后真相时代对话观念的嬗变》，载于《全球传媒学刊》2021年第6期，第116—126页。
② 曲青山主编：《共产党执政规律研究》，人民出版社2020年版，第571页。
③ 刘志礼：《多元文化交流与中国道路创新》，人民出版社2017年版，第3页。
④ 《习近平谈治国理政》（第一卷），外文出版社2018年版，第258页。

存"的话语霸权,而是要百家争鸣,要尊重对话双方的表达形式和表达自由。同时,话语差别性导致人类文明丰富多彩,话语国际传播能力的提升不仅仅在于理念的科学和创新,更在于能否获得世界人民的普遍认同,应着眼于致力实现"每个人自由而全面的发展"的最终目标。

求同是新时代马克思主义意识形态话语国际传播的追求目标,话语体系的"同一性"能够化解人类分歧,致力于追求共同的价值观,凝聚广泛的价值共识,更好应对现代性危机。乌尔里希·贝克和安东尼·吉登斯等学者都强调多元协商和平等对话对解决现代性危机意义重大,对话求同和共识是重建现代性和共同体的关键手段。现实情况是,要在价值观念多元化的时代背景下,尤其是在个体性、自主性的新媒体环境下,对话双方要达成共识和求同并非一件易事,而话语冲突则会产生文明冲突。如何以对话消除对抗,就要求同,它并非指要一致,而是指要理解和信任,差异双方在对话过程中应尊重彼此的主体性和独立性,在此基础上,平等相处,寻求共识和认同,为更好地解决矛盾,推进人类社会发展创造条件。意识形态话语体系国际传播的"求同"要从以下几方面做起:首先,要凝聚共同的内涵,即针对西方普世价值话语的特殊内涵,将全人类公认的共同价值观话语置于新时代马克思主义意识形态话语框架之下,在尊重意识形态话语差异的基础上,通过平等对话赢得共识。"和平、发展、公平、正义、民主、自由,是全人类的共同价值"①,其和社会主义核心价值观有一致性,在价值观求同基础上,致力打造人类命运共同体、利益共同体,指明中国梦和世界梦的交相辉映。②全人类共同价值是人类智慧的结晶,是人类宝贵的精神财富,是人类处理人与自然、社会和自我等关系应遵循的价值准则,同时是一个国家和民族治国理政的共同价值原则。③这些都为推翻资本主义意识形态话语霸权,为马克思主义意识形态国际话语权抢占了制高点。其次,要构建协同机制,紧跟时代发展潮流与时俱进构建长效的话语沟通机制,马克思

---

① 《习近平在联合国成立 70 周年系列峰会上的讲话》,人民出版社 2015 年版,第 15 页。
② 赵周贤、刘光明主编:《新时代的理论思考》(上),人民出版社 2019 年版,第 245 页。
③ 戴木才:《铸就人民信仰:当代中国的核心价值观》,人民出版社 2018 年版,第 367 页。

主义是人类进入全球化时代,在公共领域中涌现出来的一种至今在许多方面具备强大解释力和吸引力的现代意识形态,国际共产主义组织的协同发展为马克思主义意识形态话语体系的国际传播提供了制度支撑。再次,创新认同的表达,要构建通识性、通约性表达,以共建人类美好生活为目标,把晦涩难懂的政治宣传话语转化为通俗易懂的生活话语,进而更好地吸引和说服国际受众。

三、加强意识形态话语国际传播的着力点

只有加强新时代马克思主义意识形态话语体系的国际传播,才能切实提高马克思主义意识形态国际话语权,更好地维护国家文化安全。国际话语权体现了国家文化软实力水平。①国际话语权的争夺,实质是一种国家利益的博弈,其越来越成为综合国力较量的重要领域。世界政治标准的竞争实质就是国际话语权的争夺,正如张维为指出西方在全球国际政治中推行西方政治标准,实质是为国家利益服务。因为西方有话语权,即使把别的国家搞得混乱,弄得民怨沸腾,它也借口是推行的所谓普世价值,而不用道歉。面对西方的话语霸权,中国一直处于劣势和被动,要想根本改变中国在国际话语场被孤立和丑化的局面,就必须加强新时代马克思主义意识形态话语体系的国际传播,这需要硬实力做后盾,也需要软实力和巧实力做引领。

(一)运用新时代马克思主义意识形态话语讲好中国故事

故事可以潜移默化地影响听众,拉近讲述者和听众的距离,通过生动形象的话语讲述感人故事可以有效地提升自身话语的吸引力及影响力。中国自改革开放以来只用30多年的时间就走完西方资本主义国家近300年所走的路,中国特色社会主义实践取得的巨大成就证明了中国的经济制度是适合现代生产力的先进制度,中国特色的政治制度是发挥经济制度优越性的重要保障,中国的社会制度在以改善民生为主的社会建设上具有比其他社会制度更突出的优越性,

---

① 中共中央党史和文献研究院编:《习近平关于总体国家安全观论述摘编》,中央文献出版社2018年版,第107页。

讲好中国故事传播好中国声音，可以更好彰显中国特色社会主义制度和意识形态的优越性。要用丰富多彩的叙事方式解码中国文化，让国外观众增加对"中国经验"的感性认知。讲好中国故事的关键在于用好中国话语，即新时代马克思主义意识形态话语。应该让新时代马克思主义意识形态话语尽快走出"家门"，让国外民众在故事中感受马克思主义的理论魅力及语言魅力，以"润物无声"的方式渐入人心。如何才能讲好中国故事？要坚持内容优化和技术引领。一方面，在内容选择上应多一些个体体验、日常生活和自然亲和，少一些官方痕迹、宏大叙事和宣传套路，在国外社交平台上要尽力展示新时代普通人的追梦之路，拉近和国外受众的情感距离；另一方面，以融媒体技术为主的视觉符号的呈现在全媒体时代更容易被受众接受，不仅可以降低读者的阅读门槛，也可以粉碎西方的话语围剿，当然，精彩的故事需要融通中外概念进行创新表达，要将"陈情"和"说理"结合，中国故事只有被海外受众认同和接受，才能提升马克思主义意识形态的国际话语权，话语权是国之重器，关乎国家文化实力。

（二）加强中国特色社会主义道路的示范和引领作用

新时代马克思主义意识形态话语体系根植于中国特色社会主义的伟大实践，正如马克思所说的"我们所称为马克思主义的是那种消灭现存状况的现实的运动"①。中国特色社会主义作为一种先进的社会形态，加快了中国走向繁荣昌盛的步伐，提升了中国的国际地位及威望。另外，它所创造的中国道路、中国理论、中国经验、中国制度和中国模式日益受到国际社会的广泛关注，没有中国特色社会主义道路的引领和示范，话语体系建设就没有实践依托，也就没有生机和活力，就不会产生国际影响力。中国道路的成功证明了马克思主义意识形态话语的科学性、真理性，"理论的中国马克思主义"立足"实践的中国马克思主义"，意识形态话语和实践相互联系、相互作用，话语来源于实践并在实践中升华最终又作用于实践，中国实践反过来也推动着马克思主义意识形态话语的发展，改变了哲学社会科学"肌无力"的现状。中国实践提升了中国话语的

---

① 《马克思恩格斯选集》（第一卷），人民出版社2012年版，第166页。

国际影响力，将话语从抽象转化为具体实践。新时代中国实践发展需要新的中国理论，而新的中国理论需要用新话语表达，马克思指出："通过生产而发展和改造着自身，造成新的力量和新的观念，造成新的交往方式、新的需要和新的语言。"①新时代马克思主义意识形态话语要立足中国实际，不断推进话语创新和国际传播，要将宏观层面的顶层设计转化为微观层面的自觉行动，将话语转化为力量，做实践的行者和话语的强者。

（三）提高对新时代马克思主义意识形态话语世界意义的认识

新时代马克思主义意识形态话语是指导中国实践的科学话语，其本身就是一种具有世界意义的话语，应该为世界社会主义运动提供精神指南。它是对苏联社会主义意识形态话语的超越，区分了社会主义的两种发展模式，为经济落后国家更好建设社会主义提供了方案。一般情况下，社会主义的建立有两种途径：一是发达资本主义国家生产力和生产关系的高度发展，导致生产社会化和资本主义私有制之间的矛盾不可调和，最终走向社会主义发展道路；二是马克思通过分析东方社会的亚细亚生产方式，认为落后国家可以跨越"卡夫丁峡谷"，最终实现社会主义。前者"基础雄厚，硕果累累"是建立在充分吸收资本主义现有成果的基础上，后者"先天不足，底子薄弱"是建立在尚未完全占有资本主义现有成果基础上，中国跨越"卡夫丁峡谷"并作出处于并将长期处于社会主义初级阶段的科学判断，实事求是稳扎稳打发展生产力，其最终目的是实现中华民族的伟大复兴。新时代马克思主义意识形态话语体系进一步丰富和发展了马克思主义理论，应着眼整体放眼世界，正确看待全局和局部的关系，话语立足于中国但不局限于中国，不仅是中国的更是世界的，加强话语体系的国际传播，传播好当代中国价值观念，增强在国际上的话语权。

---

① 《马克思恩格斯选集》（第二卷），人民出版社2012年版，第747页。

（四）提升马克思主义意识形态话语对国际共同价值观概念的解释力

国际共同价值观可以促进国家之间的善意和合作，推进人类文明的发展。只有提升新时代马克思主义意识形态话语对国际共同价值观的解释力，才能让话语体系在国际社会展现科学性和真理性，更好地强化话语体系的国际传播。西方国家宣扬的民主、自由和人权等意识形态话语对马克思主义意识形态话语传播造成挑战，他们霸占这些话语的解释权，并将其和自身制度绑定。因为中国模式区别于西方模式，会给人造成一种反对自由和民主的假象，一方面，主要缘于西方主流媒体利用英语广泛宣传其价值观念；另一方面，也与我们的话语体系在传播上只强调"中国特色"而忽视对国际共同价值观的解释有关。西方反华势力总是以人权和道德为借口，利用涉藏涉疆和民族宗教等问题攻击中国马克思主义意识形态话语，其本质原因就在于用所谓的普世价值话语打压马克思主义意识形态话语，要打破西方意识形态话语霸权，就必须把民主、自由和人权话语纳入新时代马克思主义意识形态话语体系之中，用更具解释力的话语融通国际共同价值观。

新时代马克思主义意识形态话语体系只有置于国际共同价值观概念之下，话语的国际传播方能取得良好效果。例如，话语要体现对民主、平等和人权等概念一般内涵的认同，这些概念是对人生活本质性和基础性的诉求，能引起人们的共鸣，具有天然的正义性，因此会受到人们广泛的认可和接受。然而，一般话语内含的价值观在不同民族、时代和文化环境中的表现和实现形式更加具体和特殊，因此我们要用马克思主义意识形态话语对蕴含共同价值的一般内涵话语进行解读和定义，用包容性赋予一般内涵新意，使共同价值观能够更好地体现丰富生动的具体内涵。例如，社会主义核心价值观、全过程人民民主等就是对国际共同价值观的生动阐释，话语不仅避免了和国际主流意识形态话语的对立，同时在尊重国际共同价值观的基础上进一步提升了对它的解释力，为破解"有理说不出，说了传不开"话语体系的国际传播困境扫清了障碍，这样就会更好地得到国际社会认可，赢得国际话语权。

新时代马克思主义意识形态话语只有提升对国际共同价值观的解释力，才能更好地推进话语体系的国际传播，具体有以下三个着力点：一是营造中国特色的民主话语。国家是否民主决定了能否更好地融入国际主流社会，因此要用马克思主义意识形态话语体系讲好、讲清楚中国式民主，民主是具体的而非抽象的。中国社会主义的基本制度和政党制度都是中国式民主的体现，而非西方国家攻击的权威主义，我们的民主制度符合中国国情，经得起实践的考验，因此要有话语自信，让国外民众客观科学地理解马克思主义意识形态话语体系下的民主。二是倡导马克思主义自由观。自由是人类文明发展的重要标志，西方社会标榜的自由是资本主义的虚假自由，人只有借助资本才能获得自由。而马克思主义的自由观是着眼于现实的物质生产条件，通过对生产力的解放来实现个体自由和人的全面发展，是现实社会中的人对异化的彻底摆脱，是真实的可实现的自由，因此话语体系的国际传播要凸显物质生产基础上的"以人为本"，从而唤醒全世界无产者的阶级意识。三是打造中国特色的人权话语。资产阶级的天赋人权话语把人权神秘化和抽象化，认为人仅仅是代表生理学意义的符号，其本质是保护资产阶级人权，是"脱离了人的本质和共同体的利己主义的人的权利"①，离开了基本生存权空谈人权，而马克思主义意识形态话语把生存权、发展权和人权紧密结合，调动人们的生产积极性，以实现人的全面解放为最终目的。我们的民主是绝大多数人的民主，自由不是狭隘的个人主义，人权首先要保证的是人的生存权和发展权，用马克思主义意识形态话语表述这些属于全人类的国际共同价值理念，必将会推进话语体系的国际传播，得到国际社会的高度评价，更好地维护国家文化安全。

---

① 《马克思恩格斯全集》（第一卷），人民出版社1956年版，第438页。

结　语

中国特色社会主义进入新时代，新的历史发展方位随着社会主要矛盾发生了历史性变化，党和国家的奋斗目标也产生了许多新变化、新特征，"中华民族伟大复兴战略全局"要立足"世界百年未有之大变局"之中推进，文化全球化、多样化和价值观念多元化的发展成为必然趋势。然而一些西方国家自恃西方中心论，企图用"普世价值"代替共同价值，进而推动文化全球化向"文化西方化"发展，这种文化霸权主义行为加剧了东方文化和西方文化、社会主义文化和资本主义文化、民族文化和世界文化的冲突较量，同时引起了世界各国对于国家文化安全的高度重视。意识形态是文化的内生动力及重要组成，党的十九届四中全会指出要坚持马克思主义在意识形态领域指导地位的根本制度，而话语体系又是意识形态理论体系的表达，因此要维护国家文化安全就必须重视马克思主义意识形态话语体系构建研究，话语安全从深层次影响着文化安全。新时代马克思主义意识形态话语体系构建对于坚持马克思主义在意识形态领域的指导地位，巩固全社会团结奋斗的共同思想基础，提升文化软实力、中华文化影响力和中华民族的精神凝聚力，坚定文化自信，维护国家文化安全，建设社会主义现代化文化强国，以及促进全球话语体系的多元发展，都具有重大的理论意义、现实意义和实践意义。

习近平多次强调要"讲好中国故事，传播好中国声音"，重塑话语自信。在国际话语场，"西强我弱"的话语格局没有改变，中国话语还未崛起，西方话语霸权对中国话语的质疑、批判和攻击相当严重，中国拥有话语权至关重要。今日中国前所未有地靠近世界舞台中央，站在了民族复兴的门槛上，马克思主义本土化的成功证明了马克思主义意识形态的科学性、革命性和实践性，证明了西方单一发展模式的简单偏颇，证明了"全球化＝西方化"和"现代化＝西方化"仅仅是西方国家编造的神话,终结了西方模式主宰世界的线性史观。中国道路和中国制度的成功需要我们构建出言有理、行有效、传有权的新时代马克思主义意识形态话语体系,致力于提升中国文化软实力,坚定理论自觉和理论自信是我国构建马克思主义意识形态话语体系的前提,要坚持把中国特色社会主义伟大实践作为话语体系构建的基础、实践来源和检验标准。

从研究内容看,本书通过分析和借鉴学术研究成果,聚焦带有根本性、全球性的重大基础理论课题,对话语、话语体系、意识形态话语体系、意识形态话语权、文化安全等相关概念进行分析及辨析,对马克思主义意识形态话语体系和文化安全的内在关联,以及文化安全视域下新时代马克思主义意识形态话语体系构建的必要性进行了深层次和多角度探讨。新时代马克思主义意识形态话语体系是关于中国特色社会主义理论和中国实践的表达,要深入话语体系构建的实际场域中对话语进行研究和思考,在论证话语体系构建基础及历史进程之上,探讨了话语体系的核心要义及特征,着重论证了意识形态话语体系存在的内在问题及外在挑战。还探讨了实现新时代马克思主义意识形态话语体系的构建机制,既向内看,深入研究了中国现实问题,又向外看,着力探索解决方案,初步建构了对"新时代马克思主义意识形态话语体系构建"论域的逻辑框架及内容体系,从这个角度来讲,笔者认为写作初衷已基本实现。

从研究深度看,本书的研究对于进一步探讨百年伟大征程中马克思主义意识形态话语体系中国化经验和规律具有重要的现实意义,同时在文化安全视域下论证了马克思主义意识形态话语体系对于提升国家文化软实力,增强先进文化的影响,巩固了全党全国人民团结奋斗的思想文化基础,是中华文化和中国精神的时代表达,是马克思主义和中华优秀传统文化相结合的优秀典范,对于维护国家文化安全具有重要的理论意义和实践意义。但是,如何进行原创性学术思想生产,怎样更好地推进中国特色社会主义实践向马克思主义意识形态话语体系转化,如何更好地比较马克思主义意识形态话语体系和西方意识形态话语体系的差距及竞争态势,如何更深层次地把握马克思主义意识形态话语体系和文化安全的内在逻辑关系,如何建立健全新时代马克思主义意识形态话语体系和传播机制,等等,还缺乏具有深度和高度的建设性意见,需要在日后的学习和研究中进一步加强思考。

从研究动向看,本书对新时代马克思主义意识形态话语体系构建只是做了初步的探讨。如何将中国的发展优势转化为话语优势,如何更好地把握中国制度优势,重塑理论自信和话语自信,除了从意识形态话语的思想引领、社会认同、法治保障和国际传播层面外,如何提出更具可操作性及现实针对性的建设方案和分析框架,如何在全媒体时代基于文化安全视角更好地构建马克思主义意识形态话语体系等一系列具体问题,日后本人在进一步学习中会做更为系统深入的研究。在意识形态和价值观念多元多样多变的新时代背景下,要高度重视马克思主义意识形态话语体系的时代自觉、政治自觉、理论自觉、制度自觉和文化自觉,增强马克思主义意识形态的吸引力、创造力、感召力和凝聚力,扭转空泛化和边缘化的被动局面,更好地维护国家文化安全,坚定文化自信。

理论创新永无止境,新时代马克思主义意识形态话语体系是中国哲学社会科学建设中的重点和热点话题。本研究在前人学术研究成果基础上进行了一定的理论探讨,由于研究内容体量较大,涉猎较宽,话语体系建设较为复杂和庞杂等,因此在研究过程中未能做到精准详细和深入细致,有些问题还需进一步深化,一些论断也需要进一步斟酌,希望自己日后踏实治学,再接再厉,日积月累,不断提高,在教学和研究中对这些不足之处不断探究。

参考文献

[1] 马克思,恩格斯. 马克思恩格斯文集:第 1-10 卷 [M]. 北京:人民出版社,2009.

[2] 马克思,恩格斯. 马克思恩格斯选集:第 1-4 卷 [M]. 北京:人民出版社,2012.

[3] 列宁. 列宁选集:第 1-4 卷 [M]. 北京:人民出版社,2012.

[4] 毛泽东. 毛泽东选集:第 1-4 卷 [M]. 北京:人民出版社,1991.

[5] 邓小平. 邓小平文选:第 1-3 卷 [M]. 北京:人民出版社,1993—1994.

[6] 江泽民. 江泽民文选:第 1-3 卷 [M]. 北京:人民出版社,2006.

[7] 胡锦涛. 胡锦涛文选:第 1-3 卷 [M]. 北京:人民出版社,2016.

[8] 习近平. 习近平谈治国理政:第 1 卷 [M]. 北京:外文出版社,2014.

[9] 习近平. 习近平谈治国理政:第 2 卷 [M]. 北京:外文出版社,2017.

[10] 习近平. 习近平谈治国理政:第 3 卷 [M]. 北京:外文出版社,2020.

[11] 习近平. 习近平关于全面深化改革论述摘编 [M]. 北京:中央文献出版社,2014.

[12] 习近平. 习近平总书记系列重要讲话读本 [M]. 北京:人民出版社,2014.

[13] 习近平. 习近平关于党风廉政建设和反腐败斗争论述摘编 [M]. 北京:中央文献出版社,2015.

[14] 习近平. 在全国党校工作会议上的讲话 [M]. 北京:人民出版社,2016.

[15] 习近平. 在庆祝中国共产党成立 95 周年大会上的讲话 [M]. 北京:人民出版社,2016.

[16] 习近平. 在哲学社会科学工作座谈会上的讲话 [M]. 北京:人民出版社,2016.

[17] 习近平. 习近平关于社会主义文化建设论述摘编 [M]. 北京:中央文献出版社,2017.

[18] 习近平. 习近平关于总体国家安全观论述摘编 [M]. 北京:中央文献出版社,2018.

[19] 习近平. 在纪念马克思诞辰 200 周年大会上的讲话 [M]. 北京:人民出版社,2018.

[20] 胡惠林. 国家文化安全研究导论 [M]. 上海:上海人民出版社,2013.

[21] 胡惠林. 中国国家文化安全论 [M]. 2 版. 上海:上海人民出版社,2011.

[22] 胡惠林. 国家文化安全学 [M]. 北京:清华大学出版社,2016.

[23] 陈曙光. 中国话语 [M]. 武汉:湖北人民出版社,2017.

[24] 王治河. 福柯 [M]. 长沙:湖南教育出版社,1999.

［25］韩源. 国家文化安全论：全球化背景下的中国战略［M］. 北京：社会科学文献出版社，2013.

［26］刘跃进. 国家安全学［M］. 北京：中国政法大学出版社，2004.

［27］潘一禾. 文化安全［M］. 杭州：浙江大学出版社，2007.

［28］俞吾金. 意识形态论［M］. 上海：上海人民出版社，1993.

［29］吴汉全. 话语体系初论［M］. 北京：人民出版社，2020.

［30］陈锡喜. 马克思主义：意识形态和话语体系［M］. 上海：华东师范大学出版社，2011.

［31］于炳贵，郝良华. 中国国家文化安全研究［M］. 济南：山东人民出版社，2007.

［32］曹泽林. 国家文化安全论［M］. 北京：军事科学出版社，2006.

［33］费孝通. 费孝通全集［M］. 呼和浩特：内蒙古人民出版社，2009.

［34］刘进田. 文化哲学导论［M］. 北京：法律出版社，1999.

［35］刘进田. 马克思主义哲学原理［M］. 北京：中国政法大学出版社，2005.

［36］刘进田. 马克思主义哲学讲堂录［M］. 西安：陕西人民出版社，2012.

［37］漆思. 中国共识：中华复兴的和谐发展道路，［M］. 北京：中国社会科学出版社，2018.

［38］陈学明. 重读共产党宣言［M］. 北京：人民出版社，2018.

［39］甘阳. 通三统［M］. 北京：生活·读书·新知三联书店，2007.

［40］张小平. 当前中国文化安全问题研究［M］. 北京：社会科学文献出版社，2012.

［41］李智. 文化外交：一种传播学的解读［M］. 北京：北京大学出版社，2005.

［42］孙宁. 中国共产党国家文化安全战略［M］. 北京：中国社会科学出版社，2016.

［43］张师伟. 中国传统政治哲学的逻辑演绎［M］. 天津：天津人民出版社，2016.

［44］俞吾金. 意识形态论［M］. 北京：人民出版社，2009.

［45］周栋. 中国特色社会主义话语体系初探［M］. 北京：人民出版社，2019.

［46］刘少杰. 当代中国意识形态变迁［M］. 北京：中央编译出版社，2013.

［47］侯惠勤. 马克思意识形态批判与当代中国［M］. 北京：中国社会科学出版社，2010.

［48］赵馥洁. 中国传统哲学价值论［M］. 北京：人民出版社，2009.

［49］杨河. 马克思主义简明读本［M］. 北京：人民出版社，2018.

［50］刘海平. 文明对话：东亚现代化的涵义和全球化中的文化多样性［M］. 上海：上海外语教育出版社，2006.

［51］张骥. 中国文化安全与意识形态战略［M］. 北京：人民出版社，2009.

［52］刘丽云. 美国政治经济与外交概论［M］. 北京：中国人民大学出版社，2004.

［53］申文杰. 马克思主义意识形态话语权理论阐释与实践探索［M］. 北京：人民出版社，2017.

［54］聂立清. 我国当代主流意识形态认同研究［M］. 北京：人民出版社，2010.

[55] 赵汀阳. 天下体系：世界制度哲学导论［M］. 北京：中国人民大学出版社，2011.

[56] 陈越. 哲学与政治：阿尔都塞读本［M］. 长春：吉林出版社，2003.

[57] 张维为，吴新文. 中国话语：建构与解构［M］. 上海：上海人民出版社，2021.

[58] 贺耀敏. 中国话语体系的建构［M］. 北京：中国人民大学出版社，2021.

[59] 图恩·梵·迪克. 话语研究多学科导论［M］. 周翔，译. 重庆：重庆大学出版社，2015.

[60] 诺曼·费尔克拉夫. 话语与社会变迁［M］. 殷晓蓉，译. 北京：华夏出版社，2003.

[61] 卢卡奇. 历史与阶级意识［M］. 北京：商务印书馆，1999.

[62] 尤尔根·哈贝马斯. 作为"意识形态"的技术与科学［M］. 上海：学林出版社，2000.

[63] 加达默尔. 哲学解释学［M］. 夏镇平，等译. 北京：上海译文出版社，2004.

[64] 大卫·麦克里兰. 意识形态［M］. 孔兆政，蒋龙翔，译. 长春：吉林人民出版社，2005.

[65] 列奥·施特劳斯. 自然权利与历史［M］. 彭刚，译. 北京：生活·读书·新知三联书店，2016.

[66] 哈贝马斯. 公共领域的结构转型［M］. 曹卫东，王晓珏，刘北城，等译. 北京：上海：学林出版社，1999.

[67] 塞缪尔·亨廷顿. 第三波：20世纪后期民主化浪潮［M］. 刘军宁，译. 上海：上海三联书店，1998.

[68] 安东尼·吉登斯. 现代性的后果［M］. 南京：译林出版社，2011.

[69] 约翰·汤姆林森. 全球化与文化［M］. 郭英剑，译. 南京：南京大学出版社，2002.

[70] 塞缪尔·亨廷顿. 文明的冲突与世界秩序的重建［M］. 周琪，等译. 北京：新华出版社，2010.

[71] 卡尔·曼海姆. 意识形态与乌托邦［M］. 李步楼，等译. 北京：商务印书馆出版社，2014.

[72] 丹尼尔·贝尔. 意识形态的终结［M］. 张国清，译. 北京：中国社会科学出版社，2013.

[73] 约瑟夫·奈. 硬权力与软权力［M］. 门洪华，译. 北京：北京大学出版社，2005.

[74] 约瑟夫·奈. 软力量：世界政坛成功之道［M］. 吴晓辉，钱程，译. 北京：东方出版社，2005.

[75] 约翰·汤普森. 意识形态与现代文化［M］. 高铦，文涓，高戈，等译. 南京：译林出版社，2005.

[76] 郑云天. 国外中国特色社会主义研究话语体系探析［D］. 北京：清华大学马克思主义学院，2014.

后 记

经过四个寒暑，著书既成，如释重负。书写的四年，无论是在图书馆、自习室还是家中，只有书籍、文献资料和电脑与我做伴，有时甚至觉得自己活在了世界的边缘位置，唯有读书和书写是我现实生活中的一切。心态上的急躁、理论基础的薄弱、家务生活的负担和重压都曾使我一度喘不过气，也一度产生怀疑，我要怎么做才能不辜负自己的信念。书写充满了艰辛和孤独，但我自始至终没有放弃，在自我激励和自我鼓舞中不断坚持和成长，正是因为一步步的坚持，才有了今天收获的喜悦，停笔四顾，欣喜之心和忐忑之感，同时而生；感激之情和期待之意，同时涌来。

硕博学习阶段无疑是我人生的重要组成部分，对博士学位论文《新时代马克思主义意识形态话语体系构建研究》的修改完善，让我无论是在学识素养，还是在价值理念上都得到了极大升华，尽管研究过程中未能完全做到精准详细和深入细致，有些问题还需继续进一步深化，一些论断也需要进一步斟酌，但能提供一些观点和经验，也有意义。此书立足"中国范式"及"中国现实"，尝试对新时代马克思主义意识形态话语体系构建进行研究，旨在推进和建设言有理、行有效、传有权的新时代马克思主义意识形态话语体系，增强马克思主义意识形态话语权，致力于提升文化软实力，维护国家文化安全。

意识形态话语是国家主流意识形态传播的重要载体，在国家政治生活中具有特殊地位，为政治生活场域提供运行的总规则，决定着文化前进方向和发展道路。意识形态话语的丧失会导致价值观迷失，影响到国家文化安全，最终导致执政党灭亡和国家衰败。马克思主义意识形态话语体系和文化安全在价值引领和认同上具有同构性和一致性，因此立足文化安全视域对新时代马克思主义意识形态话语体系构建进行研究，重塑话语自信，有着深刻的逻辑必然性及现实必要性。

生命中没有哪件事是靠一己之力完成的。本书的出版也是一样。漆思导师不仅鞭策我写出大纲，还教导我一定要具备学科思维，要从扎实的材料中获取规律性认识。导师开阔的学术视野、敏捷的学术思维、严谨的治学态度永远值得我学习。衷心感谢给予我悉心指导的赵馥洁教授、刘进田教授、张爱军教授、张师伟教授、李明教授等，老师们渊博的学识让我深受启发，正是有你们辛勤的付出，我的论文最终才能以图书的形式问世。我也感谢我的家人，丈夫和女儿对我的支持、肯定和鼓励我从不曾视为理所当然，爱人全力支持我在科研事业的发展和投入，尽可能地多承担琐碎家务，女儿的活泼可爱给我单调的生活注入色彩，并给予力量让我一路前行，学业精进。我对此永远感激。

此外，本书的出版还得到西北政法大学科研处的关键性推动，在此谨表诚挚的谢意。本书是西北政法大学本科教育教学改革研究项目"文化安全观融入原理课教学研究"（项目编号：XJYB202412）的研究成果，正是由于"西北政法大学教育发展基金会"的经费资助，本书得以出版，实为感念。幸运的是我能够和责任编辑曹劲刚共同推进本书的出版，在本书出版的每一步中，曹老师以认真负责的精神、丰富的经验，从框架、内容、观点和文字，每个环节都严格审定，精心编辑，对此，我十分感激。借《新时代马克思主义意识形态话语体系构建研究》出版之际，我深深地感谢每一位陪伴我走过这段旅程的人并祝福你们。

我深知，知识的海洋无边无际，这本书的完成，既是一个结束，也是一个新的开始。未来，我将继续带着对知识的渴望和对生活的热爱，不断探索，继续精进。最后，再次感谢那些在我生命中曾经帮助过我、为我指引前路的人们。

雷艳妮

2025 年 4 月 10 日